목회 탈진과 융 심리학

목회 탈진과 융 심리학

지 은 이 | 존 샌포드, 심 상 영
옮 긴 이 | 심 상 영
발 행 인 | 심 상 영
초판 발행 | 2011년 4월 15일
발 행 처 | 한국심층심리연구소
주 소 | 서울시 서대문구 충정로 3가 30-17 충정솔레디움 아파트 101-403
TEL 02-312-4665
FAX 02-312-4627
등록번호 제 312-2005-000017호(2005년 7월 13일)

ISBN 978-89-954268-8-3
값 13,000원

목회 탈진과 융 심리학

존 샌포드 | 심 상 영

한국심층심리연구소

이 책을 출간하며

존 샌포드(John A. Sanford)는 20년 가까이 성공회 사제로 목회하다가 융 분석가가 된 후, 캘리포니아에서 평생 활동했던 분입니다. 이 책은 샌포드가 성공회 성직자들을 대상으로 한 학회—성직자의 탈진에 관한—에서 강연한 것을 출간한 것입니다. 아마 이 지구상의 목회자들 가운데, 오늘날 한국 목회자들처럼 바쁘고 과중한 목회의 짐을 지고 사는 이들은 없을 것입니다. 그들이 탈진을 경험할 수밖에 없는 이유는, 교회의 외적성장에 주로 관심과 에너지를 집중해 왔고, 너도 나도 목회에 "성공"하려는 노력을 하느라 너무 바쁘게 살아왔으며, 그러다 보니 가장 본질적인 내적 중심(inner Center)과의 접촉을 잃어버리고 말았기 때문이라고 볼 수 있습니다. 목회 탈진 문제를 극복하기 위해서는, 목회자들 자신이 우선 그들 자신의 한계를 알고, 가능하면 목회의 짐을 동료 목회자들 및 평신도들과 나누어 져야하고, 목회방향을 업적지향적인 목회(merit-oriented ministry)에서 영혼을 찾는 목회(soul-searching ministry)로 전환해야 하며, 무엇보다도 자신을 보호하고 영적인 집중을 할 수 있는, 조용한 시간과 공간을 반드시 정기적으로 가져야 합니다. 그뿐 아니라 자신들에게 맞는 나름대로의 목회 철학과 스타일을 개발해야 하며, 서로 감정적으로 교류할 수 있고 이해할 수 있는 동료목회자 그룹이 있어야 하고, 개체 교회는 목회자들이 스스로를 돌아보고 충전할 수 있는 기회를 제공해야 합니다.

이 땅의 목회자들은 이제 목회성장의 비결을 찾아다니기보다, 자신들의 내면세계를 들여다보며 살 때가 되었으며, 또한 "하나님의 나라는 너희 안에 있느니라"(눅 17:21)는 말씀을 되새겨 보아야 할 때입니다. 이 책은 오래 전에 『탈진한 목회자들을 위하여』라는 제목으로 냈던 것인데, 이번에 문장을 다듬어 새롭게 출간하게 되었습니다. 성경은 대한성서공회에서 발행한 『표준새번역』(1993년 판)에서 주로 인용했으며, 읽기 편하게 존대어로 바꿨습니다. 많은 목회자들이 탈진증상을 보이는 안타까운 현상들을 목격하는 오늘 이 시점에서, 이 책이 한국 목회자들 및 평신도 사역자들에게 "쉼"을 제공하고, 작은 "빛"이라도 던져줄 수 있었으면, 하는 마음입니다. 그 동안 발표했던 논문 몇 편을 부록으로 싣고, 책 제목을 『목회 탈진과 융 심리학』이라고 붙였습니다. 이 책의 출간 비용을 기꺼이 담당해 주신 강릉샘물감리교회(박상진 목사)에 감사한 마음을 전합니다.

2011년 4월 10일

심 상 영

감사의 말

이 책 원고를 쓰는 데 도움을 준 헬렌 메이시(Helen Macey), 1980년에 있었던 성직자의 탈진에 관한 학회에서 강연할 수 있는 기회를 준 성공회 로스앤젤레스 교구의 성직자들, 그리고 이 책을 쓰도록 격려해 준 나의 좋은 친구, 모튼 켈시(Morton Kelsey)에게 감사를 표합니다.

서 문

남을 돕는 직업에 종사하는 많은 전문가들은 무거운 짐을 지고 삽니다. 우리 인간은 제한된 시간과 에너지를 가지고 있으며, 숱한 어려움과 고통, 슬픔, 불안을 겪으며 살아갑니다. 사람들이 우리를 신뢰하고 우리가 그들의 소리를 듣는다면, 우리는 이내 무거운 짐을 지고 있는 모든 사람에게 친절할 필요가 있다고 한, 필립 브룩스(Phillip Brooks)의 말에 동의하게 될 것입니다. 마더 데레사는 캘커타 거리에서 죽어가는 사람들을 수십 년 동안 돌본 후에, 어떻게 그런 일을 감당할 수 있었느냐는 질문을 받고, 자신은 겨우 그들 중에서 1퍼센트만을 어루만져줄 수 있었을 뿐이라고 하며, "난 성공하라는 소명을 받은 게 아니라 성실하라는 소명을 받았을 뿐입니다"라고 대답했습니다. 우리의 목회가 더 중요하다고 인식될수록 우리는 목회 탈진에 직면하게 될 가능성이 더 커질 수 있습니다. 이러한 문제에서 벗어나기 위해 우리는 우리 자신과 우리의 동기를 더 깊이 그리고 더 잘 알 필요가 있습니다. 또한 우리는 우리 영혼의 심원한 지혜의 인도를 받을 필요가 있습니다. 이 책 『목회 탈진과 융 심리학』에서 존 샌포드는 우리가 성실할 수 있는 방법을 제공해 주고 있으며, 동시에 절망과 탈진이라는 심각한 고통에서 벗어날 수 있는 길을 보여주고 있습니다. 그렇게 함으로써 그는, 계속해서 온전하고 완성된 삶(wholeness and fulfillment)을 살 수 있는 길을 분명하게 가르쳐 주고 있습니다.

올해 나는 도시 목회교육을 위한 신학교 컨소시엄을 위해 시카고에서 강의해 달라는 부탁을 받았습니다. 워싱턴 D. C.에 있는 구세주 교회의 후원을 받아 운영되는, 섬기는 지도력(Servant Leadership)과 더불어 이 협회는, 우리가 사는 세상에서 도시 생활을 하면서 내면이 황폐화된 사람들을 대상으로 목회하는 사람들을 훈련시키고자 하는 가장 훌륭한 노력을 하는 그룹 가운데 하나입니다. 시카고 그룹은 나에게 그러한 문제들에 대해 답을 처방해 달라는 요청을 했습니다. 그러한 문제들은 모두 목회 탈진이라는 주제와 관련되어 있습니다. 대략적인 주제는 이런 것입니다: 무언가 결핍되어 있고, 상처 입은, 도심에 사는 미국인들을 대상으로 목회하면서, 우리가 어떻게 위기를 잘 견뎌낼 수 있고, 계속해서 목회할 수 있으며, 그런 일이 과연 가능한가 하는 것입니다.

그러나 우리가 반드시 도시 빈민가에서 일할 필요는 없습니다. 우리는 가장 살기 좋은 교외에 위치한 교회에서 목회를 하면서도 좌절, 불안, 죄책감, 그리고 은근한 절망을 경험할 수 있습니다. 우리는 빈민가에는 물론 좋은 가정에도, 비극과 고통이 있다는 걸 잘 알고 있습니다. 가난하고 궁핍하고 상처 입은 사람들만 무의미한 삶으로 고통 받는 게 아닙니다.

우리가 파괴된 문화와 굶주리는 사람들, 인종 갈등과 폭력, 그리고 다른 인간에 대한 탄압으로 얼룩진 세상을 살펴보려고 애쓴다면, 인간이 겪는 비참함은 참기 어려울 정도일 겁니다. 내 아내와 나는 화물선을 타고 벽지 여러 곳을 여행해 보았습니다. 필리핀, 방글라데시, 남아프리카의 흑인 자치구역, 인도 및 남미를 여행하면서, 우리는 믿을 수 없을 정도로 가난하고 비참하게 사는 모습을 보았습니다. 우리는 수마트라에 있는 나환자 요양소를 방문한 적이 있습니다. 이곳의 환경은 텍사스 주의엘 파소 강 건너편 환경보다 나을 게 없었습니다. 거기에는 수많은 극빈자들이 언젠가 미국에 정착하기를 희망하며, 후아레스라는 도시의 쓰레기 처리장에 있는 가축우리 같은 집에 살고 있습니다. 이 세상을 살아가면서 많은 사람들이 심각한 질병으로 고통을 당하고 있습니다. 그러다 결국 죽고 마는 것입니까? 그렇게 고통을 당하다가 사라지고 마는 것입니까? 독일의 홀로코스트(1930~1940년대 나치에 의한 유대인 대학살–역주)에서 살아남았던 유대인 핀카스 라피데(Pinchas Lapide)는 "모든 정직한 신학은 재앙에 관한 신학이다"라는 말을 했습니다.

교회 안에서 혹은 교회 밖에서 목회하는 많은 사람들이 이러한 외적 압박감뿐만 아니라 내적 혼란도 겪고 있습니다. 다른 사람들의 이익을 위해 일하는 사람들 중에서, 그들의 봉사와 헌신에 대해 적절한 대가를 받는 이들은 극소수에 불과합니다. 다시 말해 그들은 가난하게 살고 있습니다. 여성 목회자들은 가부장적인 남성 우위의 교회에서 종종 좌절을 겪습니다. 나는 내가 지도하는 모든 학회에서 이러한 여성들의 고통을 목격하고 있습니다. 공격성과 교만과 자기 자신만을 생각하는 것을 가치 있게 여기는 세속 사회에서 자라 온 교인들에게 조화, 용서, 자비, 그리고 진정한 헌신을 바라는 것보다 더 어려운 일은 없습니다. 대부분의 섬기는 지도자들은 그들 자신의 갈등을 다루는 훈련을 거의 받은 적이 없습니다. 교회 안에서 그러한 갈등이 그렇게도 자주 일어나는데도 말입니다! 우리는 진정으로 우리가 성취해야 할 과제가 무엇인지 구분하는 법을 배울 수 있는 교육을 거의 받지 못합니다. 내가 좋아하는 것, 나의 소명은 도대체 무엇입니까?

개인적으로 나는, 나 자신을 들여다보는 시간을 가지지 않으면 위기를 견뎌낼 수도 없고 계속 살아갈 수도 없습니다. 조용히 자신을 살피는 가운데 나는, 나의 내적인 실존을 악과 죽음을 정복하고 승리하신, 현존하시는 그 거룩한 분에게 마음을 열 수 있습니다. 이러한 관점에서 내가 세상의 비극을 바라보게 될 때, 모든 상황이 바뀌게 됩니다. 존 샌포드는 내가 쓴 여러 책에 대해 언급하고 있습니다. 그는 내 책이 그의 생각을 펼쳐갈 수 있도록 도움을 주었다고 했습니다. 죽어가던 내 아들을 지켜보며 쓴 『발돋움: 완성에로의 여정(*Reaching : The Journey to Fulfillment*)』이라는 책에서 나는, 탈진을 이겨나갈 수 있게 했던 삶의 방식을 묘사했습니다.

탈진(특히 목회 탈진)은 케케묵은 주제가 결코 아닙니다. 이 주제는 지금도 다른 사람들을 지지해 주고 지탱하게 해 주어야 하는 모든 사람들에게, 그리고 번민과 고통에 빠져있을 뿐만 아니라 희망과 기쁨, 전일성과 완성을 경험하고 싶어 하는 그들 자신에게도 매우 중요한 것입니다. 즉 이러한 후자의 말들은 탈진을 피하거나 탈진에서 살아남고, 힘겹고 좁은 오솔길을 따라 걷는 사람들에게 우리가 부여하는 이름들입니다. 존 샌포드는 전문 지식을 동원하여 명료하게, 그리고 배려하는 마음을 가지고, 이러한 여정을 묘사해 주었습니다. 탈진은 완성과 실존적인 충족으로 인도하는 불모의 출발점일 수 있습니다. 그의 영적인 여행안내서는 주의하여 읽을 만한 가치가 있을 뿐만 아니라 영적인 모험을 하는 사람이 탈진을 경험하기 전에, 경험하는 동안에, 아니면 경험한 후에 조심스럽게 적용해 볼 수 있는 책이기도 합니다.

모튼 켈시
1991년
캘리포니아 주 구알랄라에서

서 론

탈진(脫盡, burnout)이라는 말은 어떤 사람이 자기 직업이나 중요한 삶의 활동에 지쳐버렸을 때 사용하는 단어입니다. 이제 탈진은 행동과학자들의 관심을 끌기에 충분한 문제가 되었습니다. 행동과학자들은 다음과 같은 어떤 상태의 뚜렷한 증상들을, 탈진 때문에 생기는 것으로 생각합니다. 즉 불면증, 체중감소, 식욕부진, 그리고 두통과 위장장애 같은 몸의 이상을 호소한다든지, 잠을 자고 쉬었는데도 일종의 피로감이 계속된다든지, 휴가를 가졌으나 단지 일시적으로 이런 피로감이 해소되었을 뿐이라든지, 성적이 떨어지고, 우울상태가 계속되든지, 아니면 권태감 때문에 항상 괴롭다든지 하는 것들입니다.

이러한 것들 가운데는 별 특징이 없는 행동양식들이 있을 수 있는데, 그것은 흔히 화를 버럭 낸다든지, 매우 분개한 표현을 한다든지 하는 것으로 나타납니다. 평소엔 모든 걸 잘 참아내는 사회사업가가 갑자기 내담자에게 자기 정감(affect)을 폭발할 수도 있고, 어떤 비즈니스맨이 자기 상사나 고객들에게 이상스러울 정도로 격에 맞지 않는 어설픈 행동을 보일 수도 있고, 섭외 사무를 보는 사람이 호의를 가지고 대해야할 사람들에게 갑자기 무례하게 대할 수도 있습니다.

탈진은 어떤 직업에서나 일어 날 수 있습니다. 의사들, 교사들, 가정주

부들, 그 어느 누구라도 그들의 삶의 중요한 활동에 지쳐 버릴 수 있습니다. 그러나 이 책은 주로 교회를 통해 다른 사람들을 돌보는 전문인들(목회자들이나 평신도 사역자들–역주)을 위해 쓰여 졌습니다. 먼저, 나는 성직자들을 염두에 두고 이 책을 썼습니다. 그러나 이 책은 또한 종교교육을 담당하는 이들, 교구나 자선기관에서 일하는 수도 회원들, 영성지도자들, 그리고 그 밖에 다른 많은 사람들을 위해서도 쓴 것입니다. 나는 이 책을 교회라는 장(場)을 염두에 두고 썼지만, 비록 교회에서 일하지 않더라도, 그들 나름대로 또 다른 목회 형태를 가지고 일하는 사람들도 그들이 처해있는 상황과 관련이 있는 논의들을 이 책에서 발견하게 되길 바랍니다.

이 책을 내가 안수 받은 성직자들만이 아니라 평신도 사역자들을 대상으로 해서도 썼기 때문에 이 두 그룹의 사람들을 이야기할 때, 통틀어서 그냥 "목회자"(ministering person)라는 말을 쓰려고 합니다. 사실 이 말은 쓰기가 좀 거북한 말이지만, 이 말보다 더 적당한 말이 없기에 그냥 사용하기로 하겠습니다. 예를 들어 "목사"(minister)라는 말을 사용하기가 곤란합니다. 왜냐하면 대부분의 개신교에서 이 말을 안수 받은 목사를 지칭할 때 쓰지, 평신도에 대해선 이 말을 쓰지 않기 때문입니다. 이런 이유로, 내가 "minister"란 말을 앞으로 이 책에서 가끔 사용할 텐데, 이때는 성직자건 평신도건 전문적인 종교업무에 종사하는 "사역자"를 의미하고 있다는 걸 알아주기 바랍니다.

많은 교파에서 요즘은 남녀 모두 사제나 목사안수를 받을 수 있으며, 또 거의 모든 교파에서 상위계층의 목회자들을 세울 때에 남녀 모두를 포함시킵니다(한국교회의 상황과는 좀 다른 얘기임–역주). 그래서 교역에 종사하는 이들을 지칭할 때, 어떤 대명사를 쓸 지 참 어려운 경우가 많습니다. 만약 "그"(he)라는 말을 쓰면, 여성이 제외되고, "그와 그녀"(he and she)라는 말을 다 쓰기는 거북스럽게 보입니다. 그래서 나는 어떤 때는 "그"라는 표현을 쓰고 어떤 때는 "그녀"라고 쓰려고 합니다. 이런 표현은 일반적으로 목회 사역을 하는 사람을 지칭하는 것으로 이해해 주기 바랍니다.

"탈진"이라는 말은 새로운 단어가 아닙니다. 웹스터 사전에는 이 말을 설명하면서 세 가지 특수한 예를 들고 있습니다. 첫째, 이 말은 어떤 건물 같은 어떤 것의 내부나 내용물이 타는 것을 지칭할 수 있습니다. 둘째, 전기학 분야에서 볼 때, 이 말은 고온으로 인한 발화로 기인한 회로의 고장을 가리킬 때 사용될 수 있습니다. 이 경우에는 전도체가 전기가 흘러서 생긴 고온 때문에 타버린 것입니다. 셋째, 임학(林學)에서 이 말은 엄청난 산불이 나서, 숲의 바닥 위에 있는 생명력 있는 부식토를 파괴하게 되어 결국 숲이 황폐하게 될 경우에 사용될 수 있습니다.

재미있는 것은, 이 사전이 이 말을 인간과 관련을 지어 사용하지 않고 있다는 사실입니다. 인간의 어떤 상태를 지칭하기 위해 "탈진"이라는 말을 사용한다면, 이것은 이 말을 새로운 용법으로 쓰는 것입니다. 우리가 이 말을 이렇게 새로운 방식으로 사용한다면, 이것은 최근의 어떤 사회적 혹은 심리적 현상을 가리키는 것으로 볼 수도 있습니다. 어느 시대에건 그 당시 사람들이 자기들이 하던 일로 인해 전혀 탈진을 경험하지 않았다고 볼 수는 없을 것입니다. 그러나 전에는 그리 절실하지 않았지만, 지금은 탈진이 널리 만연된 문제가 되어 있기 때문에 이 말이 특별히 어떤 상태를 지칭하는 것으로 사용되고 있음이 분명합니다.

인간을 괴롭히는 질병이 어떻게 변천되어 왔는가를 살펴보는 것은 흥미 있는 일입니다. 예를 들어 근세기에 접어들어 사망의 주요 원인은 전염병이었고, 가장 보편적인 심리적인 질환은 히스테리였습니다. 히스테리란 어떤 특별한 신체적인 원인이 없이 뚜렷한 신체적 장애가 있는 상태–예를 들어 괜히 팔을 들어 올릴 수 없다든지 하는–를 말합니다. 오늘날 적어도 산업화된 나라에서는 전염병이 아니라 심장병이나, 동맥경화증, 또는 암과 같은 병 때문에 죽는 경우가 많고, 심리적인 영역에서는 히스테리를 찾아보기가 어려워 졌습니다. 그 대신 탈진과 같은 상태에 대해 우리는 듣고 있습니다. 이것은 인간의 삶의 상황이 변하고 있다는 것을 보여주는 것입니다.

우리가 탈진의 사전적인 정의를 인간에게 적용해 보면, 우리는 불에 다 타버린 집처럼, 아무것도 남지 않을 때까지 격렬한 에너지로 인해 마음이 완전히 지쳐버린 남녀를 상상해 볼 수 있을 것입니다. 그렇지 않으면 우리는 한때 정신적 에너지를 지니고 있으면서 그것을 전달해 주기까지 했으나, 지금은 타버린 전도체처럼 더 이상 힘을 공급할 수 없는 사람을 상상해 볼 수도 있습니다. 또는 불에 타버린 숲처럼, 자신을 새롭게 할 수 있는 힘이 다 파괴되어 버렸다고 느끼는 사람을 떠올려 볼 수도 있을 것입니다.

이 책의 과제는, 목회자를 탈진시키기 쉬운 일이 무엇인가를 살펴보고, 또한 탈진되고 있다고 느끼는 사람이 이용할 수 있는 실제적이고 영적인 해결책이 무엇이 있는지를 살펴보는 것입니다. 이런 과제의 첫 번째 부분을 우리는 1장에서 다루어 보게 될 것이며, 그 다음의 아홉 장에서는 거기 대한 해결책들을 찾아보게 될 것입니다.

마지막 두 장은 연구 범위를 더 넓혀 살펴보게 될 것입니다. "탈진"이란 말은 불의 상(imagery)에서 도출되었습니다. 그런데 불은 에너지의 형태요 상징입니다. 그러므로 범위를 넓혀 보면, 탈진의 문제는 에너지의 문제라고 볼 수 있습니다. 프로이트(Freud)와 융(Jung) 두 사람이 모두 지적한 대로, 개개인은 각자가 자기 마음대로 할 수 있는 일정한 리비도(libido) 또는 정신적 에너지(psychic energy)의 양을 지니고 있으며, 의식을 활발하게 하고 능력 있는 삶을 가능하게 만드는 것은 바로 이 에너지라는 것입니다. 이 에너지를 다 써 버릴 수도 있습니다. 그러나 우리는 또한 더 많은 정신적 에너지를 다시 생성해 낼 수도 있습니다. 그러므로 마지막 장은 어떻게 자아(Ego)가 정신적 에너지를 다 써버릴 수 있는 가를 자세히 살펴보고, 또한 삶이 다시금 새로운 활기를 찾을 수 있기 위해 정신적 에너지를 새로 되찾는 가능한 방법 몇 가지를 살펴 볼 것입니다.

차 례

01

목회탈진 : 특수한 문제점

01
목회탈진 : 특수한 문제점

앞에서 이미 언급한 대로, 많은 직종에 있는 사람들이 탈진을 경험하고 있습니다. 하지만 목회자는 어떤 특수한 상황들에 직면하고 있다고 보아야합니다. 이 장에서 나는 목회자가 목회를 통해 직면하는 아홉 가지의 특수한 문제점들을 살펴보고자 합니다.

목회자의 일은 결코 끝이 없습니다.

직업에 종사하는 사람들은 각기 어떤 업무를 수행하다 보면, 그것을 완성할 수 있다고 느낍니다. 예를 들어 목수는 그가 만들고 있는 책상을 완성하고, 엔지니어는 자신이 설계한 다리를 완성하고 나서 흐뭇해하며, 외과의사는 환자가 완쾌된 걸 보고 만족해하며, 변호사는 그가 씨름한 사건을 마침내 마무리하게 됩니다. 하지만 목회자는 그렇지 못합니다. 목회자의 일은 결코 끝이 없습니다. 왜냐하면 목회자는 매번 계속되는 예배를 인도하고, 결혼식과 장례식을 집례하고, 위기 상황과 교회내의 갈등을 계속 다루어야하고, 절기행사를 치러야하고, 병든 이들을 심방해야하고, 여러 클래스를 가르쳐야하고, 또 행정적인 업무도 처리해야 합니다. 또 목회자는 시간에 맞추어 내년도 목회계획을 작성해야 합니다. 목회자는 팔짱끼고 뒷걸음 질 치면서, "이제 이 일이 끝났구나!"라고 말하기가 어렵습니다. 목회자는 마치 큰 바위를 산꼭대기까지 굴러 올려 미쳐 꼭대기에 닿기도 직전에 다시 그것을 아래로 굴리고, 또 다시 그걸 산 위에 굴러 올려야 하는 운명을 지닌 그리스 신화에 나오는 시지푸스(코린토스 시를 건설한 왕이며, 영원한 죄수의 화신으로 현대에 이르기까지 잘 알려져 있음－역주)와 같은 사람입니다. 일이 끝이 없다는 것, 즉 아무리 애쓴다 하더라도 산꼭대기에 결코 도달할 수 없다는 이러한 느낌이 결국 목회자를 지쳐버리게 만듭니다.

목회자는 자신의 일에 항상 어떤 결과가 있을 것인지 말할 수 없습니다.

일이 완성되는 걸 보면서 만족해할 수 없다는 것은 실망되는 일이 아닐 수 없습니다. 더욱이 우리가 어떤 일을 하고 나서 어떤 결과를 전혀 기대할 수 없다면, 그것은 더 더욱 실망이 될 겁니다. 집에 페인트칠을 하는 사람은 일을 마치고 나서 자기가 완성한 페인트 작업을 쳐다볼 수 있습니다. 하지만 목회자는 그가 몇 달 혹은 몇 년을 어떤 일을 하고 나서도, 정말 어떤 일을 완성했는지 확실치 않습니다. 이것은 목회자의 일이 목자의 심정으로 돌보는 것(pastoral care), 영적으로 양육하는 것(spiritual nourishment)에 우선적으로 바쳐지기 때문입니다. 그의 목회가 과연 교인들에게 도움이 되었을까요? 도움이 되었다고 생각되는 날도 있을지 모릅니다. 그러나 어떤 날엔 그가 아무것도 성취한 게 없다고 생각되기도 합니다. 즉 무언가를 이루었다고 확신할 수 있는, 무언가 확실한 게 아무것도 없다는 참담한 감정에 사로잡히기도 합니다.

물론 거기엔 예외가 있을 수 있습니다. 어떤 사람이 건축 계획을 세웠다고 합시다. 그는 자신이 계획했던 대로, 새 건물이 완성돼 가는 걸 보고 흐뭇해 할 수 있습니다(비록 대금이 아직 완불되지 않았다 하더라도). 이것이 성직자들 사이에서(또한 평신도들 사이에서도) 계획을 세우는 흔한 이유가 될 수 있습니다. 즉 프로그램을 위해서보다는 건물을 세우기 위해 돈을 모으는 일이 훨씬 쉬운 것은 사실입니다. 하지만 목회자는 일을 아주 열심히 해도, 자기가 한 일의 결과가 확실히 나타나지 않는다는 걸 누구보다도 잘 알고 있습니다. 뿐만 아니라, 그는 그가 아주 가치 있는 일을 성취하고 있다는 것을 확신할 수 없어서 속상해 하기도 합니다.

목회자의 일은 반복적입니다.

목회자의 일은 끝이 없을 뿐만 아니라, 계속 반복이 됩니다. 매년 성탄절이 되면 성탄예배를 드려야 하고, 그 때마다 설교 준비를 해야 하고, 전혀 새로운 성탄 메시지가 담긴 성탄 편지를 교인들에게 보내야하고, 동시에 사람들에게 성탄 헌금을 따로 드리도록 권면하기도 해야 합니다(이러한 것은 성탄절 전에 미국 교회에서 하는 일임 – 역주). 입교반(confirmation class) 교육을 계속시켜야 하며, 매년 가을마다 교회학교 프로그램을 다시 시작해야 합니다. 교인 한사람이 병에서 회복되는가 싶으면, 또 다른 교인이 세상을 떠납니다. 이런 일들이 쉴 새 없이 주기적으로 계속됩니다.

목회자는 교인들이 기대하는 일들을 끊임없이 다루어야 합니다.

아마 경찰을 빼 놓고는 목회자만큼 사람들의 수많은 기대, 또 그렇게도 복잡한 상황들을 다루어야 하는 사람은 없을 것입니다. 성직자들이 감당해야 하는 상황은 특히 어려운 것입니다. 어떤 이들은 그들의 사제나 목사가 위대한 교사이길 기대하며, 다른 이들은 그가 무엇보다도 성실한 목회자이길 바라는가 하면, 다른 사람들은 그가 재정을 다루는데 비상한 재능을 가지 사람이길 바라는가 하면, 어떤 이들은 그가 옛 전통을 고수하길 바라기도 합니다. 즉 그들은 목회자가 자기들을 만족하게 해 주는 선구자(avant garde)이길 원합니다(하지만 그들은 목회자가 결코 그들에게 위협적인 존재가 되어선 안 된다고 생각합니다!). 어떤 이들은 목회자가 병든 사람들을 찾아가거나, 교인들을 두루 심방 하거나, 또는 지역사회 문제에 관심을 갖거나, 아니면 가난한 사람들이나 인권문제에 관심을 갖길 바랍니다. 반면에 다른 이들은 목회자가 개인 상담을 잘하는 사람 혹은 유명한 설교자가 되길 바랍니다. 교인들의 기대를 열거하자면 한이 없습니다. 그 어느 누구라도 이렇게 많은 교인들의 기대를 충족시켜 줄 수 있는 많은 은사를 가진 이도 없고, 또 그럴만한 충분한 에너지를 가진 이도 없고, 그만큼 다양한 관심을 가진 이도 있을 수 없습니다.

더욱이 이러한 기대를 가진 이들은 어떤 사람들인지 생각해 보아야 합니다. 그들은 무언가 대가를 치러야 할 사람들입니다. 그들은 목회자의 일이 성공적일 때, 또는 목회자가 자기 일을 잘해 나갈 때 비로소 호의를 보일 사람들입니다. 그들은 목회자가 세운 계획을 성공적이 되게 할 수도 있고, 아니면 그르치게 할 수도 있는 사람들입니다. 그들은 목회자와 뜻을 같이할 수도 있고, 아니면 그에게 반대할 수도 있는 사람들입니다.

이런 이유로 목회자가 그들의 기대를 무시한다면, 목회하는데 힘이 들

것입니다. 역으로, 그들의 요구를 충족시켜 주려고 한다 하더라도, 마찬가지로 힘이 들것입니다. 그들이 원하는 것을 해 줌으로써, 그들을 즐겁게 해 주는 것만큼, 사람들의 반대와 비판과 저항과 씨름하는 데도 엄청난 에너지를 소모하지 않으면 안 될 것입니다. 많은 목회자들은 그들이 원해서, 또는 그 일이 가치가 있거나 중요해서라기보다는, 그들의 기대가 무산되어 잔뜩 찌푸려 있는 사람들과 싸우는 것 보다 덜 힘들 것 같아서, 어떤 일을 하는 경우가 있습니다.

목회자는 매년 똑같은 사람들과 함께 일해야 합니다.

교회일이란 마치도 결혼과 같습니다. 즉 목회자가 어떤 일을 하기 시작하면, 거기서 빠져 나오기가 쉽지 않습니다. 의사나 변호사나 심리치료자에게 어떤 골치 아픈 내담자가 왔다고 합시다. 그때 그는 내담자의 수가 줄어드는 일이 있다 하더라도, 혹은 직업적인 책임에서 잠깐 벗어난다 하더라도, 그 내담자를 안 받을 수도 있습니다. 하지만 목회자는 이런 선택의 여지가 없습니다. 목회자는 교회 안에 있는 골치 아픈 사람이 있으면, 그를 부득이 만날 수밖에 없으며, 그와 부딪히는 문제를 다루지 않을 길이 없습니다. 매 주일마다 교회에 와서, 때로는 전화를 걸어 그를 괴롭힐지도 모릅니다. 목회자는 그런 골치 아픈 사람을 공공연히 적으로 만들 여유가 없습니다. 그렇게 하면, 그 사람이 더 큰 어려움을 야기 시킬지도 모르며, 더 더군다나 그에게도 그를 지지하는 친구들이 있을 수도 있기 때문입니다. 그래서 목회자는 그 골치 아픈 사람이 떠나든지, 혹은 자기가 목회 지를 옮기든지 하기까지는 불안한 "결혼상태"에 계속 머물 수밖에 없습니다. 하지만 이런 어려운 상황에서 벗어나기 위해서는 엄청난 대가를 지불하지 않으면 안 됩니다.

반대로 생각해 보면, 목회지를 옮길 경우, 목회자는 새로운 교인들을 사귀고, 그들을 좋아하고 신뢰하게 될 때까지, 나아가서 그의 이러한 노력이 결실을 얻기까지, 여러 달이 걸릴 것입니다. 이런 골치 아픈 사람들(difficult people)을 이름 하여 "교회 붙박이들"(parish fixtures)이라 하는데, 이런 사람들은 결코 움직이는 법이 없습니다. 오히려 목회자에게 퍽 도움을 주는 훌륭한 교인들이 항상 이사를 잘 가는 경우가 많습니다. 이건 단순히 내가 그럴 거라는 추측으로 말하는 게 아닙니다. 무슨 이유 때문인지 모르나, 목회자의 골치를 썩이는 사람들이 다른 데로 떠나지도 않고, 한 교회에 늘어 붙어있게 만드는 무언가가 교회에 분명히 있다고 보아야 할 것입니다.

목회자는 무언가를 필요로 하는 사람들과 일하기 때문에 특히 에너지 소모가 많습니다.

무언가를 필요로 하는 사람들과 함께 일하는 것 때문에 생기는 에너지의 소모를 알아채기란 참 어렵습니다. 이런 사람들과 일한다고 해서 육체적인 에너지가 소모되는 것은 아닙니다. 하지만 정신적 · 영적 에너지의 고갈을 면할 수는 없습니다. 그것은 피가 조금씩 계속 흘러나오는 것과 같습니다. 언젠가 어떤 목회자 한 사람이 자기 동료에게 자꾸 피곤해 진다고 불평했을 때 그 사람은, "당신은 사람들에게 하루에 얼마만큼이나 많이 수혈을 해 줄 수 있다고 생각하시오?"하고 말했습니다. 이것은 목회자가 무언가를 필요로 하는 사람을 돌보아 주고자 할 때 생기는 문제입니다. 이처럼 다른 사람에게 에너지를 공급해 주고자 할 때 자신의 에너지를 다 써 버리게 되는 것입니다. 이것은 목회자의 도움을 필요로 하는 사람이 그가 좋아하는 사람일 경우에도 해당되나, 그 사람이 까다롭고, 요구가 많고, 혹은 의존적인 사람일 경우엔 더욱 더 그렇다고 볼 수 있습니다.

물론 우리가 무언가를 필요로 했던 사람이 우리의 도움으로 더 나아지고 강해지는 걸 보면, 그러한 일을 하는 게 만족스러울 때도 있는 건 사실입니다. 우리가 쏟아 부은 시간과 관심과 정성으로, 또 우리가 염려하던 것이 좋은 결과로 나타났을 때, 우리는 만족해하며 힘든 줄도 모르게 됩니다. 하지만 이런 일은 늘 있는 게 아닙니다. 왜냐하면 우리가 에너지를 다른 사람들에게 쏟아 부었는데도, 그들이 우리가 투자한 에너지를 생산적으로 사용할 수도 없을 뿐더러, 사용하지 않으려고 할 때도 있습니다. 그것은 마치 돈을 써 버리는 것과 흡사한 것입니다. 우리가 어떤 사람에게 정성을 쏟았는데도, 아무 소용없이 전에 말썽을 일으키고 까다롭던 사람 그대로 남아 있을 때, 우리는 지치고 허탈한 느낌을 갖지 않을 수 없습니다.

목회자는 딱딱한 신령한 음식(spiritual food)이 아닌 "어루만져 주기"(strokes)를 바라서 그에게 혹은 교회에 찾아오는 많은 사람들을 다룹니다.

우리 모두는 진정한 측면(genuine side)도 가지고 있고, 자아중심적인 측면(egocentric side)도 가지고 있습니다. 우리의 본래적인 측면은 내적 인간(inner man)이 영양을 공급받기 위해 단단한 영적인 음식을 원합니다. 그러나 자아중심적인 측면은 단단한 영적 음식을 원하지 않습니다. 그것은 우리의 자아중심적인 태도와 방어를 일시적으로 만족시키고 지지해 줄 수 있는 안심할 만한 어떤 확실한 것을 원합니다. 그런 사람들은 영적인 양식을 얻기 위해 위해서 교회에 나오는 게 아닙니다. 오히려 그들은 자기네가 의지할 수 있는 사람이나 장소를 찾으러, 혹은 중요한 사람이라는 걸 인정받고 싶어서, 혹은 살면서 부딪히는 여러 가지 문제를 숨기기 위해, 혹은 우쭐댈 수 있는 여지가 있나 보려고 교회에 나오는 것입니다. 이런 사람들은 목회자가 자기네를 무조건 "어루만져 주기" – 그들의 이기적인 요구들을 만족시켜 줄 수 있는 말이나 행동 – 를 기대합니다. 우리가 그들이 정말 필요로 하는 것이 아닌, 다만 그들이 원하는 걸 준다면, 우리도 어쩌면 고린도교회 교인들이 그리스도 안에서 꼭 어린아이들 같아서 참으로 신령한 음식은 먹을 수 없었다고 한탄한, 사도 바울의 입장에 놓이게 될 것입니다. 바울은 이렇게 말했습니다. "나는 여러분에게 젖을 먹였을 뿐, 단단한 음식을 먹이지 않았습니다. 그 때에는 여러분이 단단한 음식을 감당할 수 없었습니다."(고전 3:2)

그런 사람들은 자기들을 항상 돌봐 주길 바랍니다. 그들은 그것이 자기들의 당연한 권리라고 느낍니다. 쓰다듬어 주지 않으면, 그들은 화를 내거나, 아니면 권리 주장을 할 수도 있습니다. 그런 사람들의 요구에 맞춰 계속 쓰다듬어 주다 보면, 목회자는 지쳐버리고 맙니다. 또 그렇게 하지 않으면, 목회자는 자기네 요구를 들어주지 않는다고 불평하는 사람들을 대면해야 하는 수고를 치러야만 합니다.

무조건 쓰다듬어 주기를 바라는 사람들의 욕구를 만족시켜 주는 목회자는, 그 대가로 약간의 칭찬을 받을 지도 모릅니다. 그러나 이런 경우에 목회자는 프리츠 쿤켈(Fritz Kunkel)이 말한, 다른 사람들의 눈 속에 있는 "흰 거인"(White Giant)이 될 것입니다. 그 흰 거인은 그들이 원하는 것을 그들에게 주기 때문에 목회자를 추켜세워 주는 것일 뿐입니다. 물론 목회자는 계속해서 그들을 쓰다듬어 줄 수도 있고, 아니면 그들을 기분 좋게 해 주는 걸 그만둠으로써, 갑자기 비난의 대상이나, 심지어는 증오의 대상, 즉 "검은 거인"(Black Giant)이 되는 모험을 할 수도 있습니다. 어떤 의미에서 우리는 "거인들"입니다. 왜냐하면 사제나 목회자들은 많은 사람들에게 우러러 보이는 어떤 특별한 위치에 있는 사람들이기 때문입니다. 그러나 우리가 흰 거인이 되건 검은 거인이 되건, 그 어떤 경우에도 우리는 우리의 진정한 모습을 드러낼 수 없습니다. 왜냐하면 그 때 우리는 주로 그들이 쓰다듬어 주기를 바라는 요구에 우리가 부응해 주었는가, 못해 주었는가에 따라, 우리가 인식될 것이기 때문입니다.

목회자는 그의 "페르조나"(persona : 칼 융Carl Jung의 심리학 용어로, 우리말의 '역할,' '체면,' '얼굴,''낯'을 뜻함-역주)를 위해 많은 시간을 쓸 수밖에 없습니다.

페르조나는 우리가 외부세계, 특히 다른 사람들의 세계와 만나고, 또 그것과 관계를 맺기 위해 나타내 보이는, 겉모습이나 가면(mask)입니다. 페르조나는 이중 기능을 가지고 있습니다. 한 가지 기능은 우리가 우리의 인격을 효과적으로 투사할 수 있도록 돕는 것이며, 다른 기능은 우리가 우리의 어떤 외적인 모습을 그럴듯하게 보일 수 있도록 해 주거나, 동시에 다른 사람들에게 숨겨져 온 우리의 다른 측면이 드러나지 않도록 해 줌으로써, 우리를 보호해 주는 것입니다.

페르조나가 필요할 때는 자주 있습니다. 그것은 우리가 이 세상에서 살아가는데 있어서 매우 효과적인 기능을 하기도 합니다. 또한 페르조나는 우리를 보호해 주는 유용한 기능을 할 때도 있습니다. 후자의 예를 들어봅시다. 당신이 사제인데 지금 몹시 피곤합니다. 결혼식 주례를 해야 하는 상황인데, 당신은 바닷가에 가서 좀 쉬고 싶습니다. 그러나 당신은 결혼식을 준비해서 주례를 해줘야한다는 걸 알고 있습니다. 당신의 페르조나의 도움으로 – 페르조나는 당신의 일을 하도록 돕습니다 – 당신은 좋은 모습을 보이게 된 것입니다. 그러나 당신의 마음속에는 다른 생각이 있습니다. 어떤 사람이 "오늘 오후 기분이 어떠신가요?"하고 물었을 때, "피곤하군요. 사실 난 여길 떠나고 싶었답니다"라고 말하는 대신, 당신은 아마도 이렇게 대답할 것입니다. "괜찮습니다. 아주 훌륭한 결혼식이었습니다."

이 예에서, 우리는 페르조나가 도움이 되었음을 알 수 있습니다. 그럼에도 불구하고, 너무 오랫동안 우리가 페르조나를 통해서 어떤 기능을 할 때, 혹은 페르조나가 진정한 인격과 관련을 맺지 못함으로써, 다른 사람들이 우리가 진정 어떤 사람인지를 보지 못하게 될 때는 문제가 생기게 됩니다. 그 중에는 에너지가 상실될 수밖에 없는 문제가 있습니다. 왜냐하면 그러한 페르조나를 통해 기능을 발휘하려면, 엄청난 에너지가 필요하기 때문입니다. 우리가 자신의 본연의 모습을 취하게 되면, 에너지는 자연스럽게 우리 속에 흐르게 됩니다. 그러나 우리가 우리의 진정한 감정을 숨기거나, 본래 우리의 것이 아닌, 전혀 엉뚱한 모습을 갖춰 보이려고 할 때 엄청난 에너지가 필요합니다.

이론적으로 말하면, 우리는 어떤 환경조건 아래서도 항상 참된 모습을 가지고 살아가야 합니다. 적어도 예수께서는 그렇게 사신 것 같습니다. 우리는 예수께서 언제나 어떤 상황에서도, 자신의 진정한 모습을 가지고 사셨지, 그 외의 어떤 다른 존재가 되려고 했다는 기록을 찾아 볼 수 없습니다. 그러나 예수님처럼 온전하지 못한 우리들은, 적어도 얼마간은 우리가 페르조나에 매달릴 수밖에 없음을 고백하지 않을 수 없습니다.

성직자의 페르조나는 자신이 스스로 채택하는 것도 있고, 다른 사람이 그에게 덮어씌우는 것도 있습니다. 많은 성직자는 이렇게 다짐합니다. "목사로서 나는 좋은 사람이 돼야겠다. 항상 훌륭하고, 사랑을 간직하고, 또 유쾌하게 살아가겠다." 이럴 때 그는 화가 나고, 귀찮은 기분이 들거나, 다른 사람의 요구를 모른 체 하고 자신의 요구를 따르고 싶더라도, 겉으로는 그렇지 않은 것처럼 행동해야합니다. 그러나 이런 일은 교인들이 목회자에게 페르조나를 덮어씌울 때 일어날 수 있으며, 또 목회자가 페르조나에 따라 행동하지 못할 때, 분명히 많은 사람들이 거기에 대해 반발할 것입니다.

이러한 집단적인, 직업상의 페르조나 중에는, 목회자는 결코 화를 내서는 안 된다는 게 있습니다. 그러나 다른 사람들처럼 우리 목회자들도 화가 날 때도 있고, 또 때로는 우리가 화를 내는 게 정당할 뿐만 아니라 건강하다고 볼 수도 있습니다. 어느 목사가 교회에서 무언가를 가르치고 있는데, 어떤 젊은이가 귀찮게 얼토당토않은 질문을 자꾸 해서 방해를 하는 바람에 분위기가 어수선해지고 얘기가 자꾸 끊기게 되었습니다. 그가 잘 모르는 사람이었지만, 그 목사는 이 젊은이를 재치 있고 친절하게 다뤄 보려고 애를 썼습니다. 그러나 이 젊은이가 자꾸만 성가시게 굴자, 화가 치밀어 올라, 그는 사람들 앞에서 화를 내야겠다고 마음먹었습니다. 그렇게 함으로써, 그 젊은이가 귀찮게 구는 문제는 해결되었는데, 그 후에 그 목사는 그 공부모임에 참석했던 사람들에게 목사가 그렇게 화를 내는 걸 보고 너무나도 놀랐다는 편지를 여러 통 받게 되었습니다. 그런데 재미있는 것은, 그 다음날 그 젊은이가 전화를 걸고 찾아와서 그 목사에게 말하기를, 자기는 누군가의 도움을 필요로 하고 있었고, 도움을 발견할 수 있는 곳을 찾았노라고 했습니다.

목회자의 공적인 페르조나 문제는 오랫동안 교회 안에서 있어온 문제입니다. 예를 들어 우리는 그것을 디모데전서의 다음 구절에서 발견할 수 있습니다.

> 어떤 사람이 감독의 직분을 맡고 싶어 하면, 그는 훌륭한 일을 바란다고 하겠습니다. 그러므로 감독은, 책망 받을 일이 없으며, 한 아내의 남편이며, 절제하며, 신중하며, 단정하며, 나그네를 대접하며, 가르치기를 잘하며, 술을 즐기지 않으며, 난폭하지 않고 너그러우며, 다투지 않으며, 돈을 사랑하지 않으며, 자기 가정을 잘 다스려서 자기 자녀들로 하여금 아주 공손히 복종하게 하는 사람이라야 합니다. 자기 가정을 다스릴 줄 모르면, 어떻게 하나님의 교회를 돌볼 수 있겠습니까? 또 새로 입교한 사람도 안 됩니다. 그러면 그가 교만해져서, 악마가 받을 심판에 떨어질 위험이 있습니다. 감독은 또한, 교회 밖의 사람들로부터도 좋은 평판을 받는 사람이라야 합니다. 그래야 그가 비방을 받지 않으며, 마귀의 올무에 걸리지 않을 것입니다. (3:1~7)

다른 곳에는 다음과 같은 말씀이 있습니다.

> (그대는) 의의 경건과 믿음과 사랑과 인내와 온유를 좇으십시오. (딤전 6:11)

아무도 늘 믿음과 사랑과 인내로 충만하고, 또 이기심이 하나도 없어져서, 성스럽고 경건하게 살 수는 없습니다. 우리는 그럴듯하게 포즈를 취하고 엇비슷하게 보일 수도 있습니다. 그러나 정말 그렇지 않은데, 어쩌다가 그렇게 보일 뿐이라면, 우리는 정말 그렇게 된 것이 아니라, 겉으로만 그럴듯하게 보이는 것일 뿐입니다. 『융 심리학 · 악 · 그림자(*Evil : The Shadow Side of Reality*)』 6장에서 내가 설명한 대로, 우리가 아닌 어떤 다른 존재가 되려 한다면, 우리는 진정한 우리 자신과의 접촉을 잃어버리고 말 것입니다. 디모데전서에 묘사된 것과 같은 페르조나를 자기 것인 양 꾸민다면, 우리가 아닌 그 어떤 것이 되려고 애쓰다가 에너지를 다 써버림으로써, 우리는 이내 지쳐 빠지고 말 것입니다. 뿐만 아니라, 우리는 그렇게 될 때, 우리의 개성을 메마르게 하고, 결국에는 우리의 교인들까지도 메마르게 만들 것입니다. 그러나 우리가 그러한 페르조나에서 벗어난다면 – 예를 들어 분노를 표현함으로써 – 많은 사람들이 충격을 받게 될 것이고, 또한 우리는 그들에게 비난 받는 걸 감수해야 할지도 모릅니다.

목회자는 실패로 인해 지칠 수도 있습니다.

이것이 탈진되는 가장 중요한 원인일지도 모릅니다. 나는 1980년 가을에 성직자의 탈진(Clergy Burnout)이라는 주제를 가지고 목회자들 모임에서 강연해 달라는 요청을 받았습니다. 내가 탈진을 일으키는 여러 가지 원인에 대한 설명을 막 마쳤을 때에, 거기 참석했던 목사 한 사람이 벌떡 일어나서, 실제로 그의 눈에 눈물을 머금고 이렇게 말했습니다. "탈진을 일으키는 가장 중요한 원인을 당신이 빠뜨린 것 같습니다. 그건 실패라는 겁니다."

그러면 목회에 실패하게 만드는 것은 무엇일까요? 탈진의 원인을 좀 더 자세히 살펴보면, 우리는 이러한 질문에 대한 답을 찾게 될 것입니다.

어떤 이유에서건, 목회자가 실패했다고 느낀다면, 이것이 그의 탈진의 근본 원인이라고 보아도 틀림없을 것입니다.

이러한 것은 목회자의 생활에 드리운 어두운 측면입니다. 그러나 거기엔 다음과 같은 긍정적인 측면도 있습니다. 즉 목회자와 함께 일하면서 도움을 주는 좋은 사람들도 있고, 목회자는 사람들을 도우면서 만족을 느끼기도 하며, 성찬(聖餐)과 예배와 교회생활을 통해 영적인 도움을 줄 수도 있고, 교회 안에서 하는 일이 다양하다는 것, 그리고 그 외에 많은 혜택이 있다는 것 등입니다.

목회자의 생활과 일에 이러한 긍정적 측면이 있다는 것을 인정하는 것은 중요한 일입니다. 목회자가 삶에 존재하는 이러한 행복한 일들을 꼭 책으로 쓸 필요는 없다고 나는 생각합니다. 책으로 꼭 쓴다면, 그보다도 목회자의 삶에 있을 수 있는, 행복하지 못한 측면을 주로 다뤄보는 게 좋을 것입니다. 목회자의 일에 긍정적인 측면이 있다 손 치더라도, 앞에서 언급한 부정적인 요소들이 존재한다면, 목회자는 이내 탈진되고 말 것입니다. 이러한 부정적인 요소들 때문에 목회자는 일을 해 나가면서 또 사람들과 접촉하면서 자기의 에너지가 다 빠져나가고 마는 것을 경험하게 될 것입니다. 그 결과, 그는 텅 빈 채로 남게 될 것입니다. 그래서 긍정적 측면을 간과하지 않으면서, 이제부터 이러한 부정적이고 파괴시키는 요소들에 대해 좀 더 깊이 있게 살펴보려고 합니다. 또한 이러한 문제에 대한 해결책을 모색해 보겠습니다. 또한 이런 문제들을 푸는 데 도움이 될 만한 것들이 있는지 찾아보려고 합니다.

이제부터 나는 문제점들을 차례로 살펴 나가고자 합니다. 문제들에 접근하는 세 가지 방법을 써 보겠습니다. 우선, 가능하면 어떤 실제적인 제안을 해 보고, 둘째로는 이러한 문제를 영성생활이라는 보다 넓은 영역에서 다뤄 볼 것입니다. 셋째로, 목회자 자신이 스스로 보다 실제적으로 이러한 문제들을 다뤄 봄으로써, 그가 이러한 문제들을 완화시킬 수 있는지 알아보기 위해 목회자의 심리를 진단해 볼 것입니다. 왜냐하면 목회자들 자신도 어떻게 할 수 없는, 이러한 부정적인 요소들 때문에 희생되는 것만은 아니기 때문입니다. 밖으로 드러나진 않았지만, 그들이 자아중심적인 태도를 갖고 있기 때문에 이러한 문제들을 본인이 스스로 만들어 내는 경우가 많다고 봅니다. 우리 목회자들이 희생자가 되는 것은 우리 스스로가 희생자의 심리를 갖고 있기 때문입니다. 우리가 일하면서 직면하는 여러 가지 어려운 문제들, 즉 우리 목회자들을 탈진시키는, 저변에 깔려있는 심리적인 요인들을 찾아내기 위한 노력을 해 볼 것입니다.

02

끝없는 업무의 문제점

02
끝없는 업무의 문제점

목회자의 일은 끝이 없습니다.

앞에서 얘기한 대로, 목회자의 일은 완성되는 법이 없습니다. 세월이 흐름에 따라, 이것은 목회자가 탈진될 정도로 에너지를 고갈시킬 수 있습니다.

그러한 끝이 없는 일에 직면하게 될 때, 중요한 요소는 우리가 거기에 대한 적절하고, 도움이 되는 태도를 계발할 수 있느냐, 없느냐 하는 것입니다. 내 아버지는 성공회 사제이셨습니다. 그분이 젊으셨을 때 난 어린 소년이었는데, 아버지가 끝도 없이 매일 일만 하셨다는 걸 기억합니다. 하루 온종일 일하고, 그것도 모자라 어떤 때는 밤에도, 그렇게 일주일 내내 그분은 교회 일을 하셨습니다. 아버지는 정말 유능한 사람처럼 보였습니다. 그분은 존경받는 사제요, 실력 있는 교구 목사요, 좋은 목회자로 생각되었습니다. 그러나 그분은 말년에 변하셨습니다. 그분은 여전히 열심히 그리고 능력 있게(아마도 이전보다 훨씬 효율적으로) 일을 하셨습니다. 그러나 아버지는 계속 일만 하진 않으셨습니다. 언젠가 아버지가 내게 이런 말씀을 하신 기억이 납니다. “난 늘 일만 했단다. 이제부터는 하루에 얼마만큼 일할 건지 정하고 나서, 그걸 하면 집에 가서 쉬어야겠다.”

자신이 안고 있는 많은 문제를 해결할 수 있는 사람은 목회자 본인밖에 없습니다. 목사에겐 그가 처리해야 할 일이 끝임 없다는 문제가 있지만, 이런 문제를 잘 처리한 내 아버지의 경우를 볼 때, 이것은 사실입니다. 물론 교구 내에서 위기적인 상황이 일어나면, 목사는 거기에 즉각 대처해야 합니다. 그러나 사실 따지고 보면, 평상 업무를 볼 동안에 해결할 수 없고, 또 내일로 미룰 수 없는 위기도 별로 많진 않습니다. 평상 업무에 대해 아버지가 실제적인 태도가 갖게 되면서 부터, 그분은 물론이고 우리 식구들도 훨씬 삶을 즐길 수 있게 되었고, 또한 아버지는 능력 있는 사제로서 그분의 생 전부를 보낼 수 있게 되었습니다.

어떤 작가가 이런 말을 한 적이 있습니다. “나는 원고를 끝내지 않고, 팽개쳐 둘 때가 많다.” 여기서 이 작가가 말하는 원고는 마치 교구와 같습니다. 즉 목사의 일에는 완성이 있을 수 없다는 것입니다. 아무리 원고를 여러 번 들여다봐도 손질해야할 부분이 있고, 다시 고쳐 써야 할 문장이 있는 법입니다. 그러나 언젠가는 우리가 한 일이 그것으로 충분하다는 걸 인정해야 하며, 원고를 있는 그대로 그냥 내버려 둬야할 때도 있습니다. 이런 일은 목회자에게도 흔히 있을 수 있는 일입니다.

의사였던 내 장인어른이 언젠가 내가 내 일에 대해 불평하는 걸 들으신 적이 있습니다. 난 아직도 그분이 하신 말씀을 기억할 수 있습니다. 그 때 그분은 나를 질책하듯이 말씀하지 않으셨습니다. 그분의 말씀은 나 자신을 되돌아보게 만들었습니다. 그분은 마치 한 젊은이가 자신의 일 때문에 겪는 문제들을 다시 생각해 보듯이 이렇게 말씀했습니다. “누구나 자기 직업을 받아들이는 걸 배워야 해.”

목회자는 단지 몇 년이 아닌, 평생을 헌신하겠다고 기대를 가지고 목회를 시작합니다. 그러므로 그는 오랫동안 유지할 수 있는 속도로 일할 수 있는 방법을 발견해야만 합니다. 그는 자기가 뛰어야 할 길이 아주 멀다는 걸 알고, 또 초반에 그가 유지할 수 있는 속도보다 더 빨리 뛰어서 지쳐버려서는 안 된다는 것을 아는 장거리 선수 같이 생각하는 걸 배워야 합니다.

때때로 목회자는 자신이 아주 중요한 사람이라고 생각해서 우쭐해지는 경우가 있습니다. 어떤 때는 자신이 일을 계속하지 않으면 세상에 종말이 올 것이라고 생각하기도 합니다. 그러나 하나님도 계속 일만 하시지 않으셨습니다. 창세기에 보면, 창조주 하나님께서도 엿새 동안 세상을 창조하시고 일곱째 되는 날엔 쉬셨습니다. 현명하게도, 고대 히브리인들은 하나님이 보여 주신 예를 따르기로 하고, 조심스럽게 다음과 같은 계명을 지켰습니다. "안식일을 기억하여 거룩히 지키라."

목회자는 항상 제 일곱째 날을 안식일로 거룩히 지킬 수가 없습니다. 왜냐하면 토요일과 일요일에는 그가 할 일이 많기 때문입니다. 대신 주중에 다른 날을 택해서 쉴 수 있습니다. 이 날을 거룩히 지킨다는 것은 그 날을 자신과 자신의 영혼을 위한 날로 비워 놓는 것을 의미합니다. 이 날엔 교인들에 대한 의무와 일상적 업무(자신의 가족 이외에)와 다른 사람들의 요구에 따라 봉사하는 것은 다음 날로 연기되어야 합니다.

하루나 이틀은 평상적인 일을 전혀 하지 않고 거룩히 지키는 것이 중요합니다. 왜냐하면 그 날은 마음을 새롭게 하기 위해 쓰여 지는 날이기 때문입니다. 당신 자신을, 당신을 둘러싸고 있는 주위 환경과 평상시의 업무로부터 벗어나게 해 줌으로써, 새로운 의식이 자리 잡을 수 있게 해야 합니다. 하루나 이틀 평상시 업무에서 벗어나는 것은, 마치 수영을 하러 가는 것과 같습니다. 당신이 수영을 하러 가면, 물속에 줄곧 들어가 있을 필요가 있습니다. 그 날을 어떤 공식적인 업무 때문에 망친다면, 막 발달되기 시작하는 일종의 새로운 의식이 파괴되고 말 것입니다. 왜냐하면 단지 몇 시간의 휴식으론 우리가 충분히 활기를 되찾을 수 없기 때문입니다. 우리와 우리의 일을 연결하고 있는 보이지 않는 실이 있기 때문에 우리가 새로운 사고와 새로운 기분과 새로운 경험에 도달할 수 있을 만큼 느긋하게 쉬기 위해선 꽤 오랜 시간이 걸립니다.

목회자들은 주중의 하루만이라도 그들 자신들과 가족들을 위해 거룩히 지키는 게 너무나도 어렵습니다. 그들이 그렇게 할 수 없는 데엔 나름대로 이유가 항상 있게 마련입니다. 이유가 어떻든 그 일은 꼭 완성되어야 합니다. 그 일은 결코 연기될 수 있는 성질의 것이 아닙니다. 우리는 어떤 일정한 시간까지 우리 사무원에게 어떤 일을 마무리 지어 넘겨주어야 합니다. 그리고 어느 날 교회 일로 만나기로 하고 우리가 거기 나타나지 않으면, 교인들은 우리를 결코 이해해 주지 않을 것입니다. 안식일을 거룩하게 지키라는 계명에도 불구하고 얼마나 많은 일들이 갑자기 우리의 영혼과 우리가 에너지를 되찾는 것 보다 훨씬 더 중요하게 취급되는 경우가 너무나 흔합니다. 우리는 일에 목숨을 건 사람처럼, 혹은 "고상한 사람," 아니면 잘 참아내는 사람 같은 얼굴을 하고, 평상시 같이 일을 하러 나타나는 경우가 종종 있습니다.

우리는 일주일 내내 일하지 않을 수 없는 사람처럼 행동하지만, 실은 우리가 일하는 걸 좋아할 때가 많습니다. 우리가 일을 하지 않으면, 우리는 혼자서 시간을 보낼 수밖에 없을 것입니다. 우리는 다른 사람과 같이 있는 것에서 즐거움을 발견할 수 없으면서도, 혼자 있는 것에 의외로 어려움을 느낄지도 모릅니다(우리가 혼자 있는 것이 견디기 어려울 때, 다른 사람에게 우리자신을 떠 맡겨야 한다는 것이 이해하기 어렵지만). 우리는 또한 우리가 일을 하지 않을 때는 스스로를 가치 있는 존재로 생각하지 않을 수도 있습니다. 다만 우리가 아주 열심히 일을 할 때 비로소 우리가 하는 일이 중요하다고 느끼는 것입니다. 우리가 일을 멈추자마자, 우리가 우리 자신을 위해 하는 일이 목회와 무슨 관계가 있을 까 하는 의심이 들고, 결국에는 그게 도무지 중요하지 않을 지도 모른다는 모호한 감정에 사로잡히고 맙니다. 이러한 고통스러운 의심에서 벗어나기 위해 우리는 일속에 파묻히게 되는 것입니다. 아주 열심히 그리고 끊임없이 일함으로써, 우리는 우리가 중요한 일을 하는 중요한 사람이라는 걸 확실히 보여주려고 합니다.

우리는 또한 가정생활을 피하기 위해 일주일 내내 일을 하는 지도 모릅니다. 만약 우리가 집에 있다면, 아이들과 함께 있거나, 아니면 아내(혹은 남편)와 함께 지내는 것이 힘이 들 수 있습니다. 왜냐하면 우리의 아내나 남편이 그들에게 우리가 평소에 무관심하다고 느낄게 뻔하기 때문입니다. 그때 병원에 전화를 걸 일이 있다면, 우리는 "선한 양심"을 핑계로 그들과의 괴로운 대면을 피할 수도 있습니다. 결국 우리가 그렇게 하는 것이 하나님의 일이 아니냐고 하면서... 목회자들은 물론 의사들도 충분히 그럴 수 있습니다. 그들은 어느 때고 원하면 이런 성가신 가정문제로 부터 빠져 나올 수 있습니다. 왜냐하면 그들에겐 봐야할 환자와 보살펴줘야 할 중요한 문제가 늘 있기 때문입니다. 그리고 우리는 이것이야말로 다른 어떤 책임을 모두 제쳐놓고 해야 할 하나님의 일이 아니냐고 스스로 생각하고, 또 우리 가족에게 그렇게 말합니다.

결론적으로, 우리의 일이 우리를 삼켜 버린다면, 그것은 우리가 삼켜지길 바라기 때문입니다. 이런 문제를 해결하기 위하여 우리는 우리 자신을 깊이 들여다보아야 합니다. 그렇게 함으로써 우리는, 우리가 일에 몰두함으로써 감추려고 하는 우리 안에 있는, 우리의 부적당한 점이 무엇인지, 혹은 우리의 개인적인 요구가 무엇인지를 발견할 수 있습니다. 이런 과정에서 우리는 어떤 불유쾌한 사실들을 대면해야 할지도 모릅니다. 그러나 어느 정도는 대가가 지불될 것이 확실합니다. 만약 우리가 우리 자신을 창조적으로 그리고 조심스럽게 살펴봄으로써 창조적인 대가를 지불하지 않는다면, 우리는 우리의 일로 인해, 깨어진 인간관계 때문에, 혹은 올바로 살지 못한 삶으로 인해 후에 탈진이라는 형태로 대가를 지불하지 않으면 안 될 것입니다.

03

허공을 치는 것 같은 목회자의 일

03
허공을 치는 것 같은 목회자의 일

목회자는 그의 일에 어떤 결과가 있을 것인지 항상 말할 수 없습니다.

앞에서 말한 대로, 목회자의 일이 사람들과 영적인 문제에 관심을 둔다면 그가 일을 하고 나서 구체적인 결과를 기대하긴 어렵습니다. 영적인 일은 마치 허공을 치는 것과 같습니다. 그것은 현실적인 일입니다. 하지만 육체적인 감각으로 만져 볼 수 있는 것이 아니므로, 우리가 노력한 결과를 기대하긴 어렵습니다. 내가 앞에서 얘기한 대로, 어떤 이들은 일을 마치고 나서 실제로 그가 성취한 것을 확인할 수 있지만, 목회자는 열심히 일을 해도 그 결과로 어떤 일이 일어났는지 도무지 확실하지 않습니다.

우리는 영적인 일의 성격을 바꿀 수는 없습니다. 그러나 우리는 때때로 영적인 일의 공허한 면을 보상해 줄 수 있는 몇 가지 일을 발견함으로써, 우리 자신을 도울 수 있습니다. 영적인 일이 새롭게 되기 위해서는, 확실하고 실질적인 어떤 것과 연계될 필요가 있습니다. 어떻게 이러한 일이 가능할 것인지 발견하기 위해서 우리는 우리 안에 있는 다른 유형의 남성이나 여성(the other kind of man or woman in us)을 발견할 필요가 있습니다. 우리는 그냥 목사일 뿐만은 아닙니다. 우리 안에는 다른 일을 할 수 있는 다른 사람이 있을 수 있습니다.

우리는 이 다른 사람을 손과 몸으로 일하는 육체적인 사람이라고 생각해 볼 수 있습니다. 그 남자 혹은 그 여자는 목수, 금속 세공업자, 조각가, 농부, 목재반출 인부, 요리사, 미술가, 또는 운동선수일 수 있습니다. 이런 사람은 실질적이고 확실한 현실 안에서 일하는 사람으로서, 어떤 분명한 결과 – 그가 만들어 완성한 책상, 그가 준비한 맛있는 저녁식사, 그녀가 꾸민 정원, 그녀가 그린 이름다운 그림, 혹은 그 밖의 어느 것이든 – 를 이루어 냅니다.

그런데 정신과 영혼과 말씀의 세계와 사람들, 그리고 사람들의 문제들을 가지고 일하는 것은 심리적으로 약해질 위험을 무릅쓰는 것입니다. 우리 안에 실질적인 영역에서 일하는 다른 사람이 있음을 발견하는 것은, 다시금 튼튼하게 되는 것입니다. 즉 그것은 우리의 인격을 굳세게 하는 효과가 있습니다.

나는 여기서 내가 『융 심리학과 치유(*Healing and Wholeness*)』란 책에서 언급한 이야기를 다시 한 번 할 필요가 있을 것 같습니다. 심한 우울증에 걸린 음악가가 있었습니다. 그 당시 그에겐 심리학적인 치료나 기도가 아무런 도움이 되지 않았습니다. 그런데 어느 날 자동차를 몰고 그가 집으로 오는데 타이어가 펑크가 나고 말았습니다. 차에서 나와서 그는 타이어를 점검해 보고, 트렁크를 열고 자동차를 들어 올리는 잭을 찾았습니다. 언제 타이어를 바꿨는지 도무지 생각이 나지 않았으며, 또 연장을 사용하는 방법도 까맣게 잊어 버렸습니다. 타이어를 바꾸느라 한 시간 넘게 애를 썼습니다. 그가 타이어를 다 갈아 끼웠을 때, 그는 금방 그의 우울증이 씻은 듯이 사라졌음을 느꼈습니다. 도무지 그는 그걸 이해할 수 없었습니다. 그러나 그는 자신이 새 사람이 된 것 같은 느낌을 갖게 되었습니다.

후에 그는 꿈을 꾸었는데, 꿈에 크고 건장하게 생긴 흑인남자가 손에 연장을 들고 있었습니다. 이 꿈으로부터 실마리를 얻어, 그는 실제로 몇 가지 연장을 샀으며, 자기 마음속에 가지고 있던 충동을 따라 자기 집을 고치기 시작했습니다. 그의 음악이 그에겐 다시금 의미 있는 일이 되었습니다. 그가 연장을 가지고 일하는 것이 그를 자기 직업에서 벗어나게 만들었다기보다, 오히려 그에게 새로운 에너지를 불어넣어 줌으로써 활력 있는 삶을 살게 해 주었던 것입니다.

내 아버지도 그 분 안에 연장을 사용하는 사람을 갖고 계셨으며, 천성적으로 그것을 잘 발전시킬 줄 아셨습니다. 아버지는 철물점에 계실 때가 가장 행복해 보이셨습니다. 뉴햄프셔에 있었던 여름 별장의 낡은 헛간에 아버지는 연장들을 갖고 계셨는데, 모든 것이 아주 잘 정돈되어 있었습니다. 연장들은 각기 적당한 위치에 있었고, 어떤 건 특별한 고리에 걸려 있었고, 또 어떤 건 특이한 서랍 속에 아주 세심하고 귀하게 보존되어 있었습니다. 아버지는 여름휴가 때가 되면 그 연장들을 계속 사용하셨는데, 그 때는 그분이 목사라는 걸 잠시 잊은 것 같았고, 그 동안 만큼은 농부나 목수나 금속 세공업자처럼 사셨습니다.

기독교는 성육신(incarnation)의 종교입니다. 기독교는 하나님이 인간이 되셨고, 말씀이 육신이 되셨다고 증언합니다. 이것은 구체적인 현실의 세계, 땅의 세계, 그리고 몸의 세계는 영과 마음의 세계처럼 거룩하다는 뜻입니다. 사실 우리의 영적인 측면은, 마치 우리의 육체적인 측면이 우리의 영적인 삶에 의해 활기를 띄게 되었듯이, 육체적인 존재를 개발시

킴으로써 강화되고 증진되었습니다. 사실 우리는 하나의 통전적인 유기체인 셈입니다. 우리의 어떤 부분 – 몸이나 영혼 – 이 쇠약해지면 전체가 영향을 받게 되는 것입니다.

예수께서는 이 땅에 발을 딛고 사셨던 분입니다. 이것은 그분이 말씀하신 것을 보면 잘 알 수 있습니다. 공관복음에 나오는 예수의 말씀 중에 어느 것이 정말 예수의 말씀이며 어느 것이 초대교회의 첨가인지를 아는 한 가지 방법은, 그것의 현세적인 성격(earthiness)을 검토해 보면 알 수 있습니다. 그것이 현세적인 말씀이라면, 그것은 예수께서 직접 하신 말씀으로 보아도 무방합니다. 현세적인 성격을 띠지 않는 말씀을 우리는 예수께서 하신 말씀이라고 꼬집어 말하기 어렵습니다. "쟁기를 가지고 뒤를 돌아보는 자는 하나님 나라에 합당치 않다"는 말씀을 대할 때, 우리는 정말 예수께서 하신 말씀을 읽고 있다는 걸 의심할 수 없습니다. 또 "들의 백합꽃이 어떻게 자라는 가 살펴보아라. 수고도 하지 않고, 길쌈도 하지 않는다. 그러나 내가 너희에게 말한다. 온갖 영화를 누린 솔로몬도 이 꽃 하나 만큼 차려입지 못하였다"는 말씀을 보아도, 우리는 이것이 정말 예수께서 하신 말씀임을 확실히 알 수 있습니다. 유감스럽게도, 초대교회의 가르침 속에서 우리는 이러한 현세적인 성격을 발견할 수 없기 때문입니다.

아마도 우리 가운데 많은 사람이 육체적인 인격을 개발하지 못하는 한 가지 이유는, 우리가 영적으로 나태하기 때문인 것 같습니다. 우리가 성직자답게 교구내의 일들을 수행하려고 하는 한, 육체적인 사람을 개발하기란 영영 어렵게 됩니다. 그때 우리는 무엇을 해야 할지 알게 되며, 우리가 해야 될 일이란, 겨우 마련된 길을 그냥 따라 가는 것뿐입니다. 우리가 투덜대고 불평할 수 있다 손 치더라도, 우리가 하게 될 일은 너무나 분명합니다. 그러나 우리가 우리 안에 있는 다른 사람을 발견하고 육체적으로 방향 잡혀진 삶이 무언가를 알게 된다면, 우리는 우리의 독특한 길(individual way)을 가야만 합니다. 이 다른 사람이 누구인지를 우리 자신에게 말해 주는 사람은 아무도 없습니다. 우리는 우리의 환상과 충동에 의해 우리에게 주어진 실마리를 따라감으로써, 이 다른 사람을 발견해야 합니다. 그리고 우리는 우리의 독특한 성격과 상황에 맞는 우리 안에 있는 이 다른 측면을 표현하는 근원적인 길을 발견해야 합니다. 목회자의 직분을 다하기 위해서 우리는 무엇을 어떻게 해 나가는 것이 좋은지 우리에게 말해주는 외적인 확인을 해야 됩니다. 우리 안에 있는 다른 사람을 개발하기 위해 우리는 내면으로부터 자극을 받고 또 안내를 받아야 합니다. 순전히 영적인 게으름 때문에 우리 가운데 많은 사람이 이런 내면적인 측면과 육체적으로 방향 잡혀진 삶의 측면을 계발하는 것을 등한시합니다. 왜냐하면 그것을 인식하지 않고서는 우리가 종래의 인습적인 길에서 벗어나려고 하지 않기 때문입니다. 그런 이유라면, 우리는 당연히 우리 자신에게 눈을 돌려서, 어떻게 우리 자신의 문제를 해결해야 될지 살펴보아야 합니다.

04

끝없는 반복

04
끝없는 반복

목회자의 일은 계속 반복됩니다.

앞에서 나는 목회자의 일이 반복된다는 걸 언급했습니다. 우리의 일은 우리가 그리스 신화에 나오는, 영구히 회전하는 수레바퀴에 묶인 익시온(Ixion)처럼 느끼게 합니다. 이것은 특이한 문제입니다. 왜냐하면 반복되는 일은 창의력이 없기 때문입니다. 일을 처음에 할 때는 신나게 할 수 있지만, 자꾸 반복되면 결국에는 일의 창의력이 없어지고 맙니다. 그 결과, 극도의 피로감과 권태를 느낄 수밖에 없습니다.

교사들은 이런 사실을 알고 있습니다. 교사들이 같은 교과목을 똑같은 교재를 가지고 매년 가르친다면, 그것처럼 피곤한 일이 없을 것입니다. 하는 일의 성격상 교사의 역할을 해야 하는 목사들도 이러한 일을 똑같이 겪게 됩니다.

비록 목회자가 일의 반복을 전적으로 피할 수는 없다 하더라도, 그녀에겐 자동적으로 일정한 일의 양이 있는 법입니다. 대체로 목회자는 자기 시간과 정력을 어디에 쏟을 것인지를 취사선택 할 특권이 있습니다.

이것은 종교적인 일의 긍정적 측면이라 할 수 있습니다. 그것은 일의 반복으로 진절머리 나게 하는 것을 상쇄해 주는, 신선하고 새로운 일이 가져다주는 측면입니다. 이런 일은 우리의 강점을 증대시키고, 우리의 최근의 생각과 관심을 표명해 주고, 나아가서 우리가 창조적인 에너지와 접촉하도록 해 주는 것이어야 합니다.

우리가 우리에게 가장 흥미 있고, 또 새로운 것을 가르칠 수 있는 공부모임, 우리가 우리의 깊은 관심사들을 함께 나눌 수 있는 그룹, 우리가 사람들과 접촉하기 위해 시도해 볼 수 있는 새로운 방식과 같은 것들은, 우리가 겪는 위기를 점점 더 심하게 만들 수도 있고, 아니면 반복의 문제를 해결하기 위한 대책이 될 수도 있습니다.

물론 그것은 우리의 일에서 우리가 벗어나는 걸 도울 수도 있습니다. 예수께서 몸소 그런 예를 보여주셨듯이, 일에서 벗어나는 것이 필요합니다. 우리는 복음서에서 예수께서 얼마간 열심히 일하시고 나서, 홀로 있으시려고 광야로 물러가신 걸 자주 읽습니다. 누가복음에는 이런 말씀이 있습니다. "예수의 소문이 더욱 더 퍼지니, 큰 무리가 그의 말씀도 듣고, 또 자기들의 병도 고치고자 하여 모여들었다. 그러나 예수께서는 외딴 곳으로 물러가셔서 기도하셨다."(5:15~16) 내가 지금 얘기하는 것은, 하루를 단순히 쉬는 게 아니라, 회전하는 수레바퀴처럼 반복되는 일에서 물러나서, 활동과 만나는 사람들과 주거 환경을 완전히 변화시킴으로써, 특별히 새롭게 되는 길을 찾는 것입니다.

내 아버지는 한 교구에서 23년을 일하시고 목회에서 은퇴하셨습니다. 언젠가 내게 이런 말씀을 하셨습니다. "난 내가 하려고 생각한 걸 모두 했단다." 그분은 당신의 일에서 더 이상 신선하고 창조적인 가능성을 찾기 어려우셨습니다. 그래서 그분은 그 당시 갈 곳이 아무데도 없었어도 목회를 그만두셨습니다. 마침내 그분은 새로운 교회로 부임하셨습니다. 그러나 그때 우리 아버지는 교구위원회의 동의를 얻는데 신중을 기하셔야했습니다. 즉 일주에 나흘을 일하시고, 나머지 사흘은 뉴햄프셔에 있는 아버지의 농장에 자유롭게 가시는 게 이해되었습니다. 물론 아버지는 그런 특권을 요청할 수 있는 삶의 지점에 이미 와 계셨고, 그분이 새로 맡은 목회 일은, 이전에 맡아보았다가 물러난 교회일 만큼 요구가 많은 건 아니었습니다. 어쨌든 그분은 아직도 회전하는 수레바퀴 같은 교구내의 생활 때문에 지쳐버릴 수 있는 위험에서 벗어나기 위해 정규적으로, 일정한 기간 "광야로 물러나는 것"이 중요하다는 걸 인정하셨습니다.

사실 사람들은 내 아버지가 하신 것처럼 효과적으로 시간을 쓰는 방법을 잘 모르기 때문에 그들이 정규적인 업무에서 벗어날 수 있는 시간의 혜택을 누리는 게 늘 쉬운 건 아닙니다. 휴가가 대답이 되지 않을 수도 있습니다. 왜냐하면 휴가가 무의미하고 아무 효과도 없고, 심지어는 영적으로 위험한 시간이 될 수도 있기 때문입니다. "휴가"(vacation)란 말과 "비우다"(vacate)라는 말은 둘 다, 라틴어 vacare에서 왔는데, "비우게 하다"라는 뜻입니다. 많은 사람들에게 있어서 휴가는 단순히 공허한 시간이 될 수 있습니다. 그들은 그들의 일상적인 책임을 벗어났지만, 삶의 풍성함을 경험하지 못하고, 공허함으로 빠져든 것에 지나지 않은 것입니다.

공허할 때, 우리가 나쁜 경험에 빠져들기 쉽다는 건 잘 알려진 사실입니다. 예수께서는 더러운 귀신들린 사람의 비유를 통해 이런 사실을 경고하셨습니다. 더러운 귀신이 떠났지만, 그게 되돌아 왔을 때, 집이 비고 청소가 되어 있는 걸 발견하곤, 가서 저보다 더 악한 귀신 일곱을 데리고 들어갔습니다.(마 12:43~45) 공허한 영혼과 공허한 삶은 악에 빠지기 쉽습니다. 이런 이유로 많은 사람들이 휴가를 통해 활기를 회복하지 못하고, 오히려 가족끼리 싸우고, 우울하고 짜증나는 일만 경험하는 경우가 많습니다. 그래서 결국 일상적 삶의 단조로움이 더 낫다고 여겨, 곧 되돌아오게 됩니다.

이런 이유로 휴가 대신에 순례 여행을 계획하는 것이 더 나은 경우가 종종 있습니다. 순례는 일상적인 업무에서 떠나는 시간입니다. 그러나 순례는 거룩한 목적을 가지고 계획된 여행이나 머무름이 될 수도 있습니다. 사람들이 순례를 위해 떠날 때, 그들은 그들의 일상적 삶에서 벗어나, 그들의 성장을 위한 뚜렷한 이유를 가지고 어떤 곳을 여행하기도 합니다. 또한 그들은 이런 순례를 통해, 그들이 배우고 싶어 하는 것을, 혹은 그들이 갖고 싶어 하는 경험을 찾는 것입니다.

어떤 흥미 있는 회의에 참석하기도 하고, 어떤 특별한 나라나 사람들을 보려고 여행을 하기도 하고, 어떤 특별한 연구를 하기 위해 출발하기도 하고, 어떤 장소를 가보기도 하면서 시간을 보냅니다. 거기엔 본래 흥미 있는 것이 있게 마련이기 때문입니다. 이러한 것들은 모두가 순례를 하기 위한 노력입니다. 종종 이것은 우리가 가질 수 있는 가장 멋있는 "휴가"이며, 또 회전하는 수레바퀴 같은 삶을 중단시키기 위한 방법이 되기도 합니다.

반복되는 일의 문제를 해결하기 위해 우리는 창조적인 것을 필요로 합니다. 창조적인 해결책만이 도움이 됩니다. 다음의 이야기에서 우리는 이기적인 노력은 문제의 해결은커녕 오히려 문제를 악화시킨다는 걸 알 수 있습니다.

마리-루이제 폰 프란츠(Marie-Louse von Franz)는 『민담에 나오는 여성성(*The Feminine in Fairy Tales*)』이라는 책에서 "손 없는 소녀"(The Handless

Maiden) 이야기를 소개합니다. 이 이야기는 한 때 번창 했던 방앗간 업이 점점 찌부러지기 시작하던 제분업자에 대한 이야기와 함께 시작됩니다. 망해 가는 사업을 골똘히 생각하던 중, 그 제분업자는 악마를 만나게 되는데, 그 악마는 그에게 사업이 다시 일어 날 수 있는 방법을 일러줍니다. 그 제분업자가 집에 돌아왔을 때 뒷마당에서 처음으로 보는 걸 자기에게 주면, 사업이 번창하게 해 주겠다고 했습니다. 그 제분업자는 자기 뒷마당에 사과나무가 있다는 걸 기억해 내곤, 자기가 이 기회를 결코 놓치지 않으리라고 속으로 다짐합니다. 그래서 그렇게 하기로 하고, 악마와 약속을 합니다. 그런데 불행하게도, 그가 집에 돌아왔을 때 뒷마당에서 처음으로 본 것은 그의 사랑하는 딸이었습니다. 그 제분업자는 너무도 깜짝 놀란 나머지 수심에 빠졌습니다. 그러나 약속은 약속이었습니다.(그 보다도, 그는 자기 방앗간 업이 다시 번창하길 바라고 있었습니다!) 그래서 그는 그의 딸을 악마에게 넘겨주었습니다. 악마는 약속을 지켰고, 방앗간 업은 다시 한 번 번창 하게 되었습니다.

이 민담은 제분업자의 딸의 모험으로 계속 이어집니다. 그러나 여기서 우리의 관심을 끄는 것은 제분업자입니다. 폰 프란츠가 지적한 대로, 그 제분업자는 최초의 기계 기술자 가운데 하나였으며, 그의 사업은 방앗간의 기계 바퀴가 계속 돌아감으로써 번창하게 됩니다.

이 민담은 우리가 주시하고 있는 관심사 – 그 일이 기계적인 것이어서 한 때는 번창 했던, 그러나 지금은 침체되어 버린 사람의 상황 – 를 정확하게 묘사해 주고 있습니다. 이 이야기는 우리에게 이 문제를 해결하기 위해, 우리의 영혼을 악마에게 팔아 넘겨선 안 된다는 사실을 보여줍니다. 그러나 문제는, 많은 사람들이 바로 그런 일을 하고 있다는 것입니다. 오히려 그들은 그들이 당면한 문제에 대해 창조적인 해결책을 찾으려고 하기보다, 어떤 희생을 치르더라도 이전의 기계적인 방식을 계속 유지하려고 자꾸 애쓰고 있다는 것입니다. 비록 잠깐 동안은 겉으로 보기에 일이 성공적으로 진행되는 듯이 보여도, 결국 그들은 그런 와중에서 그들의 영혼을 잃어버리고 맙니다.

모든 사람들에게 있어서, 기계적으로 이루어진, 그러면서 창조성이 부족한, 반복되는 일은 그들의 여성적 측면(the feminine part)에 부정적인 영향을 끼칩니다. 제분업자의 딸처럼, 그것은 우리를 악마에게 가게 만들고, 여성적 측면의 상실은 우리 삶의 개성을 잃어버리게 하며, 우리 마음으로부터 상상력을 빼앗고, 우리의 정서를 메마르게 만듭니다. 우리 일이 계속 성공적이길 바란다면, 우리가 지금 치러야할 대가는 실로 엄청나게 크다 아니할 수 없습니다. 그래서 예수께선 이렇게 말씀하셨습니다. "사람이 온 세상을 얻고도 제 영혼(soul)을 잃으면 무슨 이득이 있겠느냐?"(마 16:26)

우리가 제분업자 같이 일에 대한 열의가 떨어지는 문제를 해결하려고 악마의 도움을 받으려고 안간 힘을 다 쓰고 있다면, 우리는 우리 자신을 새롭게 조명해 볼 필요가 있습니다. 우리의 삶에 창조력을 잃어 버렸을 때, 우리는 과연 보다 나은 해답을 찾을 길은 없을까요? 왜 우리는 보다 근원적인 대답을 찾지 못할까요? 이 세상에 대한 우리의 이기적인 관심이 우리의 가장 값진 가치를 희생할 정도로 우리를 지배하게 되는 일이 과연 어떻게 일어날까요? 다시 목회자의 문제로 돌아가 생각해 볼 때, 그의 문제는 그가 하는 일의 성격 때문이 아니라, 바로 그 자신에게서 발생한다고 볼 수 있습니다. 우리는 만인의 칭찬을 한 몸에 받게 될 때 비로소 우리의 삶이 견딜만하다고 생각하는, "인기배우"(Star)같은 존재란 말인가요? 우리는 불안한 나머지, 우리의 힘을 유지하려고 온갖 노력을 다

하려는 충동에 사로 잡혀있진 않은가요? 그렇게 될 때, 우리는 우리의 문제에 대한 해결책을, 우리의 내적 중심(inner Center)으로 부터 나오는 창조적인 것에서 찾으려 하기보다, 우리의 불확실한 가치감각에 손상을 입지 않으려고 필사적으로 쇼를 하게 됩니다. 우리의 문제를 그렇게 해결하려고 하는 것은 하나님의 영광을 위한 것이 아니라, 우리 자신의 영광(the glory of our Ego)을 위한 것임에 틀림없습니다. 겉으로 보기에 그렇게 하는 게 매우 현명하게 보일지는 몰라도, 결국 그것은 다른 사람들은 물론 우리 자신도 속이는 것이 됩니다.

05

사람들의 기대를 다루는 것

05
사람들의 기대를 다루는 것

목회자는 사람들의 기대를 계속 다루어야 합니다.

앞에서 살펴본 대로, 목회자는 사람들이 결코 만족될 수 없는, 각기 다른 수많은 기대에 직면하게 됩니다. 목회자는 이러한 기대를 만족시키려고 애쓰다가, 또는 그들의 기대를 만족시킬 수 없다는 불안 때문에 지쳐버릴 수 있습니다.

때로는 목회자가 그의 문제를 완화할 수 있는 실제적인 방책이 있을 수 있습니다. 그 하나는 구역회, 기획위원회, 목회위원회, 또는 다른 공식적인 기구를 통해 목사는 그의 책임이 무엇이며, 또 교인들이 그에게 기대하는 것이 무엇인지를 분명히 아는 것입니다. 교인들이 목사의 일 중에 가장 관심을 갖고 있는 것이 무엇이며, 목사 자신이 생각하는 가장 중요한 업무가 무엇인지를 살펴보아, 그 일치점을 찾아보는 것입니다. 교인들의 의견이 목사와 일치하지 않더라도, 서로를 이해할 수 있도록 개방적이 될 필요가 있습니다. 이렇게 함으로써, 서로 간에 있을 수 있는 긴장관계를 완화할 수 있는 것입니다. 문제가 있을 때 속으로 불만을 가지고 끙끙거리는 것보다는 개방된 자세를 갖고 함께 논의해 보는 것이 낫습니다.

물론 거기엔 공식적인 교회 회의나 위원회에 소속되지 않은 사람들의 기대도 있을 수 있습니다. 그렇다고 해도, 교회의 책임을 진 사람들과 함께 문제를 논의하는 것이 도움이 됩니다.

어떤 목사가 기획위원회 멤버들에게, 교인 수를 늘려 보려는 그들의 욕구를 충족시키기 위해, 이번 여름에 이웃에 있는 집들을 가가호호 방문하겠다고 약속을 했습니다. 그러나 방문한다고 한 시간이 가까워 오자, 목사는 자기가 하려고 하는 일이 심적으로 큰 부담이 되었습니다. 그렇게 많은 집을 방문할 에너지도 부족할 뿐더러, 얼마나 효과가 있을 것인지도 의심이 되었습니다. 그러나 그는 교인들이 그가 그렇게 하길 바란다는 걸 잘 알고 있었습니다. 마침내 그 목사는 기획위원회에 그 문제를 내놓고, 위원들과 솔직하게 의견을 교환하였습니다. 결국 평신도들이 그들의 기대를 바꾸고, 그런 방문으로 목사의 시간과 에너지를 허비할 필요가 없다는 의견이 모아졌습니다. 이렇게 해서, 그 문제는 모든 사람이 만족한 가운데 해결이 되었습니다.

다른 해결책은, 사람들이 우리 목회자들에게 바라는 업무 가운데 어떤 것은 우리가 아예 받아들이지 않는 것입니다. 처음부터 우리 목회자가 그들의 요구를 만족시켜 주려고 하는 게 아님을 분명히 함으로써, 우리는 어떤 요구들을 피할 수 있습니다. 예를 들어 어떤 교인이 목사에게 어떤 문제 – 어떤 이는 결혼문제를 가지고 있으며, 또 어떤 이는 술을 너무 많이 마시며, 또 어떤 이는 아주 외로워한다는 등등 – 가 있는 사람을 심방해 주길 바란다고 합시다. 그 목사는 이미 계획된 심방이 너무 많거나, 아니면 사람들이 먼저 원해서 심방을 해야 그들에게 도움이 된다고 보기 때문에 그런 심방을 할 수 없고, 또는 그런 심방은 하고 싶지 않을 수도 있습니다. 그러나 대부분의 목사는 심방을 하지 않으면 마음이 편하지 않을 뿐더러, 교인들의 기대를 저버린다는 인상을 받고 싶지 않아 심방을 하려고 할 것입니다.

그런 경우에, 갑자기 심방을 요구하면, 금방 가지 못한다고 솔직하게 말하는 게 도움이 됩니다. 솔직하게 이렇게 말해보십시오. "지금 제겐 시간이 없군요. …… 그런 심방을 제가 지금 하기가 어렵군요. …… 지금으로선 심방 요구를 받아들이기 힘들군요."

심방 요구를 받았는데도 이렇게 단호하게 얘기하면, 너무 야박하게 들릴 것은 뻔합니다. 목사가 심방을 해 달라는데 거절하다니! 그러나 심방을 한다고 해 놓고, 하지 못하게 되어 교인들을 실망시키는 것보다는, 금방 심방 요구를 들어 줄 수 없다고 하는 게 더 나을 것입니다. 솔직해 질 때, 사람들은 우리 목회자를 받아줍니다. 한편, 이렇게 함으로써 우리는 다음번에 심방 할 수 있는 기회를 가질 수도 있습니다. 여기서 예수께서 말씀하신 두 아들의 비유가 생각납니다. 어떤 이에게 두 아들이 있었는데, 그 아버지가 맏아들에게 가서 포도원에 가서 일하겠느냐고 물었을 때, "안 가겠습니다"하고 대답했습니다. 그런데 그는 마음을 바꾸고 가서 일을 했습니다. 그 아버지가 둘째 아들에게 똑같이 물었을 때, 그는 가겠다고 하고는 가지 않았습니다.(마 21:28~31) 예수께서 우리에게 말씀해 주신대로, 우리가 둘째 아들의 입장에 서는 것보다는 맏아들의 입장에 서는 게 더 낫다고 볼 수 있습니다.

마키아벨리가 『왕자(*The Prince*)』라는 책에서 자칭 폭군들에게 들려 준 충고가 여기에 꼭 맞는다고 볼 수 있습니다. 우리가 이런 책에서 영적인 충고를 기대하기는 어렵겠지만, 이 경우에 있어서, 마키아벨리의 충고는 다음과 같은 불가해한 예수의 말씀과 부합한다고 할 수 있습니다. "이 세상의 아들들이 자기네끼리 거래하는 데에는, 빛의 아들들보다 더 슬기롭다."(눅 16:8) 여기서 마키아벨리가 한 말은, 권력을 얻으려고 하면 지독한 일을 저질러야 한다는 뜻입니다. 지독한 일을 저지르려면 단번에, 애초부터 저지르는 게 낫다는 것입니다. 무슨 일을 하든 지독한 일을 하려거든, 질질 끌지 말라고 그는 경고했습니다. 어떤 사람이 심방 요청을 했는데 거절한다면, 당신이 지독하게 보일지 모른다. 심방 요청을 거절하려면, 처음부터 거절하는 게 더 낫다는 말입니다.

교인들의 기대에 부응하려면, 유능한 교회 직원을 두는 게 도움이 될 것입니다. 이것은 물론 다원화 목회를 지원할 수 있을 정도의 큰 교회에서 가능한 일입니다. 사람들마다 성격 유형과 관심이 각기 다릅니다. 그러므로 각기 다른 심리적 특성과 관심을 가진 직원들을 모집해 보도록 하십시오. 담임목사가 설교를 잘하고, 훌륭하게 가르치고, 또 관념적인 세계를 좋아한다면, 교인을 돌보고 심방 하는 걸 좋아하는 부목사를 두어야 하겠고, 담임목사가 그다지 좋아하지 않는 방면의 일을 하는 걸 즐기는 교육사를 둘 필요가 있습니다. 이런 식으로 해서 교인들의 여러 가지 다른 기대들을 만족시킬 수 있습니다.

우리가 담임목사라면, 우리에겐 우리를 가장 잘 도와 줄 수 있는 훌륭한 사람들이 필요합니다. 때때로 담임목사들은 교인들로부터 그의 영광을 퇴색시키지 않으려면, 자기보다 능력이 떨어지는 사람을 쓰라는 아첨의 말을 듣곤 합니다. 아니면, 그를 보조하는 사람들이 충분히 목회역량을 발휘하지 못하게 한다든지, 또는 그들이 일한 대로 대가를 얻지 못하게 하는 방법을 찾아내야 한다는 것입니다. 그렇지 않으면, 그의 입지가 튼튼하지 않기 때문에 그가 위협을 받게 된다는 것입니다. 그러나 실제로는 반대 결과가 생길 수 있습니다. 즉 보조하는 사람들이 유능하면, 담임목사의 평판을 떨어뜨리기보다는 오히려 그의 평판을 높여주게 될 것입니다. 그를 보조하는 이들이 일을 잘해서 받는 점수는, 그런 훌륭한 보조자들을 둘 정도로 그가 슬기로운 사람이라고 생각되어 그 점수가 담임목사에게 돌아가게 될 것입니다.

우리는 우리가 걱정하는 기대 가운데 어떤 것은, 다른 사람들이 아닌 바로 우리 자신들로부터 나온다는 것을 알 필요가 있습니다. 그것은 마치 우리가 그렇게 하도록 계속 촉구하며, 또 우리의 모든 실패와 태만을 조심스럽게 추적하게 만드는, 우리 안에 있는 "기대의 목소리"(Voice of Expectation), 즉 "내면의 감독자"(Inner Monitor) 또는 "내면의 비서"(Inner Secretary)가 있는 것 같습니다. 이런 내면의 목소리는 죄책감과 불안을 일으키는 일련의 자율적 사고 속에서 그 존재를 뚜렷이 느끼게 합니다.

내면의 감독자는 외부인들에게 투사되기 쉽습니다. 이것은 우리가 다른 사람들이 우리에게 어떤 것들을 기대하고 있다고 상상하는 것을 의미합니다. 실은 이런 기대들이 우리자신으로 부터 나온다는 사실입니다.

X씨로부터 전화를 걸어 달라는 메시지를 받은 어떤 큰 교회의 목사 생각이 납니다. X씨는 가히 그 교회의 기둥 노릇을 하는, "거물급 교인"이었습니다. 그 목사의 눈에 X씨는 위압적이고 비판적인 아버지 같은 사람으로 보였습니다. 온종일 이 목사는 그에게 전화를 걸어야 한다는 일로 마음이 매우 불편했습니다. 불길한 생각이 꼬리를 물고 일어났으며, 그의 내면의 감독자는 그가 무언가를 잘못한 일이 있어서 X씨가 그에게 전화를 하라고 했을 것이라고 속삭였습니다. 정작 그가 X씨에게 전화를 했을 때, X씨는 이렇게 말했습니다. "지난주일 목사님이 너무 멋진 설교를 하신 게 생각나서, 그 말씀을 드리려고 전화했었습니다." 이것은 투사

입니다. 즉 부정적인 생각이 X씨 안에 있던 게 아니라, 그 목사의 마음속에 있었던 것입니다.

내적 감독자는 하나님의 목소리로 얘기하는 것 같습니다. 즉 우리는 이 목소리를 엄청난 권위를 가지고 말하는, "의무"(shoulds)와 "당위"(oughts)의 목소리로 듣습니다. 그러나 그 목소리가 하나님의 목소리인 양 가장하지만, 가만히 살펴보면 그것은 우리 자신의 실패와 죄책감에 대한 공포와 뒤섞인 많은 사람들의 집단적인 기대로부터 나온 것임을 알 수 있습니다.

내적 감독자의 목소리는 그 이면에서 작용하는 경향이 있습니다. 그래서 우리가 그것을 인식하기가 어려운 것입니다. 내적 감독자의 목소리가 우리 마음을 죄책감, 실패에 대한 두려움, 또는 성취되지 않은 의무에 대한 염려 등으로 채우고 있음에도 불구하고, 우리가 이 목소리를 공공연히 밖으로 드러내어 대면하게 되면, 그것은 우리에게 도움이 됩니다. 이것은 무대의 가장자리로부터 들려지는 생각들을 받아들임으로써, 즉 그것을 인지할 수 있는 무대의 중심으로 나오게 만듦으로써 가능합니다. 그때 우리는 그것을 밖으로 끄집어 낼 수도 있고, 또 우리는 스스로 그것을 우리 목회와 관련을 지어볼 수도 있습니다.

우리는 이 목소리와 대화할 수 있으며, 이러한 생각에 귀 기울일 수도 있고, 또 거기에 대답할 수도 있습니다. 우리가 그 대화를 적어본다면, 그것은 우리에게 더 더욱 현실적인 것이 되고, 더욱이 그러한 것을 치유하는 능력이 있음을 알 게 될 것입니다. 일단 우리가 내적 감독자의 생각을 발견하게 되면, 이런 대화를 시도하는 게 그리 어렵지 않을 것입니다. 결국 이러한 내적 목소리는 우리에게 늘 말을 건네 오고 있으며, 다만 우리가 할 일은, 그러한 생각을 기록하고 또 거기에 대답하면 되는 것입니다. 실은 이런 대화는 이미 진행 중에 있다고 보아야합니다. 그러한 과정은 내적 목소리의 파괴적인 힘을 약화시키고, 자아를 강화시키며, 또 우리가 당면한 곤란한 문제들을 창조적으로 해결할 수 있도록 도와 줄 수도 있습니다.

내적 감독자가 목회자에게 파괴적인 힘을 가질 수 있는 한 가지 이유는, 대부분의 종교 전문가(성직자를 말함 – 역주)들이 엄청난 죄책감을 지니고 살기 때문입니다. 우리가 앞에서 살펴본 대로, 성직자들은 그가 선한 사람이 되어야 한다는 느낌 때문에 부담을 안고 살 수 밖에 없습니다. 우리 목회자들은 사랑하는 마음을 가져야 하고, 이기적이 되어서는 안 되며, 늘 친절해야 하고, 또 다른 사람들의 복지에 늘 관심을 가져야한다는 느낌을 갖고 삽니다. 우리는 우리의 내적 감독자 때문에 그림자, 즉 충동과 요구와 욕구를 가진 어두운 측면을 갖는 것을 허락하지 못합니다. 우리는 이러한 선을 행하기 위해 엄청난 노력을 해야 합니다. 그렇게 되면, 결과적으로 우리 영혼은 지치고 피곤해 질 수밖에 없습니다. 진정한 사랑이 아닌 죄책감 때문에 하는 것은, 부자연스런 일이며, 사실은 그런 것은 선이라고 볼 수 없으며, 오히려 이기적인 마음에서 나오는 교묘한 방식으로밖에 볼 수 없습니다. 그때 우리는 은총을 통한 구원을 설파하는 복음을 잊어버리고, 선행으로 구원을 얻겠다는 잘못된 생각에 빠지게 되는 것입니다.

다음의 예를 볼 때, 이기적인 마음을 가지고 아무리 꾸미려 해도, 솔직함과 진솔함만큼 치료효과가 있는 건 없습니다. 한 젊은 여자가 어떤 목사에게 상담을 받으러 왔습니다. 면담을 한번 한 후에, 그 여자는 그 목사가 자기를 잘 돌보아 주지 않은 것 같기 때문에 다시 상담하러 오지 않겠다고 목사에게 편지를 보냈습니다. 그녀는 이런 편지를 썼습니다. "난 당신에게 그리스도의 사랑을 발견하려고 갔던 겁니다. 그러나 당신이 날 대하는 걸 볼 때, 당신에게 그런 사랑이 없는 것 같습니다."

그 목사는 답장에서 그녀가 바랐던 대로, 그는 그녀를 사랑하지 않은 게 사실이며, 그녀가 그리스도의 사랑을 발견하려 했다면, 그녀는 그리스도를 찾아갔어야 했다고 썼습니다. 그는 그리스도가 아니라 한 인간에 불과했습니다. 그의 사랑은 불완전했으며, 그는 그녀에게 그리스도의 사랑을 보여준다고 약속할 수 없었습니다. 그러나 그는 덧붙이기를, 그녀가 돌아와서 이야기하길 바란다면, 그는 그녀에게 그가 관심을 가지고 있고, 또 그녀를 도우려고 애쓴다는 걸 확신시켜 줄 수 있다고 써 보냈습니다. 그녀는 다시 돌아왔고, 상담은 큰 효과가 있었습니다. 그 목사의 정직한 태도가 이런 일을 가능하게 해 준 것입니다.

목회자는 죄책감을 갖기 쉬운 존재이기에 남의 조종을 받기도 쉽습니다. 머리를 쓰는 사람들은, 콘 아티스트들(사기꾼, 똑똑한 아이를 말함-역주)을 포함하여, 성직자의 이런 약점을 가지고는, 목회자를 그들의 희생물로 만드는데 그 약점을 이용할 수도 있습니다. 그들은 목회자의 죄책감을 미끼로 해서 돈을 빼앗을 수도 있습니다. 목회자가 자신의 죄책감에 잘 대처하게 될 때, 이러한 속임수는 끝이 나고 맙니다.

또 목회자가 자살할 가능성이 있는 사람들을 잘 다루기 어렵게 만드는 것도 이 죄책감입니다. 이런 사람들은 증세가 심각하기 때문이 아니라, 사람들의 관심을 끌기 위해서 자살을 시도하곤 합니다. 이렇게 함으로써, 그들은 목회자를 괴롭힙니다. 그들은 목회자의 사생활을 침범하며, 밤에 아무 시간이고 전화를 걸어 잠을 설치게 만들거나, 아니면 일과시간에 부당한 요구를 하기도 합니다.

이러한 일이 우리를 지치게 만들며, 정신적인 스트레스를 받고, 계속

해서 잠을 못 자면 건강에 심각한 위협이 됩니다. 몇 가지 이유로 이런 사람들은, 그들이 그 교회의 교인이 아니더라도, 목회자는 당연히 그들을 돌보아 주어야 할 의무가 있다고 생각합니다. 그래서 목회자는 자기에게 걸려오는 전화벨 소리를 싫어하게 됩니다. 이런 전화는 무언가 요구를 가지고 걸려오기 때문입니다.

어떤 성직자가 결국 그런 전화 때문에 진퇴양난에 빠지게 되었습니다. 그는 늘 전화를 건 사람을 꼭 만나보아야 한다고 생각했습니다. 또 그의 내적 감독자는, 그런 전화의 요구에 응답하는 것은 안수 받은 자의 신성한 의무라고 그에게 말해 주었습니다. 그가 어떤 조치를 취하지 않아 그 사람이 자살을 하면 어떻게 하나? 이런 생각은 그가 피할 수 없는, 두려운 죄책감과 같은 것이었습니다. 그러나 그는 결국 자신의 한계를 인식하게 되었습니다. 그는 자신의 건강이 위협을 받게 된 것을 느꼈습니다. 그래서 화가 잔뜩 났는데, 이 분노는 건강한 자기보호 본능에서 나온 것이었습니다. 그는 슬기롭게도 하나님께 화를 냈습니다. 그래서 이렇게 말했습니다. "이제부터 주님, 당신이 이 사람들을 책임지십시오. 제게 짐을 지우지 마십시오. 당신이 그들을 창조하셨으니, 그들이 자살을 하건 안하건, 그건 그들과 당신의 문제입니다. 그들이 자살하기를 원하지 않으시면, 당신이 무언가 조치를 취하십시오. 저는 이제 손을 놓겠으며 더 이상 책임을 지지 않겠습니다."

그렇다고 그가 벼락을 맞은 것도 아닙니다. 반대로 그는 훨씬 더 편안함을 느꼈습니다. 그가 취한 새로운 입장 때문에 자살한 사람이 아무도 없었다는 것은, 더 더욱 놀라운 일입니다. 그는 사람들에게, 그들이 자살을 하기로 했다 하더라도, 그것은 전적으로 그들의 선택이며, 자살하기 전에 그 싸움(자살 충동과의 싸움을 말함 – 역주)을 포기하는 것은, 하나님이 좋아하시지 않는 일이므로, 거기대해 두 번은 생각해 보는 것이 좋다고 그들에게 솔직히 말해 줄 수 있음을 알게 되었습니다. 사실상 그는 자신의 책임을 포기한 후에, 그전보다 사람들을 더 잘 돕게 되었으며, 확실히 더 건강한 사람이 되었고, 목회가 보다 더 즐거운 일이 되었습니다.

우리는 목회자의 문제를 해결하려면, 목회자의 외적인 삶의 변화와 관련된, 실제적인 해결뿐만 아니라, 목회자 자신의 안에 있는 문제를 먼저 해결해야 한다는 것을 알게 되었습니다. 목회자가 내적 성장을 이루게 되면, 지쳐버리지 않고 목회의 문제점을 처리할 수 있으며, 물론 이것이 교인들에게도 도움이 되는 것입니다.

06

관계를 통한 도움

06
관계를 통한 도움

목회자는 매년 똑같은 사람들과 함께 일해야 합니다.

당신이 해상 여행 중이라고 생각해 보십시오. 사람들이 모두 배에 탔고, 당신은 그 승객 가운데 한 사람입니다. 모든 것이 준비되었을 때, 배는 항해하기 시작합니다. 시간이 지나감에 따라, 당신은 배에 탄 몇몇 사람들을 사귀게 됩니다. 당신은 아마 몇몇은 좋아하지만, 몇몇은 좋아하지 않을지도 모릅니다. 그러나 배가 목적지에 도착하기까지, 당신은 그들에게서 떠날 수 없습니다. 여행할 동안에 싫든 좋든 당신은 그들과 함께 있어야 합니다.

이런 상황은 교회에서 일하는 목회자의 상황과 아주 비슷합니다. 즉 싫든 좋든 교인들은 목사가 피할 수 없는 사람들입니다. 다행히도 교인들 대부분은 목사가 호감을 가질 수 있는 좋은 사람들입니다. 그러나 까다로운 사람도 몇몇은 있게 마련입니다.

여기에 바로 피할 수 없는 문제가 있습니다. 그러나 우리는 다른 관계들을 발전시킴으로써 도움을 얻을 수 있는데, 그것은 직업적 관계가 아니라 개인적인 관계를 말합니다. 우리는 우리가 단지 우리 자신일 수 있는 관계를 필요로 합니다. 이런 관계에서 타인들은 단지 인간으로 우리와 관계를 맺게 될 것이고, 직업적인 면은 그 관계에 영향을 미치지 않을 것입니다.

교인들과의 관계에선 아마 이런 일이 늘 가능할 수는 없을 것입니다. 왜냐하면 거의 모든 사람들이 목회자와 교인이라는 입장에서 관계를 맺고 있기 때문입니다. 조금 전에 언급한 해상여행 이야기로 다시 돌아가 봅시다. 그러나 이번에는 당신이 그 배의 승객이 아니라 선장이라고 상상해 보십시오. 그 배의 모든 사람들은 선장인 당신의 능력 안에서 당신과 관계를 맺게 될 것입니다. 또 그 배의 승무원이나 탑승원들은 당신을 권위자로 생각할 것입니다. 승객들은 당신을 그들의 은인으로 보거나, 그들을 위해 봉사하는 사람으로 볼 것입니다. 갑판 위에 있는 사람 중에서, 선장으로서의 당신의 위치와 관계없이, 단지 인간적인 방식으로 당신과 관계 맺는 사람은 드물 것입니다. 이것은 교회에서 시무하고 있는 목회자의 상황과 아주 비슷합니다.

어떤 성직자는 그가 성직 칼라(clerical collar)를 자주 하지 않는 것이 그에게 중요하다는 것을 발견하게 되었습니다. 그는 성례를 집행할 때, 또는 성직자로서의 공식적인 업무, 혹은 사제로서의 직무를 수행할 때는 성직 칼라를 했습니다. 하지만 그 외에 많은 경우에는 성직 칼라를 하지 않고 다녔습니다. 그는 그가 성직 칼라를 하지 않고 그 도시의 거리를 당당하게 활보할 때, 그를 잘 알고 있는 교인들이 그를 알아보지 못한다는 것을 알고는 스스로 깜짝 놀랐습니다. 이런 일로 인해 그는 자신이 단지 그의 성직 칼라와 이 성직 칼라가 나타내 보여주는 사제로서의 기능을 통해서만 많은 사람들에게 실제적인 존재로 보였지, 한 인간으로 보여진 게 아니라는 걸 확실히 알게 되었습니다.

사람들이 우리를 인간으로서의 우리모습 그대로 보다는 우리의 직업에 의해 우리와 관계를 가질 때, 우리는 그 관계를 "전이"(transference)라고 말합니다. 전이는 심리치료를 할 때 의사와 환자 사이에서 발전하는 특별한 관계를 나타내기 위해 만들어진 용어입니다.

이 말은 정확한 의미로 쓰여 지지 않고 있습니다. 예를 들어 전이는 단순히 심리치료를 위해 두 사람 사이에 존재해야 하는 공감적 관계(rapport)를 뜻하기도 합니다. 이것은 또한 내담자가 심리치료에 대해 가지고 있는 기대, 혹은 치료자에 대해 가질 수 있는 기대를 의미할 수도 있습니다. 어떤 경우에 전이는 내담자가 치료자에게 가지는 원형상(原型像 : 구원자나 치유자와 같은)의 투사를 포함할 수도 있습니다. 또 역전이(counter-transference)에 대해 이렇게 말할 수 있을 것입니다. 역전이란 치료자가 전에 경험했던 관계를 내담자에게 느끼는 것, 혹은 투사하는 것을 말합니다. 모든 전이는 독특한 것입니다. 그러나 전이가 일어날 때, 어떤 사람은 어떤 기대나 희망 또는 이미지 등에 의해 다른 사람을 특이한 방식으로 보게 됩니다.

우리 모두는 다른 사람들과 전이를 경험합니다. 예를 들어 당신이 어떤 사람과 사랑에 빠진다면, 그 관계를 전이라고 말할 수 있을 것입니다. 왜냐하면 당신은 당신의 애정의 대상에 어떤 원형상을 전이시켰기 때문입니다(내가 『보이지 않는 파트너들(*The Invisible Partners*)』이란 책에서 보여준 것처럼). 당신이 아파서 의사에게 간다면, 당신은 분명히 당신의 희망과 기대를 가지고 갈 것이며, 심지어는 그 의사를 구원자나 치유자의 원형상을 보게 될 것입니다. 이러한 이미지는 당신의 눈에 그 의사가 보통 사람들보다 더 위대하게 보이도록 만들 것입니다. 이런 전이관계를 발전시킬 필요가 있고, 때로는 도움이 된다는 것은 아주 자연스러운 일입니다. 예를 들어 당신이 당신의 희망을 의사에게 전이시키거나 또는 의사를 구원자로 보게 된다면, 이것은 회복을 가속화시키는데 필요한, 신뢰와 확신의 태도를 당신에게 불러일으키는데 도움이 될 것입니다. 마찬가지로 당신이 의사에게 전이를 가지고 있는 만큼, 당신은 그의 순수하게 인간적인 부분을 보지 못할 것입니다. 어떤 사람을 전이의 눈을 통하여 본다는 것은 당신이 검은 안경을 쓰고 세상을 볼 때 사물이 달라지는 것처럼 그 사람을 다르게 보게 만듭니다.

우리는 긍정적 전이에 대해 살펴보았습니다. 그러나 우리가 어떤 사람에게 부정적 이미지를 투사할 때, 부정적 전이도 일어날 수 있습니다. 예를 들어 사제나 의사는 일종의 마술사 혹은 서로 짜고 당신의 돈을 빼앗으려고 하는 전문가로 인식될 수 있습니다. 당신이 사랑에 빠진, 마치 여신(女神)처럼 보였던 여인이 어떤 상황에서는 갑자기 당신에게 마녀처럼 보일 수도 있습니다. 실제로 긍정적 전이가 더 이상 일어나지 않을 때는, 부정적 전이가 자주 일어납니다.

어떤 사람이 우리에게 어떤 감정을 옮기면, 우리는 전이"하고 있다"고 말합니다. 거의 모든 것이 그렇듯이, 전이는 긍정적 측면과 부정적 측면을 가지고 있습니다. 긍정적 측면에서 볼 때, 전이는 때로 치료를 촉진시킵니다. 또 의사의 입장에서 볼 때, 전이는 치료과정에서 이미 언급된 것과 같은 방식으로 치료가 진전될 수 있는, 특별한 심리적 분위기를 조성하는 데 도움을 주기도 합니다. 반면에 전이가 이루어지면, 두 가지 위험성 – 팽창(inflation)과 지루함(weariness) – 이 생기게 됩니다.

당신이 어떤 사람에게 어떤 감정을 전이하게 되면, 그 결과 당신은 당신 자신에 대해 자만에 빠질 위험이 생길 지도 모릅니다. 당신이 자신도 모르게 당신 자신을 어떤 신적인 존재라고 생각하지 않는 한, 당신을 사람들이 신으로 보는 일은 없을 것입니다. 심리치료자들과 성직자들과 의사들은 이런 위험성에 빠지기 쉽고, 그들이 신 같은 존재이며, 거기에 따라 행동해야 한다는 생각에 빠지기 쉽습니다. 우리가 그것을 인식하건 못하건, 우리 자신에 대한 그러한 팽창된 생각이 생길 수 있습니다. 우리가 기독교적 겸손에 대한 자기 기만적인 태도를 받아들인다 하더라도, 우리는 팽창될 가능성이 있습니다. 왜냐하면 자아중심성이라는 게 너무나 음흉한 것이어서, 조심스럽게 잘 닦여진 겸손의 덕을 우리가 지니고 있다 하여도, 그것은 우리가 성자인체 하는 것으로밖에 보이지 않을 것이기 때문입니다.

먼저, 우리가 사람들에게 우리의 어떤 감정을 전이할 때, 그것이 그들을 우쭐하게 만들기 때문에 그것이 바람직하게 보이기도 합니다. 그러나 얼마 안 있어, 우리는 그것을 부담스럽게 느끼게 될 것이고, 또 그것은 우리를 곧 지치게 만들 것입니다. 우선, 전이하는 것은, 거기에 따라 살았으면, 하고 바라는 그 어떤 것이 우리에게 이전되는 것을 의미합니다. 이것은 또한 우리의 너무나 인간적인 모습이 돌출되어 전이를 방해하게 되면, 오히려 사람들이 부정적 전이에 의해 우리를 보게 된다는 것을 의미합니다. 그리고 어떤 사람에게 부정적 감정을 전이하는 것은 유쾌하지 못한 일입니다. 무엇보다도, 우리가 그런 감정을 전이하는 것은 우리를 피곤하게 만드는 일입니다. 왜냐하면 그것은 사실, 다른 사람들이 그들 자신 안에서 발견할 필요가 있는, 다른 사람들의 마음(psyche)의 어떤 측면을 옮기는 것이기 때문입니다. 그들이 우리에게 그들의 구원자 상(savior image)을 남기게 된다면, 이것은 잠깐 동안 다른 사람들에게 도움이 될지도 모릅니다. 그러나 궁극적으로 그들이 자신 안에서 믿음과 희망의 근원을 찾지 못한다면, 우리가 어떤 사람에게 신적인 존재가 되어야 하는, 강박적인 관계에 빠져들게 됩니다. 융은 언젠가, 그가 누군가에게 그의 혹은 그녀의 창조적인 측면을 투사했다고 하면, 그는 마치도 자신이 그 사람 안에 있는 허깨비와 함께 거닐고 있는 것처럼 느꼈을 것이라고 말한 적이 있습니다. 왜냐하면 이 창조적인 측면이 융 박사에게 모두 투사되고 말았다면, 이것(원래 그의 것이었어야 할 그의 창조적인 측면)은 그 사람에게는 죽은 것이나 다름이 없겠기 때문입니다.

뚜렷한 특성을 지니고 있는 전이가 개재되어 있는 인간관계와는 대조적으로, 우리가 살아가는 데는 일반적인 인간관계도 많이 있습니다. 이런 관계 속에서는 사람들이 우리를 우리의 직업과 관련해서 관계를 맺지도 않을 뿐더러, 우리를 특이한 희망과 기대, 또는 원형상이라는 관점을 통해서 보지도 않습니다. 그 대신, 그들은 다만 있는 그대로의 우리 모습을 보되, 매우 인간적인 방식으로 우리를 보고, 또 우리와 관계를 맺습니다. 목회자는 불가피하게 전이와 연관된 많은 관계를 맺게 된다는 사실을 보상하기 위해, 또한 균형을 이루기 위해 일반적인 관계를 잘 계발해야 합니다. 목회자는 적어도 세 가지 이유 때문에 이러한 관계를 필요로 합니다.

첫째로, 일반적인 인간관계는 우리 영혼을 살지게 하는 것이기에, 우리에게 필요한 것입니다. 전이가 일어날 때, 사람들은 우리가 우리에게 부여된 기대와 이미지들을 충족시키고 있는지 여부에 따라, 우리를 인정하거나 거부하는 경향이 있습니다. 우리는 어떤 경우에서도, 우리의 있는 그대로의 모습대로 사랑 받거나 미움을 받지도 못합니다. 에로스, 즉 인격적인 따스함과 애정은 전이가 일어나지 않는 관계에서만 만개(滿開)할 수 있는 희귀한 꽃과 같은 성격을 지니고 있습니다. 에로스에 굶주린 영혼은, 그 영혼을 위한 적절한 자양분을 얻기 위해 그러한 관계를 필요로 합니다. 우리가 사람들과 관계를 맺으며 살아 갈 때, 에로스는 우리에게 아버지로, 어머니로, 남편으로, 아내로, 또는 친구로 나타납니다. 에로스는 우리의 영혼이 필요로 하는 것을 발견하는 바로 그곳에, 또한 우리가 맺어야 할 직업상의 관계 때문에 겪게 되는 위험과 어려움을 보상할 수 있는 그곳에 나타납니다.

둘째로, 이런 일반적인 관계를 맺게 될 때 인격적인 성장을 최고도로 이룰 수 있기에, 우리는 이러한 관계들을 필요로 합니다. 우리가 올바르게 성장하려면, 우리는 우리를 있는 그대로 볼 수 있는 사람들과 대면해야 합니다. 때로 그들은 우리를 사랑할 수도 있을 것이고, 때로는 우리에게 화를 낼 수도 있을 것입니다. 그러나 우리가 인간으로 성장하기를 바란다면, 우리는 이러한 경험들을 필요로 합니다. 그들의 사랑은 우리를 따뜻하게 하며, 그들의 분노는 우리가 우리의 실패와 단점을 볼 수 있게 해 줄 수 있습니다. 우리는 관계를 맺을 수 있는 능력을 개발하기 위해, 또한 온전한 인간이 되기 위해, 이 두 가지를 모두 필요로 합니다.

아돌프 구겐뷔일(Adolf Guggenbühl-Craig)이 그의 훌륭한 책, 『남을 돕는 직업에서의 권력(*Power in the Helping Professions*)』에서 보여준 바와 같이, 다른 사람들의 필요에 봉사하는 사람들은 특이한 방식으로 일반적인 인간관계를 필요로 합니다. 이것은 물론 목사를 포함하여, 남을 돕는 전문 직업인들이 전이를 통해 모든 관계를 맺으며 살려고 하는 유혹에 빠질 수 있기 때문입니다. 그렇게 되면, 그들에게 인간으로서 도전할 사람도 없고, 그들이 사랑할 사람도 없고, 또 그 때문에 상처받을 사람도 없으며, 그들이 더불어 인간으로 성장할 수 있는 사람도 없을 것입니다.

셋째로, 우리는 일반적인 관계를 통해 성격이 "견고해 집니다"(즉 튼튼

해집니다.) 이것이 바로 우리가 그러한 관계들을 필요로 하는 다른 이유입니다. 우리가 앞에서 살펴본 바와 같이, 우리는 전이를 통한 관계 속에는 환상적인 요소(an element of illusion)가 있음을 알 수 있습니다. 결국 우리는 구원자나 치료자, 혹은 여신이나 마녀가 아니라, 보통 사람에 지나지 않습니다. 그러나 많은 사람들이 우리를 이러한 강력한 이미지의 관점에서 본다면, 우리는 인격의 팽창을 경험하지 않을 수 없게 됩니다. 그러나 일반적인 관계를 통해 우리는 지상으로 (가끔씩 쿵 소리를 내며) 떨어지게 됩니다. 그러한 일상적인 관계 속에서, 우리는 성격이 견고한 사람, 즉 튼튼한 성격의 소유자가 되는 것입니다.

튼튼하고 견고한 인격의 소유자가 되려면, 우리는 우리의 어두운 측면을 인식해야 합니다. 심리학에서는 이 어두운 측면을 그림자(Shadow)라고 부릅니다. 그림자는 우리가 바람직하지 못한 모든 특성(qualities)을 결합하고 있는, 우리 속에 있는 이차적 성격을 가리킵니다. 훌륭하고, 친절하고, 사랑 많으며, 이기적이지 않도록 훈련된 그리스도인에게 있어서 그림자는, 전형적으로 적대적이고 공격적이고, 공모하는 것이고, 야심에 찬 것이고, 자기만 위하는 것입니다. 그러나 우리의 이 어두운 또 다른 측면을 구성하고 있는 외관상 반대해야할 자질에도 불구하고, 내가 『융 심리학 · 악 · 그림자』라는 책의 제5장, 6장, 7장에서 보여준 것같이, 그림자는 심리학적으로 유용한 것이며, 거부될 것이 아니라 인식되어야 하는 것입니다.

우리가 우리의 어두운 측면과 관련이 없다면, 우리는 진실한 인간이 될 수 없을 뿐더러, 그림자가 내포하고 있는 생동성을 잃어버릴 수밖에 없습니다. 또한 자신의 그림자와 단절된 사람들은 유머감각이 부족합니다. 그러나 일반적인 인간관계를 맺지 않고서는, 우리가 우리의 그림자가 어떤 것인지, 또 그것과 어떻게 화해할 것인지를 배우는 것이 어렵다는 걸 알게 될 것입니다. 우리가 상처를 입히거나 실망시킬지도 모를, 우리가 사랑하는 사람과의 일상적인 관계를 맺음으로써, 우리는 비로소 우리의 그림자를 인식할 수 있습니다.

악마와 만나 거래를 한 사람에 관한 오래된 민담이 하나 있습니다. 이 민담에서 이 사람은, 악마가 그의 야망을 성취하도록 돕는다면, 악마에게 그의 그림자(이 경우에 문자 그대로 그림자는, 우리가 빛 가운데 서 있을 때 비쳐지는, 우리자신의 어두운 모습입니다)를 팔겠다고 했습니다. 악마는 그에게 동의했고, 그 사람은 악마가 그의 그림자를 가져가도록 허락했습니다. 그러나 그렇게 하고 나니, 당황스럽게도 그는 아무도 그를 볼 수 없다는 걸 알게 되었습니다. 그림자를 잃어버린 후 그는, 보이지 않는 사람처럼 땅위를 배회하게 되었습니다. 이것은 우리의 경우에도 해당됩니다. 우리의 어두운 내적 인격과 연결이 없이, 우리는 실제적인 인간이 될 수 없습니다. 또한 우리는 그 때 견고한 인격(solid personality)을 지닌 존재가 될 수 없으며, 있는 그대로의 우리의 모습대로 보일 수도 없습니다.

목회자는 그림자 없는 삶을 살고자 하는 유혹에 빠지기 쉽습니다. 또 다른 사람들이 은연중에 이러한 사악한 일을 부추길 경우가 있습니다. 왜냐하면 그들은 목회자의 그림자를 보고 싶어 하지 않기 때문입니다. 그들은 목회자가 오직 빛 가운데 행하면서, 어떤 어두움도 지니지 않기를 바랍니다. 우리가 이러한 관계밖에 맺을 수 없다면, 우리는 이차원적인 인간이 되고 말 것입니다. 우리는 그 때, 진실한 인간이 아닌, 비현실적인 인간으로 살 수 밖에 없을 것입니다. 우리가 견고한 삼차원적 인격이 되도록 우리를 돕는 어두운 측면이 없이, 우리는 활력 있는 삶을 살 수 없습니다. 또 아주 잘못된 전이로 인한 관계를 맺고 있었다는 것을 인식하기 시작함으로써, 우리는 비로소 생명력 있는 삶과 접촉할 수 있습니다. 이때가 바로 우리가 우리 자신의 실체를 발견하고 삶의 에너지를 찾기 위해, 누군가(그림자를 말함-역주)에게 도움을 구할 필요가 있는 때입니다. 이 때 우리는 현실적인 인간이 될 수 있습니다.

07

영혼을 만족시키기

07
영혼을 만족시키기

목회자는 도움이 필요한 사람들을 위해 일해야 하므로 특히 에너지 소모가 많습니다.

앞에서 우리는, 타인을 돕는 일을 수혈에 비유해서 말했습니다. 이것은 적절한 표현이라고 할 수 있습니다. 왜냐하면 이것은 목회자가 도움이 필요하거나 곤궁에 빠진 사람들을 위해 일하면서, 심각한 에너지 고갈의 위험에 직면하게 된다는 것을 상기시켜 주기 때문입니다. 우리 자신을 위해 우리는, 우리의 일 때문에 우리의 에너지가 고갈된다는 사실을 인식할 필요가 있으며, 또 우리가 우리 속사람을 강하게 하고 풍성하게 유지할 필요가 있음을 알 필요가 있습니다.

우리가 노력한 결과가 보일 때, 우리는 다른 사람을 돕는 일에 보람을 느낍니다. 병든 사람을 낫도록 돕는 일이나, 결혼생활에 문제가 있는 사람을 도와 다시 행복한 삶을 살게 해 주는 일이나, 길을 잃고 방황하는 사람을 바르게 인도하는 일은 참으로 보람 있는 것입니다. 그러나 모든 경우가 이렇게 되는 것은 아닙니다. 문제가 최상으로 풀리도록 사람들을 돕는 것은 쉽지 않은 일입니다. 특히 삶의 조건들이 극도로 좋지 못할 때는 사람들을 돕는다는 게 불가능할 경우가 많습니다.

당신은 어떤 때 누군가에게 에너지를 쏟은 후에, 그가 더 낫게 변하는 것을 보고 만족할 것입니다. 그 때는 그가, 당신이 그에게 쏟아 준 에너지를 취하여, 그것을 보다 효율적인 삶과 인격을 위해 사용했을 경우입니다. 그러나 어떤 때는, 당신이 사람들에게 에너지를 쏟은 후에 그들을 다시 보았을 때, 그들이 전과 조금도 달라지지 않을 경우도 있습니다. 당신이 아무리 많은 에너지를 그들에게 쏟아 부었는데도, 그들이 조금도 변하지 않을 경우도 있다는 말입니다. 그 때 그들은, 언제나 당신에게 더 많은 것을 요구하게 됩니다.

당신이 세면대에 마개를 끼우고 물을 붓는다면, 물은 거기 머무르고, 당신은 얼굴이나 옷이나 다른 것을 유용하게 씻을 수 있습니다. 그러나 마개가 달아나면, 세면대에 부은 물은 배수관으로 내려가 버리고 말 것입니다. 이것은 당신이 사람들을 도울 때도 마찬가지입니다. 어떤 사람들은 당신이 도울 수 있는 사람들도 있습니다. 하지만 어떤 사람들은 마개가 없는 것처럼 보이는 사람들도 있습니다. 당신이 에너지를 그들에게 쏟지만, 이내 그 에너지가 그냥 사라져 버리고, 모든 것이 이전과 마찬가지가 되어 버릴 경우가 있습니다.

이런 경우엔, 다른 사람을 돕는 걸 포기하는 것이 최선입니다. 당신은 다른 사람에게 줄 수 있는 얼마만큼의 에너지만을 갖고 있습니다. 그러므로 당신의 노력이 열매 맺지 못하고, 또한 그 사람이 도움을 받지 못한다면, 또 당신이 그를 도울 수 있는 유일한 사람이 아니라면, 당신은 에너지를 끝없이, 무분별하게 그에게 부어줄 수는 없는 것입니다.

목회자는 자신이 도울 수 없는 사람을 식별할 수 있는 능력이 있어야 합니다. 예를 들어 당신은 고착된 편집증적 망상증을 가진 사람을 심리치료나 영적인 상담으로 도울 수 없습니다(이럴 경우, 정신과 의사에 의해 행해져야하는 약물치료가 아니고는 도울 수 없습니다). 또한 정신 병리적이거나 반사회적인 사람들은, 그들이 도덕적 가치에 대한 관념을 가지고 있지 않고, 아무런 변화의 동기를 가지고 있지 않기에 도울 수 없습니다. 목회자가 도울 수 없는 사람들 가운데는, 너무 심한 정신적인 또는 성격 장애로 고통 받는 사람들이 있습니다. 목회자는 그들의 에너지를 아무 성과 없이 낭비하지 않기 위해, 또는 위험한 목회상황에 빠지지 않기 위해, 그러한 사람들을 분별할 수 있는 능력이 있어야 합니다.

반드시 정신적으로 병든 것은 아니라도, 우리가 에너지를 쏟는다 해도 효과가 나지 않는 사람과 우리의 도움을 건설적으로 사용할 수 없는 두 유형의 사람들이 있습니다. 그 첫 번째 유형은, 충분한 생명력을 결핍한 사람들이 있는 것 같습니다. 이것은 마치 그 사람의 내적인 불꽃이 너무 낮게 타기 때문에, 그 사람 안에 자기 힘으로 살아갈 충분한 에너지가 없는 것과도 같습니다. 그런 사람은 스스로 자신을 확립해 나가지 못하기 때문에 우리가 돕기가 어렵습니다.

이것은 그런 사람들을 전혀 도울 수 없다는 뜻은 아닙니다. 그러한 경우에 심리치료로 어느 정도 그들을 도울 수 있으며, 또 심리치료자들은 그런 사람들을 대상으로 일합니다. 많은 심리치료자들은 이런 일을 하기를 좋아하지 않습니다. 그러나 그들은 두 가지 이유에서 그 일을 합니다. 첫째로, 그들은 그들이 그 사람에게 에너지를 쏟으면, 이것이 적어도 삶의 어떤 적정 수준을 유지하도록 그를 도울 수 있다는 것을 알기 때문입니다(이런 이유로 이런 치료를 "지지요법maintain therapy"이라 부릅니다). 둘째로, 그들은 치료비를 받기 때문에 이것을 행합니다. 이것은 그들의 에너지를 사용한데 대한 보답입니다. 그러나 많은 종교 전문가들은 그들의 노력에 대한 보수를 받지 않습니다. 그러므로 이렇게 에너지가 소모되는 경우에는 보수를 받는 전문가들에게 보내는 것이 가장 좋습니다. 이것은 좀 무정하게 들릴지 모릅니다. 그러나 이것은 우리가 이런 일로 우리가 도울 수 없는 사람을 붙잡고 씨름하다가 탈진되는 것 보다 낫고, 또 이 에너지를 우리가 실제로 도울 수 있는 사람들을 위해 쓰는 게 더 낫습니다.

우리의 에너지를 소모시키는 두 번째 종류의 사람은, 프리츠 쿤켈이 "달라붙는 넝쿨"(Clinging Vine)이라고 불렸던 사람입니다. "달라붙는 넝쿨"이란, 인생을 살아가는 그의 특별한 자기중심적 방법을 가진 사람, 즉 자신의 두발로 서기보다는, 다른 사람 혹은 어떤 기관에 착 달라붙어 사는 의존적인 사람을 뜻합니다. 이 사람은 자신의 힘을 찾으려고 하지도 않습니다. 이 사람은 그저 다른 사람의 힘을 이용하려고만 합니다. 이러한 사람은 그가 도움을 매우 필요로 하든가, 매우 선하든가, 아니면 둘 다 이든가 입니다. 그의 태도는 이런 것입니다. "나는 도움을 매우 필요로 하는 사람이며 동시에/혹은 선한 사람이다. 그러므로 당신은 나를 도와야 한다."

우리가 앞에서 살펴 본바와 같이, 목회자들은 죄책감을 다루는데 어려움이 있습니다. 결과적으로 그들은 "달라붙는 넝쿨" 때문에 상처를 받기 쉽습니다. 왜냐하면 "달라붙는 넝쿨"은, 사람들이 그들은 돕지 못하면 죄책감을 느끼게 하기 때문입니다. 문제는, "달라붙는 넝쿨"은 다른 사람에게 도움 받을 수 없다는 데 있습니다. 당신이 그들을 도우려고 하면 할수록, 당신은 그들의 의존적인 태도를 고착시키게 할뿐입니다. 그들은 자신들의 두 발로 서는 것을 애써 거부할 것입니다. 왜냐하면 그들이 그렇게 한다면, 그들의 "달라붙는 넝쿨" 성향을 포기해야 하며, 자신의 인생의 노를 저어야 하기 때문입니다.

"달라붙는 넝쿨"과 같은 사람은 생기가 부족한 사람과는 다릅니다. 왜냐하면 전자는 자신이 원하기만 하면 잘할 수 있는데 비하여, 후자는 본질적으로 자질이 부족하기 때문입니다. 요한복음 5장에서 우리는 "달라붙는 넝쿨"의 좋은 예를 찾을 수 있습니다. 예수께서 베데스다 연못가를 지나고 있었습니다. 병자와 불구자들이 이 연못 주위에 모여 있었습니다. 왜냐하면 때때로 천사가 물을 휘저었고, 천사가 물을 휘저은 후 연못에 도달하는 첫 번째 사람이 나았기 때문입니다. 어떤 사람이 연못가에 38년간 있었지만, 아직도 치료받지 못하고 있었습니다. 예수는 이것을 아시고 그에게 말씀하셨습니다. "네가 낫기를 원하느냐?" 그 사람은 직접적으로 대답하는 대신 이렇게 변명을 했습니다. "선생님! 물이 동할 때 나를 연못에 넣어줄 사람이 없습니다. 그리고 내가 아직 길에 있는 동안 다른 이가 나보다 먼저 그리로 들어갑니다." 그러자 예수께서 깜짝 놀랄만한 사실을 말씀하셨습니다. "일어나 너의 침상을 들고 걸어가라." 그 사람은 즉시 치료되어 걸어 나갔습니다.

이 사람이 감사했으리라고 생각할지 모릅니다. 그러나 그는 감사하지 않았습니다. 반대로, 이 이야기가 말해주듯이, 그는 예수를 곤궁에 빠뜨리기 위해 무진 애를 썼습니다. 이 사람은 사실 자신이 고침 받은 것에 대해 분개하였습니다. 그는 "달라붙는 넝쿨"이 되기를 더 좋아했고, 그래서 가련하게도 연못가에서 인생을 낭비하고 있었습니다. 그는 예수께서 이런 일을 더 이상 못하게 한 데 대해 화가 났습니다. 예수께서는 "가라 네 믿음이 너를 온전케 했다"고 말씀하지 않으셨다는 것을 주목하십시오. 그분은 이 사람에게 그런 말씀하지 않으셨습니다! 예수께서는 이 사람이 이런 사람임에도 불구하고, 그를 고쳐 주셨습니다. 우리는 주님이 이 날, 연못가에 있던 이 사람을 곤란하게 하심으로써, 특별히 이 사람이 의존적인 생각에서 벗어나게 해야 되겠다고 느끼셨음을 상상해 볼 수 있습니다.

예수께서는, 그가 그렇게 의존적인 사람임에도 불구하고, 그를 낫게 할 수 있는 능력을 가지고 계셨습니다. 그러나 나는 많은 목회자들이 그런 치유의 능력이 있다고 주장하리라고는 생각지 않습니다. 이것이 사실이기 때문에 그런 사람들을 도우려 하다가 피를 너무 많이 흘려서 죽기 전에, 우리는 한두 번쯤 생각할 필요가 있습니다. 우리는 교회 안에 그런 사람들이 있다는 것을 발견합니다. 왜냐하면 종교적인 기관들은 사람들을 의존적이 되도록 만드는 특별한 곳이기 때문입니다.

누군가를 돕는 것을 거절해야겠다고 생각하는 것은, 목회자에겐 어울리지 않는 생각입니다. "그런 사람들을 도우려하다 과다출혈로 죽기 전에 두 번 생각할 필요가 있다"는 나의 말이 어떤 사람에게는 너무 가혹하게 들리고, 또 기독교적인 태도와는 맞지 않는 것으로 여겨질지 모릅니다. 그러나 사실, 프리츠 쿤켈이 전에 말한 것처럼, 달라붙는 넝쿨을 돕는 유일한 방법은 모든 도움을 철회하는 것입니다.

우리가 원하는 것이 덕스럽게 보이고, 착한 사람으로 돋보이려 하고, 필요한 사람이 되려고 하고, 혹은 성자처럼 보이고, 또 고난을 잘 참아내는 조력자로 보이려고 한다면, 어서 가서 달라붙는 넝쿨 같은 사람들을 도우십시오! 그러나 우리가 바라는 것이 사람들을 더 강해지게 하려는 것이라면, 그들을 돕는 것을 그만두는 게 더 낫습니다. 달라붙는 넝쿨이 모든 가능성을 다 소진시켜 버렸다면 – 그가 사람들을 조만간 지치게 할 것이기 때문에 – 그 때부터 그는 비로소 자신을 위해 무언가를 할 수 있을 것입니다.

융은, 심리치료에서 가장 큰 영향력을 주는 요소는, 치료자의 인격과 내담자의 인격과의 관계라고 말한 적이 있습니다. 이러한 두 인격과의 관계에서 우리는 더욱 의식화되고 통합된 치료자의 인격이 상대적으로 엉클어진 내담자의 인격에 영향을 미쳐서, 후자의 인격이 긍정적인 영향을 받아 나아지기를 희망하는 것입니다.

이 같은 사실은, 목회자의 목회적인 관계와 상담 관계에서도 해당됩니다. 그러나 그것은 때로 다른 방식으로 작용하기도 합니다. 왜냐하면 내담자의 인격이 반대로 목회자의 인격에 영향을 줄 수도 있기 때문입니다. 그렇게 될 때, 내담자가 점점 나아지는 대신에 목사가 점점 나빠지게 됩니다. 당신이 도움을 주는 사람으로서 당신에게 이런 일이 일어나기 시작한다면, 당신은 더 이상 그들을 도울 수 없다는 것을 알아야 합니다. 누군가 물에 빠져 죽어 가는 데, 당신이 수영을 해서 그를 구조할 수 있다면, 그것은 좋은 일입니다. 그러나 누군가가 익사하고 있는데, 당신이 그를 구하려 다가 당신이 익사할 것이라는 걸 알게 되면, 당신은 영웅적인 행위를 하기 전에 한 번 더 생각해 보아야 합니다. 빠져가는 한 사람을 구하려다가 둘 다 죽는 것은 현명하지 못한 일입니다.

어떤 심리치료자는 그가 다루고 있던 분열증과 자살 환상을 가지고 있던 한 젊은 여성의 증세가 악화되기 시작했다고 보고했습니다. 아무리 열심히 그가 그녀를 도우려 해도, 그녀는 나아지는 것 같지 않았습니다. 그 대신에 그녀는 밤에 불안과 공포에 가득하여 그에게 전화를 해대기 시작했습니다. 그녀는 남편의 직업상 종종 혼자 있게 되었고, 고독해질 때면, 병적인 자살에 대한 망상에 사로잡히곤 했습니다. 그 치료자는 의무감에 사로잡혀서, 또 치료자의 양심 때문에 그녀와 전화로 이야기를 하곤 했습니다. 그러나 전화로 그는 여러 가지를 이야기해 주었지만, 그녀에게 아무런 도움이 되지 않는 것 같았으며, 그들이 대화를 마치고 난 후에도, 여전히 그녀는 삶에 대한 두려움을 호소하고 있었고, 그 대화의 여파로 그는 괜히 불안해지고 또 마음이 산란해졌습니다. 이런 상태가 몇 주간 계속되었으며, 치료자는 자신에게서 노이로제적인 반응을 감지하게 되었습니다. 전화벨이 울리면, 어떤 이유에서건, 그는 자신이 불안해 지는 것을 느끼게 되었습니다. 그 치료자는 내담자와 전화 통화를 하고 나면, 수면 방해를 받게 되었습니다. 그는 약속을 하고 그녀와 만나는 것을 자신이 꺼려한다는 것을 발견했습니다. 그가 그녀를 싫어하는 것은 아니었습니다. 그는 그녀를 좋아했으며, 또 그녀를 돕고 싶어 했습니다. 그러나 실은 그의 내담자의 상태가 좋아지기는커녕, 오히려 더 악화되었던 것입니다. 특히 아주 어려운 통화를 하고 난 어느 날 밤, 그는 그가 직면한 상황에 대해 무언가 조치를 취해야 한다는 걸 깨닫게 되었습니다. 그래서 그는 그녀에게 다시 전화를 걸어, 조심스럽고 솔직하게, 자신은 그녀를 더 이상 도울 수 없고, 그녀를 도우려 다가 오히려 자신이 어려움을 겪고 있으며, (다른 치료자를 한명 추천해 주며) 이제는 다른 치료자에게 가는 게 좋겠다고 이야기 했습니다. 또 그녀가 자신을 조절하기가 어렵고, 자신의 자살충동을 억제할 수 없다고 느낀다면, 병원에 가야한다고 말해주었습니다. 사실 그녀는 이런 말을 자기 치료자에게서 듣고 싶지 않았을 것입니다. 하지만 이런 말을 하고 나니, 그는 후련한 마음이 들었습니다.

그런 후에 아주 흥미 있는 결과가 생겼습니다. 그 젊은 여자 환자는 다음날 전화를 해서 한 번 더 만날 약속을 청했으며, 그 치료자는 기꺼이 만나 주기로 했습니다. 그녀가 정한 시간에 왔고, 그녀는 자신의 문제를 해결하기 위해 열심히 노력했으며, 그러고 나서 두 번째 만날 약속을 해주기를 바랐습니다. 그 치료자는 이 요청도 받아주었습니다. 그 후 밤에 전화하는 일은 없어졌고, 그녀는 자살 충동을 다시는 호소하지 않게 되었습니다. 그녀는 현저하게 회복의 기미를 보이기 시작했습니다.

이 이야기에서 우리는, 그 치료자가 내담자를 치료하는 일을 중단할 필요가 없었으며, 자신을 보호하기 위해 어떤 조치를 취한 것이 옳은 일이었다는 걸 알 수 있습니다. 그 치료자가 자신을 위해 취한 행동이 바로 그 젊은 여인에게 가장 확실한 도움이 되었던 것입니다.

이 이야기는 상담을 해야 하는 목회자들에게 특별한 문제를 제기해 줍니다. 즉 어떤 사람이 목회자에게 상담을 받을 때 상담료를 지불해야 하는가, 아니면 그럴 필요가 없는가 하는 것입니다. 어떤 사람이 심리치료 전문가의 도움을 받으려 할 때, 치료비를 내야 하느냐 하는 것은 논란의 여지가 없습니다. 물론 그 때는 당연히 내야 합니다. 왜냐하면 심리치료자에겐 그것이 직업이기 때문입니다. 어쩌면 돈을 내는데 있어서 약간 불만이 있을지 모르지만, 그것은 당연한 것으로 받아 들여야 할 것입니다. 그러나 사람들이 종교 전문가(목회자를 말함 - 역주)의 도움을 받게 될 때는, 그들이 돈을 내야한다고 생각하지 않습니다. 왜냐하면 사람들이 목회자를 어느 정도 그런 세속적인 보수를 초월한 사람으로 보며, 또 교회에서 생활비를 받기 때문에 돈을 따로 받지 않고도 목회자가 그런 일을 하는 게 당연하다고 생각하기 때문입니다. 목회자가 봉급을 받는다는 것은 당연하다고 생각되지만, 목회상담을 하고 대가를 받는 것은, 우리 교회나 목회자의 윤리규범으로 볼 때도 받아들여지기 어려운 일입니다.

하지만 일반적으로 말해서, 내담자 쪽에서 보면, 사실 그가 따로 상담을 받게 될 때 거기에 대한 대가를 지불할 필요가 있을지 모릅니다. 여기엔 타당한 이유가 몇 가지 있을 수 있습니다. 첫째로, 내담자가 받기만 하고 아무것도 주는 것이 없다면, 그 관계는 불균형을 이루기 때문입니다. 이 불균형으로 내담자가 죄의식을 느끼게 될 수도 있고, 또 그런 관계로 인해 내담자가 자신을 열등한 존재로 인식하게 될지도 모르는 일입니다. 이것은 성장에 도움이 되지 않는다고 볼 수 있습니다. 둘째로, 어떤 사람이 그가 받는 상담에 대해 대가를 지불하지 않는다면, 그는 이것을 별로 중요하게 여기지 않을지도 모르기 때문입니다. 우리가 대가를 지불해야 된다고 하면, 우리는 상담을 받으러 가는 것에 대해 두 번쯤은 생각해 보게 될 것입니다. 그러나 상담이 무료라면, 우리는 가고 싶으면 가고, 가기 싫으면 그만 두게 될 것이고, 우리 돈이 축 나지 않았는데 무엇 하러 상담을 받으러 가느냐고 생각할지도 모릅니다. 셋째로, 어떤 사람이 상담을 해 주는 목사에게 상담료를 지불한다고 하면, 그는 상담관계를 자기중심적으로 멋대로 사용하지는 못할 것입니다. 예를 들어 어떤 사람들은 상담을 위해 정신과 의사나, 심리학자나, 결혼상담자, 또는 다른 전문가들 보다 목사를 선택할 것입니다. 그 이유는 물론 그들이 목사 앞에서 시인하지는 않겠지만, 그리고 아마도 자기 자신도 인정하려 들지 않겠지만, 그들이 대가를 지불하지 않아도 되기 때문입니다. 이러한 태도는 그들의 인격성장에 도움이 되지못하며, 성공적인 상담을 하는데 불리하게 작용할 것입니다.

여러 가지 이유로 우리가 목회상담에서 돈을 받는 것이 어려운 것은 사실입니다. 여기에 대한 실제적인 해결책은 다음과 같습니다. 즉 상담을 받으러 오는 사람이 출석교인이고, 또 교회에 헌금을 내는 교인이라면, 그는 얼마만큼은 교회에서 생활비를 받는 목회자의 시간을 사용할 권리가 있다고 볼 수 있습니다. 그러나 장기적인 상담을 해야 한다면, 여기 대한 대가는 논의되어야 합니다. 왜냐하면 이것은 목회자의 시간을 추가적으로 빼앗는 일이기 때문입니다. 상담을 원하는 사람이 그 교회의 교인이 아니라면, 상담에 대한 대가는 분명히 논의되어야 합니다. 상담료가 결정되었다 할지라도, 목회자가 개인적으로 상담의 대가를 받는 것이 적절하지 않다고 생각되면, 그 돈은 특정인을 위해 비축된 자금이나 그 밖의 다른 특별 교회기금에서 지불될 수 있을 것입니다. 목회자가 그런 재정적인 문제를 논의하기는 어렵다고 볼 수 있습니다. 그러나 그는 또한 그가 이 문제를 적절하게 해결하면, 치료에 큰 도움이 될 것이라는 사실을 알게 될 것입니다.

그는 또한 상담료 문제가 제기되면, 내담자가 안도감을 느낄 것이라는 사실을 알게 될 것입니다. 왜냐하면 많은 사람들은 그들이 받는 목회상담이나 영성지도에 대해 대가를 지불하기를 원하기 때문입니다. 그리고 그들이 이 문제에 대한 해결책을 찾으려고 하면, 이것을 공개적으로 논의하는 것이 좋을 것입니다.

남을 돕는 전문가들이 다른 사람을 돕는 일 때문에 고갈되는 에너지 문제를 최종적으로 해결하기 위해서는, 영혼의 영양 상태를 적절하게 유지해야 합니다. 계속해서 영적인 일을 강력하게 수행하기 위해서는 속사람이 강건해져야 합니다. 달리기나 수영, 또는 육체를 소모하는, 다른 형태의 경기에 에너지를 사용해야 하는 운동선수는 최고도로 에너지를 배출해야 하는 때와 에너지를 회복해야 하는 때를 알아, 이 두 시기의 균형을 잘 맞추어져야 한다는 것을 잘 알고 있습니다. 우리는 신체를 배출과 효율의 최고점에 이르도록 하는 물리적인 노력과 휴식의 시기가 잘 조화를 이룰 때, 비로소 신체적인 모험을 할 수 있습니다. 그런데 이 휴식의 시기는 신체가 그 에너지를 재조정하고, 에너지 손실을 회복하고, 에너지 손상을 치유하게 하는 때입니다. 마찬가지로, 영적인 운동선수도 자신의 내적인 자기(inner self)를 돌볼 필요가 있고, 다음 라운드의 일에 대처하기 위해 자신의 영혼의 요구를 충족시킬 필요가 있습니다. 물리적인 에너지와 마찬가지로 영적인 에너지도 대체되어야 마땅합니다.

성경에는 이러한 영적인 요구가, 음식과 식사에 대한 이야기와 이미지를 통해 많이 나타나 있습니다. 예를 들어 이스라엘 사람들이 광야를 행진할 때, 하나님께서는 그들을 만나로 먹이셨으며, 우리가 나중에 더욱 자세히 살펴보게 될 엘리야는, 아합을 피하여 시내 산으로 여행할 때, 까마귀를 통해 음식을 얻었던 것입니다.

복음서를 보면, 음식의 이미지가 매우 중요한 역할을 하고 있음을 알 수 있습니다. 예수께서는 그분의 능력을 사용하여 돌을 빵으로 만들어 보라는 시험을 받았을 때, 사탄에게 이렇게 말씀하셨습니다. "사람이 빵으로만 살 것이 아니라, 하나님의 입에서 나오는 모든 말씀으로 살 것이다."(마 4:4) 이런 말씀을 통해 예수께서는, 인간에겐 육신을 위해 양식이 필요하듯이 영혼을 위해서도 양식이 필요하다는 것을 분명하게 보여 주셨습니다. 그리고 주기도문에서 가장 중심적인 간구 가운데 하나는, "우리에게 일용할 양식을 주옵소서"라는 기도입니다.

요한복음에서 그리스도는, 자신을 하늘로부터 온 빵에 비유하셨습니다. 그분은, 세상에 생명을 주기 위하여 하늘로부터 내려온 하늘의 양식입니다. 제자들은, "너희는 영원한 생명에 이르게 하는 양식을 위해 일하여라. 그 양식은, 인자가 너희에게 줄 것이다"(요 6:27)는 가르침을 받았습니다. 그리고 그리스도는 친히 이렇게 말씀하셨습니다. "나는 생명의 빵이다. 내게로 오는 사람은 결코 주리지 않을 것이요, 나를 믿는 사람은 다시는 목마르지 않을 것이다."(요 6:35)

복음서에는, 영혼을 위한 양식이 얼마나 중요한지 잘 묘사되어 있습니다. 사실상, 복음서에서 가장 자주 언급된 이야기는, 많은 무리를 먹인 이야기입니다. 이 이야기는 네 복음서에 다 나오며, (여러 가지로 변형되어서) 여섯 번이나 나옵니다. 그런데 그 주제는 분명한 것입니다. 즉 놀랍게도 모든 인류의 영혼을 먹일 수 있는, 하나님께서 주시는 양식이 있다는 것입니다.

많은 무리를 먹인 이야기는, 물론 성찬식(Eucharistic feast) 이야기의 예시(豫示)라고 할 수 있습니다. 결국 그리스도는 십자가 위에서 성찬을 통해 매개된, 인류를 위한 양식이 되셨습니다. 오늘날 영국 성공회에서는, 그리스도의 몸이 예배를 드리는 이에게 주어질 때, 사제는 이렇게 권면합니다. "마음으로 믿고, 감사함으로, 주님의 몸을 받으십시오."

심리치료를 하는 많은 사람들은, 그들 자신이 어떤 종류의 치료를 행하든지 존재의 중요성을 인정하고 있습니다. 그들은 사람들의 문제를 다루게 될 때, 그들이 행하는 치료가 그들을 손상시킬 수 있다는 사실을 알고 있습니다. 또한 치료자들은 그들이 행하는 치료가 그들 자신의 치유과정과 무관하지 않다는 것을 잘 알고 있습니다. 그들은 다른 사람이 충만해 지도록 도우려 할 때 자신의 에너지가 고갈될 수 있다는 것을 알고 있으며, 또한 심리치료 전문가로서 일할 때 그들이 심리적인 위험에 빠질 수 있으며, 이러한 위험으로부터 자신을 보호하고 강건해지기 위해 영혼의 양식을 발견할 필요가 있음을 알고 있습니다. 이렇게 볼 때, 타인을 양육하고 돕기 위해 부름을 받은 목회자들도, 자신의 영적 능력을 유지하고, 에너지를 새롭게 배양하기 위해 자신을 양육할 수 있는 방법을 찾을 필요가 있습니다. 앞으로 우리는, 우리의 영혼에 필요한 영적 양식을 얻기 위한 몇 가지 방법을 좀 더 자세하게 살펴 볼 것입니다.

08

자아중심성의 문제

08

자아중심성의 문제

목회자는 딱딱한 영의 양식이 아닌, "어루만져 주는 것"(strokes)을 바라서 그에게 혹은 교회에 찾아오는 많은 사람들을 다룹니다.

우리는 앞에서 이미 어루만져 주는 것을 주고받는 것이 무엇을 의미하는 지 앞에서 설명했습니다. 우리는 어루만져 주는 것이 참된 영혼의 양식이 아니고, 사탕처럼 사람들을 다만 순간적으로 기분 좋게 하는, 일시적인 완화제와 같은 것임을 살펴보았습니다. 목회자에게서 진정한 영혼의 양식 대신에, 어루만져 주기를 원하는 것은 자아중심성에서 우러나온 것이라 할 수 있습니다. 다른 한편, 다른 사람을 어루만져 주고 싶어 하는 것도 역시 자아중심성에서 나온 것이라 볼 수 있습니다.

이것이 바로, 어루만져 주는 것이 목회자에게 문제가 되는 이유입니다. 즉 여기에는 다른 사람의 자아중심성은 물론 목회자 자신의 자아중심성이 개재되어 있습니다. 쓰다듬어 주기를 바라는 사람들의 자아중심적 욕구를 어디서 충족시킬 수 있는지도 모르고 무조건 쓰다듬어 주려고 한다면, 목회자는 이 문제를 해결할 수 없게 됩니다.

우리는 앞에서 이미 여러 번, 자아중심성 혹은 자아중심적 태도에 대해 언급한 적이 있습니다. 이제 이 문제를 좀 더 심도 있게 살펴볼 때가 되었습니다. 여기서 우리는 이전에 내가 말한 쿤켈에게서 이 문제에 대한 도움을 얻을 수 있습니다. 쿤켈은 자아중심성의 근원과 성격을 깊이 탐구하되, 자아중심적 태도가 하나님이 개개인의 인격 성장을 위해 갖고 계신 뜻과 어떻게 배치되는 가를 탐구했습니다. 이제부터 살펴 볼 것은, 쿤켈이 그가 쓴 『어떻게 성격이 발달하는가(*How Character Develops*)』와 『성숙의 길을 찾아서(*In Search of Maturity*)』라는 책에서 자세히 다룬 내용을 간추려 본 것입니다. 그런데 쿤켈은 이런 생각을 그의 마태복음 주석서인, 『계속되는 창조(*Creation Continues*)』에서 적용했습니다.

쿤켈은, 어린아이가 다른 사람을 사랑하고 신뢰할 수 있는 능력을 본래부터 가지고 태어난다고 믿었습니다. 그 아이는, 말하자면 부족의 심리(tribal mentality)를 가지고 있으며, 다른 사람들을 자신이 속한 위대한 부족으로 봅니다. 우리 문화(서양 문화를 말함 – 역주)에서 볼 때, 이러한 본능적 신뢰감은 일차적으로 부모(혹은 부모를 대신하는 사람)에 대한 것입니다. 이 사랑과 신뢰감이 부모의 성숙성, 사랑, 신실성과 만날 때, 쿤켈이 "우리"(We)라고 부른, 아이와 어른의 연결이 이루어지는 것입니다.

우리(We)가 존재하는 곳에서 우리는, 정신적 일치(psychic unit)를 이루며 서로 결합되어 있는 사람들을 만나게 됩니다. 그러나 이것은 우리(We)를 이루고 있는 사람들 개개인의 성장과 인격을 배제하지 않는, 비-자아중심적 연합(non-egocentric association)입니다. 예컨대 당신이 당신의 가족이나 몇몇 친구들과 같이 여행을 한다고 가정해 보십시오. 당신이 여행에서 돌아왔을 때, 누군가가 당신의 휴가가 어떠했는지 물었다면, 당신은 "오! 우리는 멋진 시간을 가졌어요"라고 대답할 것입니다. 여기서 당신이 사용한 "우리"라는 단어는, 이 여행에서 당신과 당신의 동료들이 그들의 개별성을 잃지 않으면서, 함께 여행한 모든 사람들 개개인이 정신적 일치를 이루었다는 걸 의미합니다.

이것이 바로 아이가 태어나게 될 이상적인 상태입니다. 그러나 아이에게 본능적으로 적합한 영원한 우리-관계(We-relationship)를 제공해 줄만큼 그렇게 지각 있고, 사랑이 충만하며, 신실한 어른은 물론 존재하지 않습니다. 조만 간에 우리 관계는 부모의 자아중심적인 태도 때문에 파괴되고 맙니다. 우리 관계가 파괴되면, 아이의 자아중심성이 촉진되며, 이 자아중심성이 결국은 어른이 되어서도 그것을 못 버리게 만듭니다. 자아중심성은, 무슨 수를 써서라도 자아를 보호하려고 합니다. 그 자아중심적 태도는 어떻게 해서라도 자아를 중심으로 한 사람이 되게 하며, 그 사람의 에너지를 자아를 지탱하고 방어하는데 쏟게 만듭니다. 자아중심적인 사람은 참된 삶을 발견하게 위해 세상 속으로 나가는 대신에, 자신의 시간을 주로 성벽을 쌓고 방어하는데 보낸다고 말할 수 있습니다. 그는 이 때 자신의 성(城)을 방어와 안전의 장소로 생각하게 되는데, 이것은 사실 감옥과 같은 것입니다.

어떤 사람이 자신의 자아중심성을 위해 에너지를 쓰면 쓸수록, 그는 창조적인 삶을 살지 못하게 됩니다. 왜냐하면 창조적인 삶을 살려고 하는 사람은 자아(Ego)가 아닌, 진정한 자기(Real Self)를 실현하는데 에너지를 쏟아야 하기 때문입니다. 참된 자기는 우리의 참된 인격이 발현되는 인격의 본질적인 핵심이며 모든 창조적인 삶의 원천입니다.

자아가 본래 악하다는 것은 아닙니다. 자아가 인격 안에서 적절한 역할을 찾게 될 때, 자아는 긍정적이고 창조적일 수 있습니다. 왜냐하면 그 때 자아는 진정한 자기와 접촉하게 되기 때문입니다. 다만 자아가 자아의 적절한 기능과 목적에서 빗나가게 될 때, 비로소 이것은 어둠의 도구가 됩니다. 기독교적 관점에서 볼 때, 자아중심적 자아는 하나님의 뜻을 거역하는 것이며, 하나님이 정하신 인생의 목적으로부터 벗어나게 됩니다. 그리고 이렇게 빗나가게 될 때, 죄를 짓게 됩니다. 하지만 자아가 자아중심적 태도로부터 해방되고, 인생살이에서 자아의 적절한 역할을 감당하게 될 때, 우리는 하나님과 관계를 맺게 되고, 하나님의 뜻에 합당한 존재가 됩니다.

이런 이유로 쿤켈은, 하나님께서 우리를 자아중심성에서 벗어나게 하여, 창조적인 삶을 살게 하신다는 것을 보여 주려고 했습니다. 그런데 여기서 우리는, 우리의 의식을 개발할 필요가 있으며, 삶의 고통을 잘 참아냄으로써 성숙할 수 있음은 물론이고, 우리가 너무 자아중심적이어서 무언가 빗나가고 있다는 것을 인식할 필요가 있습니다. 이런 존재의 상태를 이루었을 때 우리는 바울처럼 이렇게 말할 수 있습니다. "이제 사는 것은 내(즉 자아중심적 자아)가 아닙니다. 그리스도(심리학적으로 말하면 진정한 자기Real Self)께서 내 안에서 사시는 것입니다."(갈 2:20)

아이의 자아중심성과 어른이 된 후의 자아중심성은, 몇 가지 형태 가운데 하나를 취하게 됩니다. 그런데, 여기서 어떤 형태가 나타나는 지는, 아이의 기본적인 성격과 아이가 자란 환경이 어떤 것이냐에 따라 다릅니다. 아이의 성장에 주로 어떤 요인이 작용했는지는, 한편으로 자란 환경이 거친 환경이었는가, 아니면 부드러운 환경이었는가에 따라 다르며, 다른 한편으로 아이가 상대적으로 얼마나 활달했었는가, 공격적이었는가, 단호한 성격이었는가에 따라 다릅니다. 결과적으로 다음과 같은 네 가지의 성격유형이 생깁니다.

1. 활기와 진취성이 모두 없는 아이, 활기와 진취성 중 하나가 없는 아이, 또는 지나치게 예민한 아이는 부드럽고 관대하고 지나치게 응석을 받아주는 환경에서 자랐다고 볼 수 있습니다. 이런 아이는 응석받이가 됩니다.
2. 상당히 활달하고 진취적인 아이, 그리고 몇 가지 재능도 아울러 가지고 있는 아이는 부드럽고 관대하고 지나치게 응석을 받아주는 환경에서 자랐다고 볼 수 있습니다. 이런 아이는 사람들이 감복할 만한 아이가 됩니다.
3. 활기와 진취성이 부족한 아이는 거칠고 형편없는 환경에서 자랐다고 볼 수 있습니다. 이런 아이는 거절당하고 상처 입은 아이입니다.
4. 지나치게 활달하고 진취적인 아이는 거칠고 형편없는 환경에서 자랐다고 볼 수 있습니다. 이런 아이는 독단적이고, 제멋대로 행동하는 아이가 됩니다.

이 네 가지가 서로 결합하게 되면 네 가지 유형의 자아중심적인 사람이 되는데, 쿤켈은 이런 유형을 각각 달라붙는 넝쿨, 스타(Star), 거북이, 네로(폭군)라고 불렀습니다. 우리는 달라붙는 넝쿨에 대해 앞에서 어느 정도 살펴보았습니다. 그러나 반복이 된다하더라도, 이 유형에 대해 좀 더 살펴보기로 합시다. 이런 아이는 무엇을 하려는 의욕이나 활기가 부족합니다. 그러나 이런 아이는 부드럽고, 관대하고, 아이에게 무언가를 거듭 요구하지 않는 환경을 만들어 준 부모를 가진 아이입니다. 이런 부모는 아이가 맘대로 하게 함으로써, 아이에게 친절하게 대하고 있다고 생각할지도 모릅니다. 사실상 부모들의 자아중심성이 아이들로 하여금 무조건 부드럽게 대하고, 아무 것이나 허용하는 것을 사랑과 혼동하게 만들었습니다. 그런 부모들은 자신의 아이를 현실적인 기대에 직면하지 못하게 하거나, 아니면 세파에 대면하지 못하게 하는데, 이것은 사실 아이를 자기네도 모르는 사이에 무시한 데서 비롯된 것입니다. 부모의 자아중심성이 바로 아이에게 자아중심성을 갖게 만들며, 그 아이가 나중에 커서 부모가 되면, 이번에는 자신의 자아중심성을 자기 자식에게 물려주게 됩니다.

후에 어른이 되었을 때 그런 아이는, 우리가 이미 살펴본 대로, 사람들에게 의존적으로 짝 달라붙는 인생을 살아가는, 달라붙는 넝쿨이 됩니다. 그가 세심하게 머리를 짜 만들어 낸 삶의 방식, 즉 자기가 매우 선하다거나, 혹은 무언가 매우 부족하다는 태도는, 다른 사람의 충분한 동정을 사거나, 자기에게 친절하게 대하거나, 혹은 미안한 마음을 일으키게 하여, 그가 원하는 조건들을 만들어 내기 위한 것입니다. 그렇게 함으로써 그들은, 그가 도움 받기를 원할 때 그를 돕지 않으면 안 되겠다고 느끼게 만듭니다. 그래서 달라붙는 넝쿨은 무의식적으로 자신의 두 발로 서는 것을 피하려고 합니다.

스타(Star)는 관대한 환경에서 자라난, 보다 활기 있는 아이입니다. 이런 아이는 부모들이 자신의 응석을 마땅히 받아주고, 그들이 감탄해 마지않을 만큼 부모들의 사랑을 독차지하는 중요한 인물이라고 생각합니다. 아마 이러한 부모들은 그들의 꽤 괜찮은 아이에게 아첨함으로써, 그들 자신의 성취되지 못한 욕구를 만족시키려 하는 것입니다. 그런 부모들은 아이에게 아첨하는 것이 사랑이라고 생각하며, 자기네 아이를 자기네가 써야 할 왕관을 대신 쓴 스타로 만들려는 자아중심적인 욕구를 그들이 가지고 있다는 것을 모릅니다. 그런 부모들은 자신을 개발하고 실현할 필요가 있음에도 불구하고, 그런 일은 하지 않고, 대신 자기네 아이를 자꾸 부추기기만 합니다.

여기서 말하는 스타는 여러 가지에서 스타가 되는 것입니다. 그녀는 전부 A학점을 받는 학생(그녀가 만약 B를 받으면 절망할 것입니다)일 수도 있고, 또는 합창단에서 최고의 가수(다른 사람이 독창자로 선택되면 격분할 것입니다)일 수도 있고, 또는 매우 마음이 "착한" 스타 일 경우도 있습니다(따라서 그녀의 그림자를 억압하는 게 필요하다는 걸 알게 될 것입니다). 사람들의 칭찬과 인정을 얻는 일이라면 무엇이든지 하려고 하기에, 자연히 그녀는 자신이 가장 잘할 수 있고, 또 다른 사람을 가장 기쁘게 할 수 있는 활동을 선택하게 됩니다. 어른이 되어서도 이런 사람은 무대의 중앙을 차지하려는 노력을 계속하게 됩니다. 그녀는 오로지 칭찬 받고 싶은 불타는 욕구를 가지고 있습니다. 칭찬 받고 싶은 나머지, 이런 사람은 자신의 에너지를 모두 잘했다 칭찬 받는 일에 쏟아 붓게 됩니다.

거북이는 거친 환경에 대처하는데 필요한, 활기나 진취성을 결여하고 있는 아이이며, 극단적으로 민감해서, 상처를 입기 쉬운 아이이기도 합니다.

이런 아이는 부모가 야만적이고, 거부하기를 잘하고, 폭군과 같은, 거친 가정환경이나, (빈민가와 같은) 거친 사회적 환경 때문에 상처를 입기 쉽습니다. 부모에게 매 맞는 아이는 확실히 매우 거칠어지게 마련입니다. 그렇지 않으면, 이것은 아주 미묘한 경우가 생길 수 있습니다. 좋은 가정에서, 예의바른 부모에게서 자란 아이는 모든 것이 완벽하게 보일 수 있습니다. 그러나 여기선 아이가 대처하기 힘든, 손상을 입을 수 있는, 아주 미묘한 심리적 환경이 조성될 수 있습니다. 예를 들어 인류학자 그레고리 바티슨(Gregory Bateson)이 말한 이중적 연루현상(double-bind)이 일어납니다. 이런 현상은 아이가 무슨 일을 해도 잘 안 될 때 일어납니다. 만약 그 아이가 이런 일을 해도 부모가 그걸 인정하지 않으면, 어떤 다른 일을 한다고 해도, 부모가 그걸 인정하지 않을 수도 있습니다. 그런 조건 아래서 아이는, 잔인하고 매서운 육체적 처벌 못지않은 심리적 고통(cruelty)을 계속 겪을 수밖에 없습니다.

거북이는 될 수 있으면 움츠리려 하고, 살아가면서 위험한 일을 당할 까봐, 심리적으로 물러나서 은신처를 찾으려고 합니다. 우리는 이러한 유형을 거북이라고 부르는데, 여기엔 분명한 이유 몇 가지가 있습니다. 거북이는 자신을 보호해 주는 단단한 등딱지 속으로 움츠릴 수 있어서 생명을 유지하는, 아주 나약하고 대책이 없는 동물입니다. 이와 마찬가지로, 거북이형의 사람도 나약하고 상처받기 쉽다고 느끼며, 누구라도 그를 해칠 수 없는 등딱지 속으로 숨음으로써 생명을 부지합니다.

성인이 되어서도 거북이형의 사람은 "내게 아무것도 기대하지 마세요. 내 등딱지에서 나와 위험을 무릅쓰거나 상처받게 하지 마세요. 나에게 용기를 기대하지 마세요"하는 입장을 갖고 있습니다. 사실 거북이 같은 사람은 상처 입기 쉬운 사람이기 때문에 종종 우리의 동정을 받습니다. 그런데도 우리는 이런 사람을 자아중심적이라고 부를 수밖에 없습니다. 왜냐하면 이런 그의 방어적인 태도가 삶의 목적들을 좌절시키며, 그의 주된 노력이 창조적인 삶을 살게 하기보다는 자신을 보호하려고만 하기 때문입니다. (그 좋은 예가 복음서의 달란트 비유에 나오는 한 달란트를 받고, 그것을 땅에 그냥 묻어 둔 사람이라 할 수 있습니다. 그렇게 함으로써 그는 그것을 잃지는 않았지만, 주인이 돌아왔을 때 책망을 받을 수밖에 없었습니다.)

마지막으로, 기독교인을 처음으로 박해한, 잔인한 로마황제의 이름을 따서 붙여진, 네로가 있습니다. 거북이와 마찬 가지로, 네로 혹은 폭군은 거친 환경에 접해서 생기는 유형입니다. 그러나 그는 훨씬 더 공격적이 되고, 그 주변에 있는 포악한 사람들보다 더 야만적이고 무자비하게 됨으로써 문제를 해결하려고 합니다. 그는 다른 사람을 힘껏 밀어 제치고 나가든지, 아니면 지배함으로써, 자신이 처한 심리적인 곤경을 해결하려고 합니다. 그는 힘이 있을 때만 자기가 안전하다고 느끼며, 비로소 자신감을 갖게 됩니다. 그러나 힘이 없어지면, 그는 패배했다고 생각합니다.

네로와 같은 성품을 지닌 사람은, 성인이 되면 스탈린 같은 사람이 될 수도 있습니다. 이런 사람은 자신의 권력을 유지하기 위해서 다른 사람을 몰살시키는 것을 대수롭지 않게 여깁니다. 남을 지배하고자 하는 그의 본성이 잘 감춰지지 못하면, 그가 내적으로 나약한 사람임을 여지없이 드러내는 편집증적인 두려움이 나타납니다. 그가 스탈린만큼 재능이 없는 사람이라면, 그는 무언가 잘못 기재되었다고 쏘아붙임으로써 힘없는 사람들을 괴롭히는, 하찮은 관료가 되고 말 것입니다. 그렇지 않으면 그는 못된 교사, 군 장교, 경찰, 범죄자 혹은 교구 목사가 되었을지도 모릅니다.

우리는 앞에서, 부모의 자아중심성이 근원적인 우리(the original We)를 파괴할 때, 아이의 자아중심성이 시작된다고 말했습니다. 이것은 모든 비난을 부모의 탓으로 돌리는 것처럼 보입니다. 여기서 우리는 구약 성경에서 나오는 다음과 같은 속담을 상기하게 됩니다. “아버지가 신 포도를 먹으면 아들의 이가 시다.”(겔 18:2; 렘 31:29 참조) 그러나 여기서 우리의 자아중심적 경향을 우리의 부모 탓으로 돌리는 것은 좋지 못한 일입니다. 그들도 그들의 부모가 있었고, 그들 역시 부모가 있었습니다. 자아중심성은, 우리가 피할 수 없는 인간 조건이라는 점에서 원죄와 같습니다. 그러므로 우리의 임무는 우리 부모들을 비난하는 것(이것은 다만 자아중심성의 또 다른 형태입니다)이 아니라, 우리 자신의 심리상태(psychology)를 극복하기 위해 애쓰고, 우리의 자아중심적 일탈에 대해 책임을 지고, 하나님이 우리 삶에 대해 갖고 계신 뜻을 이루어 드리도록 노력하는 것입니다.

쿤켈이 자아중심성을 분석한 것이 너무 단순하고 개략적인 것은 사실입니다. 모든 심리학 개념들과 마찬가지로, 이런 개념들은 우리가 우리 자신에 대해 그리고 우리와 다른 사람들과의 관계에 대해 창조적인 사고를 하는데 도움이 될 때, 비로소 들어맞는다고 할 수 있습니다. 사람은 모두가 각기 다른 개개인이며, 아무리 심리학적으로 잘 묘사해도, 이것으로 우리의 독특한 심리를 다 해명할 수 없기 때문에 우리가 이러한 개념들을 맹목적으로 추종할 수는 없습니다.

이런 이유로, 많은 사람들을 이러한 범주 안에서 다 정확하게 설명할 수는 없을 것입니다. 예를 들어 사람들은 어린 시절에 어떤 때는 부드럽고, 멋대로 행동할 수 있는 환경에, 어떤 때는 거칠고 야만스런 환경에 놓이게 되기도 합니다. (아마도 그 아이는 관대한 어머니와 잔인한 아버지 아래서 자랐던가, 아니면 그 반대이든가 입니다) 이런 일이 일어나면, 우리는 흔히 두 가지 상이한 자아중심적 순응을 보이게 되는데, 하나는 어떤 조건 아래서 작용하고, 다른 하나는 다른 조건 아래서 작용합니다.

삶의 한 영역에서 이렇게 자아중심적으로 순응하게 되면, 다른 영역에서는 다르게 순응할 것입니다. 예를 들어 어떤 사업가가 사무실에서는 지배적인 네로이지만, 인격적 친밀감이 필요한 상황에서는, 달아나 숨어버리는 거북이가 될 수 있습니다. 어떤 환경 아래 놓이게 될 때 우리는, 이러한 자아중심적 형식을 취하고, 다른 데서는 다시 바뀌어져서, 다른 형식을 취할 수도 있습니다.(이것이 바로 약한 이를 못살게 구는 사람들이 종종 겁쟁이들이 되는 이유입니다.)

우리는 이러한 유형들이 겉으로 보기에 비슷하다고 해서 이들을 혼동해선 안 됩니다. 예를 들어 스타와 네로가 어떤 때는 엇비슷해 보입니다. 그러나 스타는 남에게 잘 보이려고 애쓰고, 네로는 힘을 얻으려고 합니다. 네로는 그가 힘을 가지고 있는 한, 배후에 남아서도 만족할 것이고, 심지어는 다른 사람들이 그를 매우 싫어해도 무방하다고 생각할 것입니다. 반면에 스타는, 그가 영예를 추구하는 만큼, 힘을 얻는 데는 관심을 두지 않습니다. 거북이와 달라붙는 넝쿨도 어떤 때는 비슷해 보입니다. 그러나 전자는 삶에서 도피하여 등딱지 속으로 들어가 숨는 데 반해, 후자는 남에게 찰싹 달라붙는 의존성이 있어서, 그들의 도움을 얻으려고 사람들을 만나러 나옵니다.

순수하게 자아중심적인 사람은 거의 없다는 것도 사실입니다. 우리의 인격에는 자아중심적인 면과 진정한 자기(the genuine)가 늘 뒤섞여 있습니다. 때로 우리는 진정한 자기(Real Self)의 성품을 나타내 보이며, 창조적으로 그리고 용기 있게 살 수 있을 것입니다. 또 어떤 때는 우리의 자아중심적인 면이 그 자리를 차지할 수도 있을 것입니다. 정원에서 잡초는 바로 꽃들 옆에서 돋아나고 자랍니다. 이것은 우리의 인격 안에서도 마찬가지입니다. 바람직한 성품들과 바람직하지 못한 성품들은 떨어져 있는 것이 아니고, 서로 이웃하여 각기 자신을 키워 나갑니다.

우리는 이제 마지막으로, 자아중심성이 다른 사람에게 끼치는 영향이 무엇인지 살펴보도록 합시다. 자아중심적인 사람들은 다른 사람들에게 부정적인 영향을 끼칩니다. 그들은 우리를 피곤하게 하고, 싫증나게 하고, 속이며, 때로는 놀라게 하기도 합니다. 이와 반대로, 진정한 자기에 가까운 삶을 사는 사람은, 다른 사람들에게 긍정적인 영향을 주며, 우리의 칭찬의 대상이 됩니다. 어떤 때는 우리가 너무 근시안적이거나, 혹은 그러한 것들에 너무 압도되어서, 우리가 그들이 긍정적인 성품을 가지고 있음을 인지하지 못한다 할지라도, 후에 우리는 그들이 그러한 좋은 성품을 가지고 있다는 걸 알 게 될 것입니다.

다른 기관과 마찬 가지로 교회 안에도 자아중심적인 사람들이 많이 있습니다. 목회자가 하나님을 믿는 확고한 신앙을 가지고 있다고 주장한다 하더라도, 그가 전혀 자아중심적이지 않다고 볼 수는 없습니다. 사실상 많은 목회자들이 무척 자아중심적인 삶을 살고 있다고 보아야 할 것입니다. 하나님 중심적이고, 희생적인 삶을 살려는 그들의 신실한 욕구가, 종교적 전문가로 살아가려는 그들의 바람과 뒤섞여져서, 그들은 자아중심적인 삶을 살 게 되는 것입니다.

달라붙는 넝쿨은 교회를 그들이 의존할 수 있는, 더할 나위 없이 좋은 기관으로 생각할 수 있습니다. 게으름과 무능력 때문에 직장에서 금방 해고당할 수밖에 없던 사람들은 지나치게 부드럽고 관대한 태도를 가지고, 열등한 성품을 지닌 이들을 잘 참아주는 교회에 그들이 머물러 있게 될 때, 교회가 계속 그들을 도와줄 것이라고 생각할 지도 모릅니다.

스타도 역시 교회를 좋은 곳으로 생각할 것입니다. 그가 능력 있는 설교자라면, 그가 사람들을 중요한 존재로 생각하게 만드는 효과적인 방법을 아는 품위 있는 사람이라면, 그가 훌륭한 성자 같고, 사랑이 많고, 또 다른 사람들에게 깊은 관심이 있는 마음가짐을 가지고 있다면, 그는 교회를 그가 빌붙을 수 있는 멋진 무대라고 생각할 것입니다.

거북이 유형으로 확인된 사람은 통례적으로 병원을 교회보다 더 좋아할 것입니다. 그러나 거북이 역시 어머니와 같은 교회의 품에서 안식처를 찾는 것으로 알려져 있고, 교회가 그를 둘러싸 위협하는 적대적인 세상으로부터 그를 보호해 줄 것으로 생각합니다.

네로들은 아마 스타들 보다 적게 교회로 들어올 것입니다. 그러나 그들이 교회에 일단 들어오면, 그들은 작은 웅덩이 속의 큰 개구리처럼 제멋대로 하려고 할 것입니다. 이런 일은 특히 사제들에게 한 교회에서 별 잘못이 없는 한 종신토록 일할 수 있는 권리를 부여하는 교회(영국 성공회처럼)에서 일어 날 수 있는 현상입니다. 이러한 교단에서 네로는, 그의 적들에 대항하여 지반을 굳히고 그 교구에서 독재자가 됩니다. 사실 교구를 치리하면서 그는, 많은 사람의 미움을 받게 됩니다. 그러나 네로는 스타와는 달리, 권력에 대한 그의 욕구를 성취하기 위해 어떤 반대 의견에도 끄떡도 하지 않습니다.

이제 목회자가 하나님을 섬기며 동시에 자아중심적이 될 수는 없다는 게 분명해졌습니다. 이렇게 볼 때 목회자가 어떤 자아중심성의 특이한 형태를 지니고 있는지를 발견하고, 그러한 것들에 대해 무엇을 하려 하는 가를 알아내는 것이, 그들의 영적 발전에 매우 중요하다고 봅니다. 쿤켈은 이런 일이 어떻게 가능한지를 잘 설명해 주었습니다. 그러나 여기서 그의 주장을 반복 설명하는 것은 이 책의 범위를 넘어서는 것입니다. 여기서는 쓰다듬어 주기를 바라는 사람들의 요구에 대해, 우리가 어떻게 반응할 것인가를 인지하는 것으로 충분하다고 보아야 합니다. 우리가 이런 요구에 응한다면, 우리는 왜 이런 일을 하는 것일까요? 우리는 달라붙는 다른 넝쿨들과 은밀한 관계를 맺고 있는 달라붙는 넝쿨들인가요?(그 때 당신은 나의 필요를 채워주고, 나는 당신의 필요를 채워주게 될 것입니다.) 그렇지 않으면, 우리는 사람들을 쓰다듬어 주는 것이 그들의 인정과 칭찬을 얻을 수 있는 확실한 방법임을 아는 스타들인가요? (그 때 당신은 내 등을 긁어주고, 나는 당신의 등을 긁어 줄 것입니다.) 그렇지 않으면, 우리는 근원적으로 사람들을 쓰다듬어 주는 것은 경멸하지만, 이것이 궁극적으로 그들을 지배하는 길이기에 그렇게 하고 있는 네로들인가요? 거북이는 어떤가요? 거북이는 쓰다듬어 주는 게임에서 경쟁하는 게 어렵다는 것을 알게 될 것입니다. 그의 방어적인 태도는 그가 사람들이 필요로 하는 것을 제공하기에 충분할 만큼, 그의 등딱지에서 나오는 것을 어렵게 만들 것입니다. 그러나 사람들이 일을 잘하는 것을 보고 시기심을 느끼게 될 때, 그의 자아중심성은 슬며시 그 얼굴을 내밀 것입니다.

그러므로 목회자의 자아중심성과, 목회자가 섬겨야 할 사람들의 자아중심성은 뜻하지 않게 제휴될 수 있습니다. 그러나 조만간 그 체제는 깨어지고 말 것입니다. 우리가 자아중심성을 유지하는 데는 엄청난 에너지가 소요됩니다. 우리가 창조적인 삶을 살 때, 비로소 우리는 생명력 있는 삶의 에너지를 얻을 수 있습니다. 자아중심적 삶은 우리에게서 에너지를 빼앗아갑니다. 해가 갈수록 우리는 우리의 자아중심적 태도를 잘 지속하기가 점점 더 어려워집니다. 왜냐하면 이것으로 일시적인 만족을 줄 지 모르나, 계속 이런 만족이 지속되기는 어렵기 때문입니다. 이러다 보면, 머지않아 우리는 탈진되고 말 것입니다.

다행히 우리는 여기서 기독교 전통에서 도움을 받을 수 있습니다. 예수께서는 "누구든지, 나를 따라 오려거든, 자기를 부인하고, 자기 십자가를 지고 나를 따라오너라"(막 8:34)고 말씀하셨습니다. 종교심리학의 관점에서 볼 때, 자기 십자가를 진다는 것은 누구나 온전한 사람이 되어야 함을 의미하는 것입니다. 십자가는 죽음의 장소요, 궁극적으로는 신생(rebirth)의 장소입니다. 죽어야 하는 것은 자아중심적인 자아입니다. 다시 태어나야 하는 것은 창조적인 자기(Self)와 관계를 맺는 새로운 자아입니다. 그래서 융은, 자기의 발현은 항상 자아에게는 패배다(the emergence of the Self is always the defeat of the Ego)라고 말했던 것입니다. 여기서 패배 당한 것은 우리의 자아중심성입니다. 우리를 자아중심성에 빠지게 만드는 정신적 위기를 우리가 두려워하고 애써 피하지만, 그럼에도 불구하고 그런 위기 속에서 우리는 구원을 발견할 수 있습니다. 이 주제는 기독교 전체에 얽혀있는 실타래와도 같습니다. 이것은 예수께서, 자기 생명을 잃는 자는 그것을 얻으리라고 말씀하셨을 때 표현하려 했던 바로 그 주제입니다. 그러므로 자아중심적 삶의 상실은 진정한 자기의 회복입니다. 여기서 기독교의 표상들(images)은 진정한 자기를 실현하는 길 안내를 해 줍니다.

09

우리가 쓰고 있는 가면

09
우리가 쓰고 있는 가면

목회자는 자신의 "페르조나"(persona)를 위해 많은 시간을 쓸 수 밖에 없습니다.

우리는 이미 앞에서 목회자가 페르조나를 유지하려고 애쓰다가 에너지를 빼앗길 수 있음을 살펴보았습니다. 우리가 언제 페르조나의 영향을 받는지 늘 인식하지 못하는 것이 우리가 겪는 어려움입니다.

우리가 일하러 갈 때 어떤 페르조나를 취하는 것이 너무나 당연한 일이기 때문에, 우리는 마치 우리의 페르조나가 우리 자신인양 생각할 수 있습니다. 이 문제를 다루는 첫 단계는, 언제 우리가 진정한 자신이 되며, 언제 우리가 가면(mask)을 쓰고 다른 사람을 만나는가를 인식하는 것입니다. 여기에는 어느 정도 자기학습(self-study)이 필요합니다. 진정한 우리 자신(our genuine self)과 페르조나를 쓴 자기(persona-self)를 인식하는데 훌륭한 영적 지도자나 심리치료자의 도움을 받는 것은 꽤 가치있는 일입니다. 어떤 경우에는 집단 치료가 효과가 있습니다. 왜냐하면 그 집단에 속한 다른 멤버들은 그들처럼 우리가 진정한 우리 자신이기를 요구할 지도 모르며, 그들은 또한 종교적 소명을 받은 이들이 쓰고 있는 페르조나에 쉽게 감명 받지 않을 것이기 때문입니다.

여기에 우리들에게 도움이 되는 방법이 있습니다. 예를 들어 목사의 임무 가운데 하나는 예배 후에 문 앞에 나와서 사람들과 악수하는 것입니다. 이때 우리는 페르조나를 사용할 필요가 있습니다. 왜냐하면 그 누구도 페르조나를 사용하지 않고는, 수백 명의 사람들과 인사하면서, 사람들을 각기 유쾌하게 대할 수는 없기 때문입니다. 하지만 우리가 문제를 실제보다 어렵게 만들 필요는 없는 것입니다. 우리는 "어떻게 지내세요" 보다는 "안녕하세요"라고 사람들에게 인사할 수 있습니다. 전자는 우리가 정말로 그들이 어떠한지 관심이 있다는 것을 의미합니다. 우리와 이야기하려고 기다리고 있는 수백 명의 신자들이 어떻게 지내는지 듣고 싶어 한다고 볼 수는 없을 것입니다. 더 간단한 인사말 "안녕하세요"는 이러한 문제를 피할 수 있습니다. 더 중요한 것은, 이것이 우리에게 그런 집단적인 상황에서, 가능한 한 페르조나를 피할 필요가 있음을 상기시켜 준다는 것입니다.

우리는 이미 우리가 우리자신을 위하여 페르조나를 취하는 것처럼, 다른 사람도 우리에게 페르조나를 건네줄 수 있다는 것을 언급했습니다. 여기에 대한 좋은 이야기가 누가복음에 나옵니다. 이 이야기에서 예수께서는 그 당시 지도적인 위치에 있던 어떤 사람으로부터 페르조나를 건네받았습니다. 이런 상황에서 예수께서는 우리에게 매우 도움이 되는 말씀을 하셨습니다.

> 어떤 지도자가 예수께 묻기를 "선하신 선생님, 제가 무엇을 해야 영원한 생명을 얻겠습니까?" 하였다. 예수께서 그에게 말씀하셨다.

"어찌하여 네가 나를 선하다 하느냐? 하나님 한 분 밖에는 선한 분이 없다.(눅 18:18~19)

그 부자는 예수에게 선하다는 페르조나를 건네주었습니다. 그런데 예수께서는 이것을 즉시 되돌려 주셨습니다. 여기서 예수께서 그 부자의 질문에 대답하기 전에, 그렇게 하셨다는 것에 주목하십시오! 즉 예수께서는 그렇게 하는 것을 제일 중요한 것으로 보셨습니다. 예수께서는 이 사람의 선하다는 관념을 충족시키려고 할 때 생기는 부담을 지고 싶지 않으셨습니다. 예수께서는 당신 자신으로 존재하고 싶으셨기에, 즉시 그 사람에게 페르조나를 되돌려 주셨던 것입니다.

이 이야기 끝 부분에는, 언급되지 않은 흥미 있는 다른 부분이 있다고 생각해 볼 수 있습니다. 그가 영생을 원하면 모든 재산을 팔아 가난한 자에게 나누어주고 그를 따르라고 예수께서 말씀하셨을 때, 그 사람은 슬픈 기색으로 떠나갔습니다. 왜냐하면 그는 기꺼이 그렇게 할 수 없었기 때문입니다. 우리는 여기서 예수께서 그가 마음을 바꾸기를 바라며, 그를 설득하면서 그와 함께 걸었다는 이야기를 발견할 수 없습니다. 예수가 현대 목사라면, 그 사람에게 "오! 당신은 돌아와야 합니다. 당신은 중요한 분이십니다. 또 우리는 당신을 몹시 필요로 한답니다. 당신이 가진 모든 것을 포기할 수 없으시면 교회에 헌금을 내 주시기 바랍니다. 그렇게 하시면, 귀하에게 교회의 중요한 일을 맡기겠습니다"라고 말할지도 모릅니다. 그 결과는 뻔합니다. 즉 목사가 자꾸 부드럽게 대하면, 부자가 돈을 내어서 교회건축을 할 수 있을지는 몰라도, 하나님의 나라가 그렇게 해서 이루어지는 것은 아닙니다.

누가복음 7장 36~50절에 나오는 예수와 바리새인 시몬의 이야기도 우리에게 도움이 됩니다. 죄인으로 알려진 여인이 들어왔을 때, 예수께서는 어떤 바리새인과 식사를 하고 계셨습니다. 여기서 예수께서 무언가 그녀를 도와주신 것이 분명하며, 이 여인은 너무나 감사하여 예수의 발을 자기 눈물로 씻고 그 발을 머리카락으로 닦았습니다. 바리새인인 시몬은 속으로 이런 생각을 했습니다. "이 사람이 예언자라면, 자기를 만지는 이 여자가 누구며, 얼마나 평판이 나쁜 여자인지 알았을 터인데!" 예수께서는 그가 이런 생각을 하고 있는 것을 아시고, 그에게 물으셨습니다. "두 사람이 한 채권자에게 빚을 졌다고 하자. 한 사람은 많은 빚을 지고, 또 한 사람은 적은 빚을 졌다. 그런데, 그 채권자가 그 둘을 다 탕감해 주었다. 누가 그를 더 사랑하겠느냐?" 물론 시몬은 더 많이 탕감 받은 사람이 그를 더 사랑할 것이라고 대답했습니다. 그러자 예수께서 시몬에게 이런 말씀을 하셨습니다.

> "너는 이 여자를 보고 있느냐? 내가 네 집에 들어왔을 때에, 너는 내게 발 씻을 물도 주지 않았다. 그러나 이 여자는 눈물로 나의 발을 적시고, 자기 머리카락으로 닦았다. 너는 내게 입을 맞추지 않았으나, 이 여자는 들어와서부터 줄곧 내발에 입을 맞추었다. 너는 내 머리에 기름을 발라 주지 않았으나, 이 여자는 향유를 발랐다. 그러므로 내가 네게 말하거니와, 이 여자는 그 많은 죄를 용서받았다. 그것은 그가 많이 사랑하였기 때문이다."

여기서 예수께서는 복음서에서 가장 역설적인 말씀으로 결론을 맺으셨습니다.

"용서받은 것이 적은 사람은 적게 사랑한다."

우리는 어떻게 해야 할까요? 우리가 용서받고 사랑하는 것을 배우기 위해 악한 삶을 살아야 할까요? 그런 것은 결코 아닙니다. 그러나 분명히 알아야 할 것은, 우리가 누구인가를 바로 보고, 또 사랑하는 법을 배우기 위해서는, 페르조나를 벗어버려야 할 때가 있다는 것입니다. 이 이야기에서, 이 여자가 그렇게 한 것입니다. 반면에, 의로움에 있어서 "스타"라고 할 수 있는 시몬은, 바리새인의 완전한 페르조나를 가지고 다른 사람들의 눈에 비난받지 않고 살 수 있었지만, 진정으로 사랑할 수는 없었습니다.

목회자인 우리에게 가하는, 페르조나에 순응해야한다는 집단의 압력은, 바리새인 시몬에게 주어졌던, 의로워야 한다는 압력만큼 큰 것입니다. 앞서 언급했던 『남을 돕는 직업에서의 권력』이란 책에서 구겐뷔일은 다음과 같은 말로 그것을 간결하게 표현하고 있습니다.

> 목사에게 있어서 모르는 사이에 그의 어두운 형제(그림자를 말함 – 역주)를 활발하게 만드는 것은 흔히 교인들이다. 교인들은 목사가 위선적인 행동을 하도록 은근히 상당한 압력을 가한다. 의심(doubt)과 믿음(faith)은 한 짝이다. 그러나 목사가 의심스런 말을 하는 것을 듣고 싶어 하는 사람은 아무도 없다. 사실 우리들은 모두 의심을 가지고 있다. 그러므로 사제(목사)는 자신의 의심을 숨기고, 끊임없이 되풀이되는 내적 공허감을 과장된 말로 바꾸기 위해, 계속해서 위선자가 될 수밖에 없다. 마음이 약한 사람은 이렇게 하는 것이 습관이 될 수 있다. 이상적으로 볼 때, 하나님의 사람은 그 행

위로 자기 믿음을 증거 해야 한다. 설교하는 것만으로는 믿음을 증거 하기가 어렵다. 사람들은 목사가 바른 행동을 보여 줌으로써, 그가 설파하는 믿음을 증명해 주길 바란다. 이런 것을 통해 우리는, 목사의 어두운 형제 – 자신을 있는 그대로 보이기보다, 세상에(또한 자신에게) 더 드러내 보이고 싶어 하는 – 의 또 다른 측면을 엿볼 수 있다.

이제까지 언급한, 목회자가 직면하는 모든 문제 중에서 페르조나로 인해 제기되는 문제가 아마 가장 중요하다고 볼 수 있을 것입니다. 왜냐하면 이것은 우리의 영적 발달에 깊은 관련이 있기 때문입니다. 예수께서는 당시의 악에 대한 공격을 하셨는데, 주로 도둑질이나 성적인 죄나, 심지어는 폭력에 대한 공격을 하지 않으셨습니다. 그분은 우리가 참된 사람들(genuine people)이 되지 못하게 만드는, 페르조나와의 동일시를 위험하게 보셨습니다. 이 공격은 주로 바리새인들에 대한 것이었고, 이렇게 해서 예수에게 많은 적이 생겼고, 결국 그가 십자가에 못 박히게 된 것입니다. 목회자의 섬김을 받는 사람들은 목회자에게 자꾸 페르조나를 덮어 씌우기 때문에 목회자는 자신을 상실할 위험이 있습니다. 그러나 우리가 자신을 상실한다면, 우리는 우리의 에너지도 잃어버리게 될 것입니다. 왜냐하면 그 때 우리는 우리의 진정한 자기(genuine Self), 즉 우리 존재의 중심(Center of our being)과 접촉할 수 없을 것이기 때문입니다.

이 문제는, 우리가 전문 직업인으로 일할 때, 처음에는 그리 중요하게 보이지 않을 지도 모릅니다. 왜냐하면 인생의 첫 단계에서는 자아가 강화되고, 정오의 빛처럼 빛나기 때문입니다. 자아의 활동이 페르조나에 근거하여 있고, 우리의 참된 내적 중심과의 관계에 그 기초를 두지 않았음에도 불구하고, 우리는 계속해서 우리의 현재 모습을 그대로 견지할 수 있다고 생각합니다. 그러나 중년에 접어들면 자아는 약화되기 시작하고, 자아가 진정한 인격의 측면과 분리되면, 자아는 점점 공허감을 느끼게 될 것입니다. 반면에 인격의 참된 에너지가 무의식 속에 쌓이게 될 것이고, 그림자의 활동이 촉진되고, 자아와 내적으로 반목하는 상태가 될 것입니다. 이 때 자아는 페르조나와 동일시되어, 점점 이차원적이 되고, 생기를 잃고 말 것입니다. 그 결과, 우리는 불안과 낙담의 상태에 빠지고 창조력을 잃어버리게 될 것입니다.

그러나 목회자가 특별히 자신의 직업 때문에 페르조나와 동일시되는 위험에 노출되면, 목회자는 자신의 영적인 문제를 인식하게 된, 많은 사람들보다는 더 나은 입장에 놓일 수도 있습니다. 왜냐하면 복음서가 목회자에게 이것에 대하여 가르쳐 주고 있고, 또 그 방법을 그에게 분명히 보여주고 있기 때문입니다. 목회자는 자기-인식과 영적 성장을 위한 독특한 기회를 마련하려고 할 때, 난관에 봉착하게 될 것입니다. 그리고 종국엔 이것이 문제에 대한 해결책입니다.

10

엘리야의 문제

10
엘리야의 문제

목회자는 실패로 인해 지칠 수 있습니다.

우리는 앞에서 실패의 감정이 목회자를 얼마나 무기력하게 만드는지 살펴보았습니다. 이것은 이해하기가 어렵지 않습니다. 어떤 사람이 수년간 일하고서 자기가 실패자일 뿐이라는 결론을 얻게 된다면, 사기가 떨어져서 그 일을 계속 해 나가기가 어려울 것입니다. 많은 교회들의 규모와 영향력이 자꾸 줄어드는 요즈음에 와서, 목회자가 목회에 실패했다고 결론짓는 것은 어쩌면 당연한 일일지도 모릅니다. 그렇게 될 때 목회자는, 그 자신과 자기 일에 대한 부정적인 분위기에 사로잡힐 수 있습니다.

실패에 대해 생각할 때, 우리는 다음과 같은 세 가지 질문을 할 필요가 있습니다. 즉 "우리는 우리자신의 결점 때문에 실패하는가? 우리는 우리가 승리하는 것이 불가능한 상황에 있기 때문에 실패하는가? 우리는 정말로 실패하고 있는가, 아니면 우리가 성공을 측정하는 기준이 잘못되어 있어서, 실패하고 있다고 생각하는 것뿐인가?"하는 것입니다.

우리가 자신의 몇몇 결점 때문에 실패하고 있다고 생각한다면, 우리는 우리의 개인적 발전을 위해 좀 더 노력해야 할 것입니다. 이것은 아마도 우리가 잘 훈련된 영적 지도자나 심리치료자의 도움을 필요로 하는 상황일 것입니다. 인간의 심리와 영적인 문제를 다루도록 훈련받은 사람들과 대화하지 않고, 우리자신을 이해한다는 것은 거의 불가능하다고 볼 수 있습니다. 그리고 영적 여로(旅路)를 혼자 걷는 것도 거의 불가능합니다. 사람은 누구나 인생의 어떤 지점에 이르면, 동반자를 필요로 합니다. 동반자란, 우리가 마음을 탁 터놓고 정직하게, 아무 거리낌 없이 이야기를 나눌 수 있고, 우리 인격의 어두운 구석들을 들어내 보인다 하더라도, 우리를 판단하지 않는, 우리와 친숙한 사람입니다.

우리는 그런 도움을 구하는 것을 부끄럽게 생각할 필요가 없습니다. 사실상 다른 사람에게 도움을 구하는 것은 그 자체가 건강하다는 표시입니다. 반면에 자신의 마음(soul)을 다른 사람과 나눌 수 없는 사람은 정말 병든 사람이라고 볼 수 있습니다. 우리는 목회를 해 나가다가 어떤 시점에 이르면, 정말 다른 사람과 우리 마음을 나누며 일해야 할 필요가 있을 때가 있다는 걸 알게 됩니다. 왜냐하면 목회자 스스로가 저 길 아래로 내려가지 않으면, 다른 사람이 영적으로 진보하도록 인도할 수 없기 때문이며, 또한 누군가로부터 그러한 인도를 받아야 되겠다는 절박한 상황에 직면해 보지 않은 목회자라면, 다른 사람의 영혼을 바로 인도할 수 없겠기 때문입니다.

오늘날 몇 가지 걸맞지 않는 이유로, 교회는 영혼을 돌보는 일을 세속적인 전문가들에게 넘겨주고 말았습니다. 그러나 이제는 교회 안에서 영혼을 잘 돌볼 수 있는 훈련을 받은 종교적인 전문가들이 필요하다는 인식이 증대되고 있는 것 같습니다. 그와 동시에, 교회밖에 있지만, 도움을 줄 수 있는 민감한 정신을 가진 헌신적인 심리치료자들이 많이 있습니다. 꼭 도움을 받아야겠다는 의지만 있으면, 우리는 언제든지 우리에게 도움을 줄 수 있는 사람을 찾을 수 있을 것입니다.

우리는 지금 싸움에 지고 있는 것일까요? 우리가 50년대와 60년대에는 성장하는 교회를 어디서나 볼 수 있었습니다. 그 때 사람들은 교회에 출석하는 것을 당연시하였습니다. 그러나 지금은 상황이 바뀐 것 같습니다. 특히 주류 교파들이 거의 다 비슷한 상황에 처해있다 해도 과언이 아닙니다. 목사들은, 교인이 줄고 있고, 교회 일이 무언가 잘 안 풀리고, 또 예산이 자꾸 줄고 있다는 걸 인식하고 있습니다. 외적으로 성장하는 교회는 종종 사람들에게 철저한 신앙을 강조하되, 교인들의 세속적인 욕구를 채워주는 교회이거나, 다른 사람이 전혀 흉내 낼 수 없는, 깜짝 놀랄 만한 특별한 재주를 가진 목사가 있는 교회들이 대부분입니다.

물론 이런 상황은 교회마다 다르다고 할 수 있습니다. 어떤 교회는 다른 교회보다 전략적으로 더 좋은 곳에 위치하고 있으며, 어떤 교회는 분위기가 더 활기가 있어 보입니다. 이러한 교회는 교회성장에 별로 우호적이지 않은 정신적인 풍토 속에서도 성장할 것입니다. 그러나 어떤 교회는 주위 환경이 아주 형편없는 곳에 위치하고 있을 수도 있습니다. 그렇지 않으면, 그런 교회는, 지쳐 빠져서 지금은 겨우 부분적으로 명맥만 유지하고 있는 사람들, 너무 완고하면서도 무능한 사람들, 그래서 결국 교회성장을 가로막고 있는 사람들로 구성된 교회일 수도 있습니다. 그러한 교회는 로키 산 절벽에 있는 나무와 같습니다. 그 나무는 절반은 죽고 절반은 살아 있으며, 살려고 발버둥치지만, 더 이상 성장할 수 없는 나무입니다. 그러한 상황에서는 그 누구라도, 그리고 아무리 노력을 한다 하더라도, 일을 현저하게 개선시키는 것은 불가능할 것입니다. 그런 불가능한 상황에서 자신을 심하게 비난하면서 채찍질하는 것은 조수가 빠지는 것을 막을 수 없다고 자신을 비난하는 것과 마찬가지입니다.

이제 우리는 다음과 같은, 가장 중요한 질문을 던져야 할 때가 되었습니다. 무엇이 목회를 실패하게 만드는 것일까요? 이제까지 우리는 성공이나 실패를 교인이 얼마나 되고, 교회 재정이 얼마나 되느냐 하는 것으로 측정해 왔습니다. 예배에 참석하는 사람의 수가 증가하고, 예산이 늘어나면, 목회에 성공하고 있는 것이 틀림없다고 생각했습니다. 연말이 되면 우리는, 교인 수와 헌금액을 적은 교회일지 통계를 마음 졸이며 살펴보곤 합니다. 우리는 교인이 늘어나고, 교회 예산이 증가한 것으로 보이면, 스스로 흡족해 합니다. 반대로, 그렇지 못하면 괜히 마음이 위축되고 자신을 별 볼일 없는 존재로 여기게 됩니다. 전자의 경우에는 다른 목사들 앞에서 머리를 곧추 세우고 으스대며, 후자의 경우에는 교회가 성장하고 있는, 외관상 성공적인 목회를 하고 있는 그 목사를 부러운 눈으로 쳐다보게 됩니다.

영적인 일의 성공여부를 측정하는 것은 어려운 일입니다. 교인 수와 예산액을 보고 목회의 성공과 실패를 판단하는 것은 겉으로 보는 것이지, 이것으로 영적인 성공을 측정할 수는 없습니다. 어떤 의미에서 "성공적인" 교회는 하나님의 뜻에 부합하지 못할지도 모릅니다. 이런 교회는 어쩌면 인간의 이기적인 목적을 충족시키는 대 그치고 말지도 모릅니다.

우리는 앞에서 이미 자아중심성의 문제를 논의해 보았고, 사람들이 얼마나 자신을 방어하려고 부단히도 애쓰고 있으며, 또 자신의 입지를 세우는 일에 얼마나 지대한 관심이 있는지 살펴보았습니다. 또 우리는 이미 우리의 자아중심성이 위협을 받게 될 때, 얼마나 강한 저항을 나타내며, 우리의 자아중심성을 유지하는 데 도움이 되는 일이라면, 그것이 얼마나 환영을 받는지를 논의해 보았습니다. 자아중심성을 유지하는 데 도움이 되는 것 가운데 하나는, 우리 자신이 각자의 자아중심적인 욕구를 서로 채워주는 일에 다른 사람들과 적극 협조해 나가는 데 있습니다. 많은 그룹들이 다만 이러한 일을 하려고 은밀하게 애쓰고 있으며, 사람들은 보다 안전한 느낌을 얻기 위해 그런 그룹에 참여하려고 모여듭니다. 프리츠 쿤켈은 이런 종류의 그룹을 연합된 자아들(Associated Egos)이라고 불렀습니다. 그런 그룹을 발전시키고 촉진시킬 수 있는 사람이면, 자아중심적이고 세속적인 입장에서 볼 때, 성공한 사람이라고 볼 수 있을 것입니다.

물론 큰 교회라고 다 자아중심적인 것도 아니고, 작은 교회라고 반드시 영적인 것도 아닙니다. 교회의 진정한 영적 성장과 힘은 반드시 그 규모로 측정할 수 없습니다. 왜냐하면 하나님의 척도는 사람의 척도와 다르기 때문입니다.

사무엘은, 하나님이 사울을 이어 이스라엘 왕으로 선택하실 사람을 찾고 있었는데, 어느 날 이새의 집에 당도하게 되었습니다. 사무엘은, 어린 다윗이 아니라 이새의 맏아들 엘리압을 하나님께서 분명히 장차 왕이 될 재목으로 선택하셨다고 생각했습니다. 그는 인상이 아주 좋았기 때문입니다. 그러나 사무엘이 엘리압에 대하여 하나님께 여쭈어 보았을 때, 주 하나님은 이렇게 대답하셨습니다. "너는 그의 준수한 겉모습과 큰 키만을 보아서는 안 된다. 그는 내가 세운 사람이 아니다. 나는 사람이 판단하는 것처럼 그렇게 판단하지는 않는다. 사람은 겉모습만을 따라 판단하지만, 나 주는 중심을 본다."(삼상 16:7)

사람들은 그들의 자아중심성을 유지하게 해 주는 기구(organization)를 위해서라면 아주 특별한 일도 기꺼이 합니다. 그러므로 그런 기구는 그 규모가 늘어나고 영향력이 커지게 마련입니다. 물론 그런 집단의 지도자는 자신의 자아중심성을 계속 유지할 수 있는 사람입니다. 그런 사람은 일반적으로 스타가 아니면 폭군입니다. 그리고 그가 속한 기구는 자신의 자아중심적 욕구에 꼭 들어맞기에 잘되어 나갑니다. 이런 이유로, 그는 온 정력을 다 바쳐서 그리고 혼신을 다해 자신감을 가지고 일을 해 나갈 수 있는 것입니다(그는 그가 마음속에 일어나는 의심을 생면부지의 사람들에게 투사시킴으로써 그것을 억압해 버립니다). 그런 열심은 전염성이 있으며, 그의 그런 열심 때문에, 보다 더 많은 사람들이 그에게 호감을 갖게 됩니다. 이렇게 해서, 지도자와 그를 따르는 자들은 하나의 집단이나 기관, 또는 기업체를 통해 서로 만나게 됩니다. 이런 이들은 자기네가 어떤 고상한 목적에 이바지했다고 주장합니다. 그러나 실제로는 그들의 자아의 뜻에 따른 것에 지나지 않은 것입니다. 물론 그들은, 그들이 속한 기구가 어떤 성격을 지녔는지는 – 특히 자기네부터 – 비밀로 합니다. 왜냐하면 보통 그런 사람들에게는, 그들이 실제로 어떤 일을 하고 있었는지 분명히 인식하게 되면, 자신에게 혐오감을 느낄 만큼의 진실성은 있기 때문입니다.

그러므로 우리가 목회에 실패하고 있다고 느낄 때, 우리는 우리의 상황을 자세히 그리고 객관적으로 살펴 볼 필요가 있습니다. 우리는 정말 우리가 생각하고 있는 것처럼 완전히 실패하고 있는 것일까요? 우리는 정말 실패하고 있는 걸까요? 아무도 100% 성공할 수는 없습니다. 그러나 우리의 평균 타율(打率)이 우리 내부의 부정적인 목소리가 우리에게 말해주는 것만큼, 정말 낮은 걸까요? 우리가 이러한 질문들에 대답하려 할 때, 하나님은 개개인이 당신의 자녀로 변화되는 것에 관심을 두시지, 얼마나 많이 모이느냐 하는 것에 관심을 두지 않으신다는 걸 우리는 알아야 합니다. 예수께서는 이런 말씀을 하셨습니다. “좁은 문으로 들어가

거라. 멸망으로 이끄는 문은 넓고, 그 길이 널찍하여 그리로 들어가는 사람이 많다. 생명으로 이끄는 문은 너무나도 좁고, 그 길이 험해서, 그곳을 찾아오는 사람이 별로 없다."(마 7:13~14)

예수께서는, 좁은 길은 한 번에 한 사람만 지나갈 수 있기 때문에 좁은 길이라는 이미지를 사용하셨습니다. 이런 이유로, 영적인 "성공"은 개인적으로 가능할 수밖에 없으며, 그런 개인적인 성공을 모두 합산한다고 해서 큰 성공을 거두었다고 할 수 없습니다.

우리는 우리가 엄청난 성공을 거두지 못했다고 해서 우리가 하는 일을 얕잡아 볼 필요는 없습니다. 왜냐하면 세계를 변화시키는 것은, 뛰어난 재능이 있고, 남보다 앞서가며, 의식이 있고, 하나님과 관계를 맺으며 사는 사람이기 때문입니다. 남북전쟁(1861~1865년 사이에 있었던 미국의 내전–역주)에서 많은 대중 가운데 특히 눈에 띄는 사람이 하나 있는데, 그는 아브라함 링컨입니다. 고대 근동 지방에서 별처럼 빛나는 분이 나셨는데, 그분이 바로 예수 그리스도십니다. 고대 중국의 지혜서인 『주역(周易)』은, 있어야 할 자리에 있고, 자기 자신과 조화를 이루고 있는 사람의 생각은 천마일 밖에서도 전달될 수 있음을 우리에게 보여줍니다.

열왕기상 18~19장에 나오는 엘리야의 이야기는, 실패의 문제를 깊이 있게 다루기 때문에 이 장의 결론을 삼는 데 적합합니다. 엘리야는 그가 야훼께 드리는 제물이 물에 흠뻑 젖었음에도 불구하고, 하늘에서 불이 내려와서 그 제물을 살라 버림으로써 갈멜 산에서 바알의 제사장들에게 큰 승리를 거두었습니다. 그리고 야훼가 주신 무서운 가뭄도 엘리야가 기도하니 끝나게 되었습니다. 그러나 이 승리에는 커다란 패배가 뒤따라서, 엘리야는 풀이 죽고 당황하여 광야로 도망치고 말았습니다. 왜냐하면 이사벨 왕비가 엘리야가 자기 제사장들을 죽인 것에 분개하여, 그를 무자비하게 괴롭히고, 야훼종교를 다시 박해하기 시작하고, 외톨이가 되고 집을 잃은 엘리야를, 이스라엘 땅에서 몰아냈기 때문입니다. 혼자서 사막을 떠돌다가 엘리야는 자포자기의 상태에 빠져 죽기를 소원하게 되었습니다. 그는 이렇게 부르짖었습니다. "야훼여, 이 정도면 충분합니다. 제 생명을 거두어 주십시오. 저는 제 조상들 보다 나은 게 없습니다." 엘리야는 탈진되었습니다. 그는 최선의 노력을 경주했습니다. 그는 안간힘을 써 보았으나 헛수고였습니다. 모든 걸 잃어버린 것 같았습니다. 이제 완전히 탈진되어, 그는 죽음만을 원하게 되었으며, 자신이 이젠 완전한 실패자가 되어, 야훼의 일을 제대로 감당하지 못한 이전 사람들 보다 더 나을 것이 없다고 믿게 되었습니다.

하지만 야훼는 이런 엘리야의 실패에 대한 생각을 아랑곳하지 않으셨습니다. 왜냐하면 그분은 상황을 보시되, 사람처럼 보시지 않기 때문입니다. 야훼는 이것을 신적인 관점에서 보십니다. 그러므로 하나님은 천사를 보내어 엘리야를 깨우고 먹이신 후, 그가 시내 산을 향해 먼 여행길을 떠나도록 하셨습니다. 엘리야는 여러 날이 걸려, 마침내 그 거룩한 산의 허리를 올라 어떤 동굴에 이르게 되었습니다. 엘리야는 그 동굴에 들어가 어두운 구석에 자리를 잡게 되었습니다. 그는 우리가 앞에서 논의한 대로 순례여행을 한 것입니다. 엘리야는 이제 아메리칸 인디언들이 비전 퀘스트(Vision Quest, 북미 인디언 부족에서 행해진 남자의 의례로서 영계靈界와의 교류를 구하는 의식 – 역주)를 행하는 것처럼, 하나님의 뜻이 나타나길 기다리게 되었습니다.

그 다음에 하나님과 엘리야의 대화가 이어집니다. 하나님은 예언자에게 물으십니다. "엘리아야, 여기서 무엇을 하고 있느냐?" 그러자 낙심한 예언자는 하나님께 그의 이야기를 합니다. 즉 어떻게 이스라엘 자손들이

야훼를 버렸고, 어떻게 그가 실패했는지를. 그리고 이렇게 말합니다. “제가 생존해 있는 마지막 사람인데, 이제 그들이 저를 죽이려고 합니다.”

그 때 하나님은 엘리야가 이스라엘 땅으로 돌아가야 하며, 그가 아합과 이사벨을 대신하여 왕과 지도자가 될, 새 사람들에게 기름을 부을 것을 말씀하셨습니다. 또 가장 중요한 것은, 하나님은 엘리야에게 모든 사람이 하나님을 믿는 신앙을 잃어버린 것은 아니라는 것을 알려주셨습니다. 왜냐하면 바알에게 무릎 꿇거나 바알의 우상에 입 맞추지 않은 칠천 명의 사람들이 있었기 때문입니다. 엘리야는 마음이 새로워지고 실패감을 극복한 후, 이스라엘로 돌아가서 자기에게 주어진 일을 완성합니다.

이 이야기는 우리에게 많은 것을 가르쳐 줍니다. 이 이야기는 실패감이 어떻게 우리의 에너지를 소모시키고, 또 고갈시키는 지를 보여줍니다. 이 이야기는 또한 우리가 실패했다는 의식이 잘못된 생각일 수 있다는 것을 가르쳐줍니다. 하나님은 엘리야가 실패했다고 생각지 않으셨습니다. 오히려 하나님은 당신에게 신실한 칠천 명이 있다는 사실을 아셨고, 이것으로 충분히 당신의 일을 계속하실 수 있다고 보셨습니다. 단지 엘리야는 하나님과 대화할 수 있었기에, 자신의 일을 계속할 수 있었습니다. 즉 엘리야의 소모된 자아는 회복의 근원과 접촉할 수 있는 길을 발견했습니다. 왜냐하면 시내 산을 향한 순례를 함으로써, 그리고 하나님과 대화함으로써, 엘리야는 새로운 에너지로 재충전될 수 있었기 때문입니다. 이런 경험을 통해 엘리야는 피로에 지친 자아의 문제와 자아의 회복 가능성에 대해 모두 설명합니다. 이제부터 여기 대해 다루어 보도록 합시다.

11

지쳐버린 자아의 문제

11

지쳐버린 자아의 문제

엘리야의 이야기는 지쳐버린 자아에 대한 이야기입니다. 엘리야는 탈진의 특징이라 할 수 있는 만성적인 우울증 보다 더 심한 증세로 고통을 받았습니다. 완전히 지쳐버린 엘리야는, 시내 산을 향한 순례의 길을 걸음으로써, 그리고 하나님과의 인격적인 대화를 통해 새로워짐으로써, 비로소 고침을 받을 수 있었습니다.

탈진 문제와 지쳐버린 자아의 문제는 별개가 아닙니다. 탈진은 지쳐버린 상태가 될 수 있고, 우리의 자아가 지쳐버리게 되면, 거기에 탈진 문제도 개재되게 마련입니다. 이 두 문제는 친 사촌과 같다고 할 수 있습니다. 두 가지가 분명하게 관련되어 있지만, 또 각기 조금은 구분이 되기 때문입니다. 탈진 문제는 주로 자기가 해야 할 임무와 관련이 있습니다. 탈진 문제는 자신이 하는 일에 지쳐서 생기는 것입니다. 그런데 지쳐버린 자아의 문제는 더 근본적인 것입니다. 왜냐하면 이것은 그 사람의 전 자아가 완전히 지쳐버렸기 때문에 생기는 문제이기 때문입니다.

사람들은, 목회자는 지쳐버린 자아의 문제에 직면하지 않을 것이라고 생각합니다. 목회자는 하나님과 늘 접촉하고 있고, 늘 사랑을 가지고 다른 사람을 위해 일하기 때문에 삶에 만족을 느낄 것이며, 그러기에 목회자는 늘 즐거운 마음으로 생활하리라고 생각합니다. 그러나 이것은 사실이 아닙니다. 그와 반대로, 사랑과 도덕이 지배하는 삶은 우리를 지치게 하는 성격이 있습니다. 왜냐하면 그러한 삶은 참된 관계를 맺지 못하고 겉돌 뿐만 아니라, 돌보는 노력을 요구하기도 하기 때문입니다. 구겐뷔일은 『상처 입은 에로스(*Eros on Crutches*)』라는 책에서 이렇게 말했습니다. "사실 모든 인간관계는 피곤한 것이다. 실제로 에로스나 대용(代用) 에로스, 혹은 도덕성을 가지고 살아야 하는 사람은 누구나 늘 어느 정도는 지칠 수밖에 없다." 그러므로 지쳐버린 자아의 문제는 다른 사람들에게 있는 생기는 것처럼, 목회자에게도 생기는 것입니다.

지쳐버린 자아의 문제는 훨씬 복잡한 것입니다. 왜냐하면 이 문제는 거의가 융이 "우월기능"(superior function)이라고 부른 것이 부족하기 때문에 생기는 문제이기 때문입니다. 융은 사람들이 그렇게 다른 것은, 천부적으로 타고난 네 가지 정신 기능(four psychological functions)에 따라 서로 다르기 때문이라고 보았습니다. 그는 이러한 네 가지 기능을 사고(thinking), 감정(feeling), 감각(sensation), 직관(intuition)이라 불렀습니다. 실제로 사람은 이 네 가지를 모두 자신의 인격 속에 다 가지고 있습니다. 그러나 우월 기능이 그 중에서 가장 드러나게, 또 가장 자연스럽게 나타납니다. 다른 두 기능은 아주 약하고 서투르게 보이며, 소위 "열등 기능"은 어떤 사람에게 있어 가장 부적합한 심리적 영역을 나타냅니다.

여기서 우리가 융의 유형론(theory of types)을 자세히 살펴 볼 필요는 없습니다. 나는 내 책 『내면의 왕국(*The Kingdom Within*)』과 『사람들 사이(*Between People*)』에서 유형론에 대해 조금 언급해 놓았습니다. 그리고 유형론에 대해 자세히 알고 싶으면, 내가 쓴 다른 몇 권의 책을 보기 바랍니다. 여기서는, 사람은 누구나 본래부터 어떤 강점과 약점을 모두 가지고 태어난다는 것을 알면 됩니다. 우리가 본래부터 타고난 이러한 기능을 사용할 때, 그 보답으로 우리는 사람들의 인정을 받고, 재정적으로 성공하고, 또 무언가를 성취함으로써 만족하게 됩니다. 자연히 이러한 발달 과정에서 자아는 자신의 강점과 동일시하고, 그러한 강점을 가지고 자아를 확립해 나가며, 삶을 형성해 가면서 그런 강점을 이용합니다. 물론 삶의 여러 영역에서 능력이 요구되지만, 자아는 우리 안에 있는 약점을 기피합니다.

그러므로 분석적인 사고를 잘하고, 논리적인 사고를 잘하는 천부적인 재능을 가진 사람은 과학자나 철학자가 될 것이며, 풍부한 감정을 가진 사람은 다른 사람과 잘 교감할 수 있을 것입니다. 또한, 삶의 세밀한 부분을 인식할 수 있는 재능을 부여받은 사람은 능력 있는 비서나 생물학자가 될 수 있을 것입니다. 과학자가 시의 영역을 다룰 때는 서투르다고 볼 수 있습니다. 또 시인은 집의 배관을 수리하는 일에 서툴 것입니다. 감정형의 사람은 대수학(代數學) 시간을 싫어할 게 뻔하고, 논리학을 좋아하는 사람은 감정적인 관계를 잘 다루지 못할 것입니다. 우리가 우리의 우월한 재능을 사용하고, 그런 것으로 우리의 삶을 형성해 가는 것은 당연한 일입니다. 또 그렇게 할 때, 우리는 가장 활력 있는 삶을 살 수 있을 것입니다.

이렇게 함으로써, 우리는 잠시 동안 활력 있는 삶을 살 수 있을 것입니다. 그러나 결국 이러한 우월한 정신 기능들이 소모되기 시작할 것입니다. 그런 기능들이 훌륭한 것은 사실입니다. 그러나 우리가 그것을 다 써버리고 말면, 그것은 그 의미를 잃어버리고 맙니다. 그런데 에너지가 그 기능을 다하면, 에너지가 우리에게서도 다 빠져나가게 됩니다. 이런 과정은 오래 걸릴 수도 있습니다. 그리고 이런 이유로, 지쳐버린 자아의 문제는 전형적으로(필연적인 것은 아닐지라도) 중년이나 중년이후(advancing years)에 점차 증가하는 문제이기도 합니다. 우리가 젊었을 때는 우월한 재능들 때문에 에너지가 충만한 삶을 살 수 있으며, 결국 의미로 가득한 삶을 살게 됩니다. 우리는 이 세상에서 성공하기 위해 그러한 우월한 재능을 사용하며, 자신의 길을 개척해 나갑니다. 그리고 이렇게 하는 것이 자아에 에너지를 공급해 줍니다. 그러나 우리가 35세나 40세 또는 50세가 되면, 우월 기능 속에 있는 에너지가 다 소모되고 맙니다. 이제까지 우리는 과학자로서, 부모로서, 심리학자로서, 또는 교사로서의 삶을 살아왔을 뿐입니다. 그러나 이런 활동으로는 우리가 더 이상 인생의 의미를 찾지 못할 때가 온다는 사실입니다. 우리는 생의 위험한 시점에 이르게 될 때가 있습니다. 그 때 자아는 지쳐버리게 됩니다. 자아가 완전히 지쳐버리면, 결국 자아는 완전히 망가지고 말 것입니다. 그렇지 않으면, 삶의 활력이 자꾸 없어져서 일찍 죽음을 맞이할 수밖에 없을 지도 모릅니다.

삶의 정황이 이처럼 전형적이라면, 우리는 삶의 정황을 다루고 있는 이야기, 전설, 그리고 신화를 찾아 볼 필요가 있을 것입니다. 왜냐하면 전형적인 인간의 문제는 인류의 예술, 문학, 상상력(imagination)을 통해 그 자발적인 표현들을 찾아 볼 수 있기 때문입니다. 우리는 앞에서 이미 그런 이야기를 하나 살펴보았습니다. 방앗간이 잘 안 될 때, 방앗간 주인이 자기 딸을 악마에게 팔아버림으로써 방앗간 일이 잘 돌아가게 되었다는, 손 없는 소녀의 이야기가 그것입니다. 이 이야기는 우리에게 어째서 우리가 지쳐버린 자아의 문제를 해결하지 못하는 지를 말해줍니다. 즉 우리는 우리 자신의 여성적 측면인 영혼(our own feminine soul)을 대가로 지불하면서, 오래 누적되어 온 곤란한 상태를 기계적으로 영속시킬 수는 없습니다. 이 문제를 서술하고 또 거기에 대한 해답을 제시해 줄 수 있는 이야기가 많이 있습니다. 이제 이 이야기 중에서 몇 가지 만 살펴보려고 합니다.

그러나 먼저 주의할 일이 있습니다. 내가 이 이야기들이 "해답을 제시해 줄 수 있습니다"고 한 말을 주목해 보십시오. 어떤 이야기나 책도 우리 각자가 지쳐버린 자아의 문제를 해결하기 위해 우리가 나아가야 할 방향이 대체 무엇인지 지적해 주는 일 밖에는 할 수 없습니다. 왜냐하면 그 문제에 대한 해답은 전적으로 개인에 따라 다르기 때문입니다. 우리는 지쳐버린 자아의 문제를 해결할 수 있는 방법을 꽤 많이 알 수도 있을 것입니다. 그러나 우리는 이 문제가 어떤 특정한 개인에게 있어서 어떻게 해결될 수 있을지는 알지 못합니다. 그 해답은 항상 그 사람이 찾아야 하며, 또한 그 사람의 독특한 심리와 그 사람의 특이한 삶에 따라 그 해답이 다르게 나올 수도 있습니다. 이런 이유로, 가장 도움이 되는 이야기와 생각들은 우리가 어디에서 새로운 활력을 찾을 수 있는지, 그 길을 가르쳐 줄 수 있을 것입니다. 그러나 우리는 이것이 전부라는 걸 알아야 합니다. 거기에서부터 출발하여 우리는 우리 자신의 길을 발견하고, 우리 자신의 길을 걸어야 하며, 우리는 몸소 우리 자신의 내적인 모험과 외적인 모험을 해 나가야 합니다.

이제 『파우스트』부터 살펴보기로 합시다. 『파우스트』는 파우스트 교수의 곤경과 그가 악마와 계약을 맺음으로써 그 곤경을 해결하려는 시도를 다룬, 괴테의 유명한 시극입니다. 파우스트 교수 만세! 그는 알 수 있는 모든 것을 알고 있습니다. 그는 읽을 가치가 있는 모든 책을 읽었습니다. 그는 탁월한 지식인이요, 자기 나라에서 가장 명성 있는 교수요, 50세에 생애의 절정에 다다랐으며, 흠모하는 제자들과 부러워하는 동료들로 둘러 쌓여있는 사람입니다. 그러나 그는 그것을 참을 수 없었습니다. 그는 자신을 견딜 수 없었으며, 또 자기 생활에 진력이 났습니다. 그는 너무나 절망스러워서 자살할 지경에 이르게 되었습니다. 그는 자신의 일에 더 이상 아무 의미를 느끼지 못했고, 이 세상에서 그가 추구할 야망이 하나도 없었습니다. 이 드라마는 이렇게 시작되고 있습니다.

> 아아! 이제 나는 철학도, 법학도, 의학도, 거기다 심지어는 신학까지도 열심히 노력하고 철저하게 연구하였다. 그러나 이 모양 이 꼴로 나라는 인간은 과거와 비교해서 여전히 불쌍한 바보다. 석사니, 박사니, 이름만 근사했지, 벌써 그럭저럭 십년이라는 세월을 올렸다 내렸다, 이리 저리로 학생들의 코를 쥐고 잡아끌고 있는데 결국 우리는 아무것도 알 수 없다는 사실을 깨달았을 뿐이니, 그것을 생각하면 내 가슴은 탈 지경이다. 하기야 박사니, 석사니, 문사니, 목사니 뻐기는 세상의 모든 바보들보다는 내가 좀 낫지. 나는 소위 회의나 의혹도 귀찮지 않을 뿐만 아니라 지옥이나 악마도 두렵지 않다. 그 대신 내게는 모든 기쁨도 사라져 버리고, 제법 근사한 지식을 지니고 있다는 자부심도 없어져 버렸으며, 사람을 선도하고 구제하도록 두드러지게 가르칠 수 있으리라는 자신조차 막연하다. 그렇다고 재물이나 돈을 갖고 있지도 않으며 세상의 명예나 영화를 누리고 있지도 않다. 이렇게 살아가는 것은 개라도 싫어하겠지.
>
> ……
>
> 나는 아직 이 감옥 속에 갇혀서 움츠리고 있는가. 지긋지긋하게 저

주받은 음침한 돌 벽의 구멍, 여기서는 다정스러운 하늘의 빛까지도 채색된 유리창을 통해서 희미하게 비쳐 들어올 뿐이다.

……

그래도 너는 묻고 있는가? 왜, 네 가슴속의 심장이 숨 가쁘게 허덕거리고 있는가를, 또 어찌하여 알 수 없는 고통이 너의 모든 삶의 발동을 틀어막고 있는가를? 신은 인간을 창조하여 살아 있는 자연 속으로 넣어 주었는데 너는 자욱한 연기와 곰팡이 속에서 오로지 동물의 뼈와 사람의 해골 가운데 파묻혀 있다.(김정진 옮김, 22,23 참조)

파우스트의 곤경은 자신을 다 소모해서 지쳐버린 자아의 곤경이며, 그에게 만족을 가져다 줄 힘이 더 이상 남아있지 않을 때까지 자신의 근원적인 기능을 다 써버린 사람이 겪는 곤경입니다. 파우스트 박사의 경우에는 사고 기능이 근원적인 것이었습니다. 그러나 그의 훌륭한 지성은 한때 그의 삶에 빛을 던져 주었지만, 이제는 더 이상 그에게 아무런 의미가 없게 되었습니다. 상황이 아주 심각하게 되었습니다. 왜냐하면 그런 상황 아래에서는 삶이 그 빛을 잃게 되고, 완전히 끝나 버릴 수밖에 없기 때문입니다. 파우스트는 새로운 삶을 찾기 위해 어디로 떠나야 할까요?

이 질문에 답하기 위해 괴테는 문학 속에서 주목할 만한 인물 하나를 창조해 냈는데, 그는 교활하고 비열하며 유머러스한 메피스토펠레스입니다. 그는 악마의 특별한 대리자로 파우스트의 영혼을 빼앗기 쉬운 상태인 것을 알아채고는 검은 삽살개의 모습으로 가장하고 그를 따르기 시작합니다. 파우스트는 처음부터 그 개가 의심스러웠습니다. 특히 그 개가 그의 연구실 안으로 그를 따라올 때 더욱 그랬습니다. 그러나 파우스트가 요한복음의 서두를 읽고 있었는데 – "로고스"(Logos)라는 단어를 어떻게 번역해야 할지를 곰곰 생각하면서 – 그 개가 낑낑거리고 짖기 시작하자, 파우스트는 그가 변장한 악마라는 것을 알아채게 되었습니다. 박식한 파우스트 교수는 특별한 주문을 외워 메피스토펠레스가 개의 모습을 벗어버리고 사람의 모습으로 변하게 만들었습니다.

그리고 파우스트와 메피스토펠레스는 일련의 대화를 시작합니다. 그 대화에서 악마적인 메피스토펠레스는 파우스트에게 그의 문제를 자기와 나누자고 꾀었습니다. 다음의 구절에서 파우스트는 다시 그의 곤경에 대해 말합니다.

> 어떤 옷을 입던 나는 이 비좁은 지상의 괴로움을 느끼지 않을 수 없다. 나는 편히 놀기만 하기에는 너무 늙었으며, 불타는 정욕을 끊기에는 아직도 너무 젊다. 이 세상이 나에게 과연 무엇을 줄 수 있는가? 곤란을 참고 없는 생활에 만족하라. 이것이 영원의 노래다. 그것은 누구의 귀에도 울려오고, 우리의 한평생 긴 세월을 끊임없이 목쉰 소리로 노래 불러준다. 나는 아침마다 두려운 마음으로 눈을 뜬다. 하루 종일 단 하나의 소원도 이루지 못하고 모든 쾌락에 대한 예감조차도 완고한 비평으로 산산이 부서지고, 내 가슴의 기운찬 창조 작용마저, 온갖 추악한 세상사로 말미암아 방해되는 날을 다시 맞이할 것을 생각하면, 나는 눈물을 흘리며 울고 싶어진다. 또한 밤이 깃들이게 되어도, 나는 불안스런 마음으로 잠자리에 누워야 하며, 거기서도 안식을 얻지 못하고, 사나운 꿈들의 시달림을 받아야 하기 때문이다. 내 가슴속에 살고 있는 신은 이 마음속을 깊이 흔들어 놓을 수 있지만, 나의 모든 힘 위에 군림하는 신은 외부를

향해서는 아무것도 움직일 수가 없다. 그래서 나는 이 세상에 살아 있는 것이 무거운 짐이 되고, 죽음이 소원이며, 삶은 증오스러워진다.(앞의 책, 56)

나중에 메피스토펠레스가 파우스트를 "융통성이 없는 교수"(stick-in-the-mud professor)라고 부른 것은 조금 이상한 일입니다. 메피스토펠레스와 파우스트의 대화는 둘 사이의 계약에서 정점에 이릅니다. 메피스토펠레스는 이승에서 파우스트의 종이 되기로 합니다. 그 대신에 파우스트는 그가 죽을 때 그의 영혼을 악마에게 넘겨주기로 약속합니다. 메피스토펠레스는 이렇게 말합니다.

> 나는 이 세상에서 당신의 명령대로 쉴 새 없이 성실하게 시종을 들어주지. 그 대신 우리들이 죽어서 저승에서 만나게 되면, 당신은 내 심부름을 꼬박꼬박해야 되네.(앞의 책, 59)

> …… 한번 해볼 만하지. 약속을 하시라, 그러면 가까운 장래에 내 요술을 재미있게 구경시켜주지. 아직 아무도 보지 못한 것을 보여주지.(앞의 책, 59)

파우스트는 대담하게 그렇게 하기로 계약을 하고, 피로 서명을 합니다. 여기서 파우스트가 구한 것은 무엇인가 감정이 있고, 화려하며, 활력이 넘치는 삶이었습니다. 행복 그 자체가 아니라, 끓어오르는 삶의 소용돌이 속으로 뛰어드는 것이 파우스트가 요구한 것이었습니다.

> 만일 내가 편안하게 침상에 누워 허송세월을 한다면 그때엔 나 당장에 파멸해도 좋으리라! 만일 네가 감언이설로 나는 속여 나에게 자만의 마음을 일으키거나 쾌락으로 나를 농락할 수가 있다면 그것이 나에게는 최후의 날이 되어도 좋으리라.(앞의 책, 50)

파우스트가 열망한 것은 자신을 드러내는 것이었습니다. 그는 명상하는 삶을 행동하는 삶으로, 안락한 삶을 분투하는 삶으로, 자기만족의 삶을 열망하는 삶으로 바꾸고자 합니다. 무엇보다도 그는 감정을 위해 그의 지성을 포기합니다. 진정 그는 이렇게 선언하기까지 합니다. "감정은 모든 것이다."

이것은 악마적인 메피스토펠레스의 본성은 물론 파우스트가 자신을 새롭게 하려는 방법을 우리에게 말해줍니다. 파우스트는 그의 낡은 자아가 추구하던 것을 포기하고, 또 그의 우월한 사고 기능을 포기하고 열등한 감정 기능을 통해, 그가 이제까지 살아보지 못했던 삶 속으로 뛰어듭니다. 그는 더 이상 그에게 메마른 사막이 되어버린 지성(知性)의 해변에 안전하게 서 있을 수 없어서, 흉용하는 감정의 바다 속으로 뛰어드는 사람과 같습니다.

메피스토펠레스는 파우스트 안에 있는 아직 살아보지 못한 삶을 인격화한 존재입니다. 이것이 그가 그토록 악마적인 이유입니다. 왜냐하면 그가 살아보지 못한 삶은 무질서하고, 그렇게 오랫동안 억압의 대상이었기 때문에 압도하고 미혹하고 그 전에 질서가 있던 곳에 혼돈을 창조하는 악마적인 능력으로 되돌아가게 하려는 경향이 있습니다. 그러나 이런 것이 악은 아닙니다. 메피스토펠레스 역시 악이 아니라, 오히려 변화를 가져다주는 동인(動因)인 것입니다. 그래서 메피스토펠레스는 그가 누구냐는 질문에 대해 이렇게 대답했습니다.

> 늘 악을 원하면서도 도리어 늘 선을 행하는 저 힘의 한 부분이다.(앞의 책, 51)

왜냐하면 질서가 혼돈에 맞서 보호하는 역할을 하기에 그것이 선한 것이라면, 질서는 또한 새로운 형태의 삶의 발달을 방해하는 경향이 있기 때문에 악한 것이기도 합니다. 그리고 혼돈이 질서를 파괴하기에 악하다면, 이것은 또한 새로운 에너지를 가져다 줄 수 있기에 선할 수 있습니다. 우리는 윌리엄 블레이크(William Blake)가 천상의 형식(the form of heaven)과 지옥의 에너지(the energy of hell)를 결합하는 과제라고 진술한 적이 있는, 오래된 문제에 직면해 있습니다.

파우스트의 이야기는 우리에게 무의식이 얼마나 모호한 것이며, 역설적인 특성을 지녔는지를 잘 보여줍니다. 우리 속에 있는 살아보지 못한 삶이 그 첫 모습을 드러내면, 혼란스럽고 압도적이며, 또 파괴적일 수 있습니다. 그러나 우리 속에 있는 이러한 무의식적 에너지는 바로 우리를 새롭게 할 수 있는 에너지이기도 합니다. 이러한 힘은 악마적인 것으로 보일 수도 있지만, 삶을 지속하려면 지쳐버린 자아는 이러한 힘과 관계를 맺어야 할 것입니다.

메피스토펠레스는 그의 약속을 지킵니다. 그는 파우스트에게 싱싱한 젊음을 가져다 줄 수 있는 힘을 가진, 약을 만드는 마녀에게로 데리고 갑니다. 파우스트는 그것을 마시고 20세의 청년이 됩니다. 파우스트는 이제부터 수많은 외향적인 모험을 하게 됩니다. 사랑과 행동과 감정의 측면이 부족하며, 여기에 대한 분별력도 없고 경험도 없는 파우스트는 자연히 큰 불행을 겪게 됩니다.

메피스토펠레스가 처음 그에게 제공한 선술집의 떠들썩함을 박차고 나온 파우스트는 참된 삶을 살고 싶었습니다. 이어 그는 아름답고 젊은 그레트헨(Gretchen)의 모습을 보게 되고 즉시 "사랑의 얽혀 진 줄과 띠"에 사로잡힙니다. 그는 메피스토펠레스에게 그녀를 차지하게 해 달라고 합니다. 계략에 의하여, 그레트헨은 파우스트와 사랑에 빠집니다. 그녀에 대한 그의 정중한 감정은 그의 열정에 의해 가려졌습니다. 그들의 결합으로 한 아기가 태어나고, 파우스트는 그레트헨의 오빠 발렌틴과 결투하게 됩니다. 이 결투는 발렌틴의 죽음으로 끝나고, 이로 인해 먼저 파우스트의 사랑하는 그레트헨이 투옥되고 결국 죽게 됩니다. 그레트헨이 천상(天上)으로 올리어졌다는 사실은 죄와 이루어지지 못한 사랑으로 마음이 찢겨진 파우스트에게는 아무런 위안이 되지 못합니다. 파우스트는 끓어오르는 삶의 소용돌이 속으로 뛰어듦으로써 고통을 겪지만, 그것이 그에게 생명의 잔을 마시게 한 결과도 되었습니다. 지금 고통 받고 있지만 그의 삶엔 활기가 넘치게 되었고, 그의 영혼은 더 이상 황량한 사막에 머물러 있지 않게 되었습니다.

이렇게 해서, 괴테의 극 제1부가 끝납니다. 제2부는 제1부보다 약 반세기 후에 완성되었으며, 전적으로 다릅니다. 제1부는 우리가 그의 곤경의 외적 해결이라고 부를 수 있는 것을 파우스트가 찾고 있는 것을 보여줍니다. 원래 파우스트는 자신의 인생길에 대해 깊이 사고하며, 삶에 대해 명상은 하지만, 결코 그런 삶을 살아보지 못한 내향적인 사람입니다. 하지만, 이제 그는 삶에 대한 성찰이 없이, 감정이 풍부한 삶을 살아내기 위하여 삶속으로 뛰어든 외향적인 사람이 된 것입니다. 제2부에서 괴테는 파우스트 교수의 곤경을 해결하기 위해 상상력에 호소합니다. 괴테의 극에서 이 부분을 연구하는 것은 이 책의 범위를 훨씬 넘는 것입니다. 그러나 우리는 이것이 상상력을 동원하여 무의식 속에 있는, 살아보지 못한 삶속으로 들어가 보려는 시도라고 보는 것으로 충분할 것입니다. 우리는 이것을 외향적인 해결이라기보다는, 내향적인 해결이라고 볼 수 있습니다.

파우스트가 마침내 노인이 되었을 때, 그는 결국 경험과 죄와 죄책감과 영광스러운 업적으로 가득 찬 죽음을 맞게 됩니다. 악마는 그를 지옥으로 데려가기 위해 그의 영혼이 나오기를 기다리며 그의 시체 위를 불안하게 떠돌고 있습니다. 분명히 악마는 상을 받을 만했습니다. 왜냐하면 그는 그의 약속을 지켰고, 신실하게 파우스트에게 그의 종이 되어 봉사했으며, 그에게 그가 원하던 경험들을 제공해 주었기 때문입니다. 그러나 이제 마지막에 가서 악마는, 자신을 구원할 방도가 없는 파우스트에게 속는 것이 아니라, 파우스트를 그가 한 약속으로부터 자유롭게 하시려는 분, 즉 인생의 문제에 개입하시려는 신에게 속게 될 것입니다. 그래서 파우스트의 영혼이 나타나자, 하늘에서 내려온 천사들은 메피스토펠레스의 주의를 흩어버리고, 그 순간 급하게 덮쳐서 파우스트의 영혼을 안전하게 가지고 가버립니다.

파우스트가 다른 사람들의 삶을 그렇게 많이 파괴했으며, 메피스토펠레스와 같은 악마의 친구로 살아왔는데도 신이 파우스트의 삶을 구원해 주었다는 것은, 인습적인 도덕주의자들에게는 충격적인 일일지 모릅니다. 그러나 괴테는 아마도 우리가 이미 살펴본 누가복음 7장 36~50절의 이야기에서 예수께서 하나님을 보았던 것과 똑같은 빛 속에서 하나님을 본 것 같습니다. 그 이야기에서 예수께서는 죄인이었던 그 여자가 경건하고 안전을 구한 바리새인 시몬보다 구원에 더 가깝다고 선포하셨습니다. 신이 마지막에 파우스트를 구원하고자 한 것은 적어도 괴테 자신의 정신 속에 있었던 것입니다. 왜냐하면 괴테는 인생의 의미를 영혼을 만들어 가는 과정으로 보았기 때문입니다. 그 과정에서 죽음을 극복할 수 있는 "독특하고 영속성 있는 인격"이 만들어지는 것입니다.

우리가 살펴 본 바와 같이, 괴테는 제1부에서 어떻게 파우스트가 삶의 반대편으로 뛰어듦으로써 지쳐버린 자아의 곤경을 해결하려 했는지를 우리에게 보여주었습니다. 그러나 제2부에서는 다른 방법이 동원되었는데, 지쳐버린 자아의 문제를 푸는 데는 일정한 규칙이 없기 때문에 이 방법도 옳다고 봅니다. 우리가 살펴 본대로, 파우스트와 같이 지쳐버린 자아의 문제에 직면한 사람은, 누구라도 집단적인 해답을 찾을 수는 없습니다. 우리가 확실히 알 수 있는 것 한 가지는, 어떤 사람이 자신의, 살아보지 못한 내면의 삶과 접촉한다면, 그는 새로운 에너지와 새로운 문제를 발견하게 되리라는 것입니다. 천상의 양식과 지옥의 에너지를 결합하는 것은 쉬운 일이 아닙니다. 즉 이것은 우리에게 엄청난 도전이며, 또 위험한 시도인 것입니다. 지쳐버린 자아는 새로운 삶을, 평안과 휴식을 통해서가 아니라, 내적으로 표현되든 외적으로 표현되든, 전혀 다른 그리고 새로운 활동을 통해 발견합니다.

이것은 우리가 살펴 볼 두 번째 이야기, 즉 위대한 중세의 성배(聖杯) 전설에서 더 분명하게 드러납니다. 수세기 동안 성배의 전설은 기독교 세계를 매혹시켰습니다. 그리고 우리 시대에는 그 이야기가 엠마 융(Emma Jung, 융의 부인으로, 그녀 역시 분석심리학자였음-역주)과 로버트 존슨(Robert Johnson)의 저술을 통해 우리에게 되살아나게 되었습니다. 나는 먼저 우리가 여기 대해 살펴보려 할 때, 존슨의 통찰력이 크게 도움이 된다고 봅니다. 여기 대해 좀 더 깊이 있게 연구하고 싶은 독자들은 존슨의 책 『신화로 읽는 남성성(*HE!*)』을 읽고 싶어 할 것입니다.

전설에 따르면 아리마대 요셉은 그리스도가 십자가에서 죽으실 때 그리스도의 피를 받기 위해 잔을 사용했다는 것입니다. 후에 요셉은 그 잔을 영국으로 가져가서 성안에 감추어 두었습니다. 그 잔은 성배로 알려지게 되었고, 그 성은 성배의 성(Grail Castle)으로 알려지게 되었습니다. 그리고 누구든지 그 잔을 발견하는 사람은 "성배는 누구에게 도움이 되는가?"라는 질문에 바르게 답하기만 하면 이것을 마실 수 있으며, 자신은 물론 다른 사람도 치유되고 회복된다고 전해져 왔습니다. 그러나 아무도 그것을 발견한 사람은 없었습니다. 왜냐하면 마음이 순수한 기사만이 성배의 성을 발견할 수 있기 때문입니다. 많은 사람이 그것을 찾았지만 성배의 성은 그들에게 나타나지 않았습니다.

그 성배의 성은 상처 입은 피셔 왕(Wounded Fisher King)이라고 알려진, 성배 왕에 의해 다스려 집니다. 왜냐하면 그는 여러 해 전에 우연히 물고기를 한 입 먹으려고 손을 대었다가 요리하던 불에 손을 데어 상처를 입었기 때문입니다. 물고기 때문에 입은 상처는 치료되지 않았으며, 왕의 넓적다리에까지 번져나가, 그의 성적인 능력에도 영향을 미쳤습니다. 그래서 왕은 앓게 되었고, 치료되지 못했지만, 죽을 수도 없었습니다.

이상하게도, 성배만이 그 왕을 치료할 수 있었지만, 성배의 성의 왕인 피셔 왕은 성배를 마실 수 없었습니다. 왕이 치료되려면, 누군가 다른 이가 성배의 성을 찾아서 그에게 성배를 주어야만 했습니다. 왕의 상처는 심각했으며, 그것 때문에 그는 어디든지 가려면 다른 사람의 도움을 필요로 했습니다. 그는 힘이 다 빠져 버렸고, 생기도 소멸되었습니다. 왕의 병은 전국으로 번져 나갔습니다. 그 나라는 왕의 병만큼 심한 불안으로 고통을 받게 되었습니다. 아무것도 자라는 게 없었고, 동물들은 새끼를 낳지 못했으며, 사람들은 절망에 빠지게 되었습니다. 존슨은 이렇게 말합니다.

> 성배의 성은 곤경에 빠져있다. 그 성의 임금인 피셔왕은 상처를 입었다. 상처가 너무 심해서 그는 살 수도 없고, 죽을 수도 없다. 그는 신음한다. 그는 비명을 지른다. 그는 계속 고통을 받는다. 사실상 온 나라가 황폐되었다. 가축은 새끼를 낳지 못하고, 곡식은 자라지 않고, 기사들은 살해당하고, 아이들은 고아가 되고, 소녀들은 울고 있다. 어디에 가나 애곡하는 소리가 들린다. 이 모든 것은 피셔 왕이 상처를 입었기 때문이다.

이 전설에서 상처 입은 피셔왕의 모습은 지쳐버린 자아를 생생하게 보여 줍니다. 이것은 병들어서 생명력을 상실한 의식적인 인격의 지배력을 나타냅니다. 그 결과 모든 생명이 손상을 입게 되었습니다. 곡식이 자라지 않고 동물들이 짝을 짓지 않는 것은, 지쳐버린 자아를 가진 사람의 삶에서 창조성이 결여된 것을 나타냅니다. 그 나라에 널리 퍼진 불안과 백성들의 불행은, 우리가 지쳤을 때 우리에게 스며드는 우울증과 비슷합니다. 피셔왕의 치료할 수 없는 상처는, 지쳐버린 자아가 다른 근원으로부터 도움을 받지 않으면 절망적인 상황에 직면하게 된다는 것을 보여줍니다. 피셔 왕이 자신을 도울 수 없는 것처럼 지쳐버린 자아도 자신의 힘으로 치료될 수 없습니다.

성배의 전설에서는 도움이 색다른 근원으로부터 옵니다. 왕을 치료하고 그 나라를 구할 수 있는 숨은 능력을 지닌 영웅은 자기 어머니와 함께 숲 속에서 살고 있는 이상하리만치 비천하고 세련되지 않은 젊은이였습니다. 그의 아버지와 다른 형제들은 모두가 기사로 일하다가 죽었기 때문에 그의 어머니는 자기의 남은 아들마저 잃고 싶지 않아서, 그를 그리로 데려 온 것입니다. 그 소년은 외딴 숲 속에서 성장했고, 어느 날 그가 화려하게 치장을 한 말을 타고 숲을 지나가던 당당한 다섯 명의 사람들을 보지 못했더라면, 그는 영원히 거기 남아 있었을 것입니다. 그들이 너무나 멋이 있어서, 그는 그들이 누군지 물었고, 결국 그들이 기사들이라는 것을 알게 되었습니다. 그 때 그의 어머니의 반대에도 불구하고, 그 젊은이는 자기도 기사가 되어야겠다는 결심을 합니다. 이렇게 해서 성배의 전설의 주요한 내용을 이루게 되는 수많은 모험이 시작됩니다.

그 젊은이의 이름은 파르시팔(Parsifal)인데, 이것은 "젊은 바보"라는 뜻입니다. 이것은 영웅의 이름으로는 좀 이상하지만, 적합한 이름이라 할 수 있습니다. 왜냐하면 존슨이 지적한 대로, 파르시팔은 우리가 알지 못하는, 그러면서 우리 속에 있는, 사용되지 않은 순수한 에너지를 나타내기 때문입니다. 우리 자신 속에 있는 이러한 사용되지 않은 자원들을 경험하게 될 때, 이따금 우리는 바보처럼 느껴집니다. 박학한 교수는 정사(情事)를 하면서 어색한 느낌을 가질 지도 모릅니다. 재능 있는 시인에게는 배관을 수리하는 것이 귀찮게 보일는지도 모릅니다. 말을 잘하는 사람은 그림 그리는 것을 유치하게 생각할 수도 있습니다. 그러므로 우리가 우리의 개발된 기능의 범위에서 벗어나, 우리 자신이 우리의 개발되지 않은 측면을 경험하게 될 때마다, 우리는 어리석음을 느끼게 될 것입니다.

어리석음이 지니고 있는 구원하는 힘(saving power of foolishness)이, 기독교 세계에 알려지지 않은 것은 아닙니다. 왜냐하면 사도 바울은 십자가 자체를 어리석음과 비교하고 있습니다. 고린도 전서 1장 21~25절에서 그는 이렇게 말합니다.

> 이 세상이 그 지혜로 하나님을 알지 못한 것은, 하나님의 지혜안에서 된 일입니다. 그래서 하나님께서는 우리의 어리석은 선포로 믿는 사람들을 구원하시기를 기뻐하셨습니다. 유대 사람은 표적을 구하고, 그리스 사람은 지혜를 찾으나, 우리는 그리스도를 전하되, 십자가에 달리신 분으로 전합니다. 이것은 유대 사람에게는 거리낌이고, 이방 사람에게는 어리석음이지만, 부르심을 받은 사람에게는, 유대 사람에게나 그리스 사람에게나, 그리스도는 하나님의 능력이요, 하나님의 지혜입니다. 하나님의 어리석음이 사람의 지혜보다 더 지혜롭고, 하나님의 약함이 사람의 강함보다 더 강하기 때문입니다.

파르시팔의 많은 모험과 그 모험의 의미를 탐구하는 것은 이 책의 한계를 넘는 것입니다. 사실 존슨이 그의 책에서 이것에 대해 잘 설명해 주었습니다. 그러나 우리는 성배의 성을 발견한 사람이 바르게 대답해야만 하는 그 질문의 의미가 무엇인지를 물을 수는 있습니다. (성배는 누구에게 도움이 되는가?) 존슨은 "성배 왕"(The Grail King)이라고 하면 올바른 대답이며, "나 자신"(Myself)이라고 하면 그것은 틀린 답이라고 말합니다. 간단히 말해서, 인격이 개조되지 않고, 자아(Ego)가 중심(Center)이 되는 것에서, 자기(Self)가 중심이 되는 것으로 바뀌어 지지 않으면 치료가 될 수 없습니다. 지구가 태양계의 중심이 아니듯이, 자아도 인격의 중심이 아닙니다. 그리고 태양이 태양계의 적절한 중심이듯이, 인격의 중심에는 초대 기독교 세계에서 내주(內住) 하시는 그리스도라고 불렀던, 자아보다 더 위대한 실재가 존재합니다.

그러므로 성배의 전설은 지쳐버린 자아가 치유되려면, 어떤 일이 이루어져야 하는지를 말해줍니다. 즉 새로운 에너지는 어리석게 보이는 결함이 있다 하더라도, 무의식의 영역으로부터 나와야 합니다. 그리고 인격의 새로운 중심은 자아와 자아의 관심의 중심보다 더 위대한 인격으로부터 인정을 받아야 합니다. 이것을 성취하는 것은 기념비적인 영적 여정을 의미하며, 성배의 전설 안에 있는 많은 이야기들은 우리에게 이 여정이 얼마나 어려운지 알려주며, 이것이 어떻게 이루어지는지를 말해줍니다. 지금 우리에게는 우리가 겪는 보다 심각한 고갈의 문제에 대한 해결책은, 우리가 종교적인 언어로 영적 순례(spiritual pilgrimage) 또는 하나님을 찾는 것(search for God)이라고 부르는 것, 현대 심층심리학자가 개성화(individuation) 또는 전일성(wholeness)의 추구라고 부르는 것에 착수하는 것입니다.

12

에너지를 회복하기

12
에너지를 회복하기

서문에서 "탈진"(burn-out)이라는 말이 불의 상징적 의미와 관계가 있고, 불은 에너지의 한 형태라는 것을 언급한 바 있습니다. 불은 밝게, 그리고 맹렬히 타오를 수 있고, 또 제어할 수 없을 정도로 사납게 타오르기도 하며, 파괴적일 수도 있습니다. 그렇지 않으면, 불은 자신을 다 소모하고 나서 결국 꺼지게 됩니다. 우리는 또 서론에서 우리 각자가 어느 정도의 정신적 에너지(리비도libido라고도 불리는)를 가지고 있고, 이 정신적 에너지는 불에 비유될 수 있다고 말했습니다. 파우스트의 이야기와 성배의 전설에 대해 살펴보는 가운데, 정신적 에너지는 소모될 수 있으며, 그런 경우에는 에너지의 새로운 원천을 찾아내야 한다는 것을 언급했습니다. 에너지가 고갈될 때 새로운 에너지를 얻을 수 있는 방법을 발견할 수 있으리라는 희망을 가지고, 우리는 이제부터 에너지를 다시 찾아내는 방법을 좀 더 자세히 살펴보도록 합시다.

물리학에는 에너지의 연속적인 감소를 나타내는 엔트로피(entropy)[1]라는 용어가 있습니다. 엔트로피는 결합된 형태의 에너지가 분산된 형태로 그 자체를 분산시키는 현상을 말합니다. 에너지가 분산된 형태로 있으면, 그것은 별 쓸모가 없습니다. 예를 들어 통나무 안에 있는 에너지는 연소될 수 있습니다. 그러나 연소과정에서 에너지는 열과 가스의 형태로 통나무에서 나오며, 그때 그 에너지는 더 이상 사용될 수가 없습니다. 물리학에서는 모든 에너지가 엔트로피 상태에 있다고 봅니다. 예를 들어 태양은 원자 폭발을 통해 자신의 에너지를 점차로 분산하고 있습니다. 사람이 에너지를 발산하기만 하면 기진맥진해 버리는 것처럼(우리가 일이나 걱정, 혹은 육체적 노력 때문에 지쳤을 때에도 "기진맥진해 진다"고 말합니다), 에너지가 지속적으로 엔트로피 현상으로 고통을 겪게 된다면, 세계는 파멸하고 말 것이 분명합니다.

다행하게도 자연 역시 더 분산된 형태에서 더욱 결합된 형태로의 에너지 결합이라는, 역(逆) 과정의 예를 몇 가지 들어 볼 수 있습니다. 식물의 생활에서는, 이것을 광합성이라고 하는데, 이것은 식물이 물과 이산화탄소로부터는 탄수화물을 만들고, 빛을 받음으로써 엽록소 함유 조직을 만들어 내는 과정입니다. 이런 과정을 통해 세포가 만들어지고, 또 식물이 자라는 것입니다. 사람은 물론 동물도 살아가면서 신진대사를 하는데, 이 과정은 몸이 음식을 먹음으로써 얻어진, 다양한 영양분으로부터 복잡한 생명 원형질을 조성하는 것입니다. 우리는 어느 정도 같은 식으로, 정신적 에너지에 대해 생각해 볼 수 있습니다. 즉 정신적 에너지는 늘 소모되기 때문에 항상 다시 만들어져야 합니다.

다른 이미지는 호수의 이미지입니다. 나는 캘리포니아 출신이기 때문

---

1 나는 엔트로피의 법칙이 심리학에 왜 중요한지를 내게 가르쳐준, 내 친구 스티브 하트웰(Steve Hartwell)에게 도움을 받았습니다.

에, 돌이 많은 시에라 네바다의 고지에 있는 호수를 상상하기를 좋아하는데, 그것은 마치 굉장히 깨끗하고 순수하고 반짝이는 물이 있는 하늘 아래 매달려 있는 푸른 보석과도 같습니다. 그런 호수가 존재하기 위해선 두 가지가 있어야 합니다. 즉 그것은 물의 출구와 물이 안으로 들어올 수 있게 하기 위한 한 개 혹은 그 이상의 입구입니다.

전자는 후자만큼이나 필요합니다. 만약 출구가 없다면 물은 흐르지 않게 되고, 온통 여러 종류의 이물질(異物質)로 막히게 될 것입니다. 그것은 호수가 아니라, 오히려 일종의 하수구일 것입니다. 다행히 시에라 네바다의 호수는 출구를 가지고 있어서 깨끗한 물은 바위 위를 흐르고, 산중턱에서 굴러 떨어져서 고기들이 서식하는 깊은 연못들을 만들고, 희귀한 채소가 자랄 수 있는 숲을 만들어 줍니다. 호수 밖으로 흐르는 이 시냇물은 호수가 생명력을 유지하는데 아주 중요하며, 호수가 차서 넘치면 그것은 밖으로 흐르는 시냇물 위로 넘쳐흐르게 됩니다.

인생에서 밖으로 흐르는 시냇물은 어떤 사람으로부터 넘쳐서 삶속으로 들어가는 에너지의 흐름과 같습니다. 대부분 이러한 에너지는 일이나 놀이 혹은 관계를 맺는데 사용됩니다. 이런 이유로, 에너지가 바로 사용되려면 인간은 가치 있는 일, 창조적인 놀이, 그리고 의미 있는 관계를 맺는 것이 필요합니다. 이러한 것들이 불가능하다면 정신적 에너지의 흐름은 중단되고, 우리는 에너지를 모두 잃어버리고 말 것입니다. 왜냐하면 이러한 것이 에너지가 지닌 신비적인 성격이기 때문입니다. 즉 호수 안의 물처럼 그것은 고요히 제자리에 있을 수가 없다. 건강해 지기 위해서는, 자꾸 흘러야 합니다. 인간은 에너지가 다 없어질 때까지, 한정된 시간동안만 에너지를 보전할 수 있습니다. 격렬한 경주를 하기 전, 며칠 동안 쉬는 경주자처럼, 우리는 어떤 목적을 위해 에너지를 비축하지만,

다만 이것은 짧은 시간 동안만 비축할 수 있을 뿐입니다. 결국 우리가 우리의 에너지를 위한 적절한 출구를 발견하지 못한다면, 우리는 그것을 잃게 되고, 그때 우리는 멍하고 공허한 느낌을 갖게 됩니다. 우리는 죽어버린 물이 담긴 호수 같게 됩니다.

이런 이유로, 우리의 에너지의 흐름을 방해하는 것은 우리의 행복에 대한 위협이 됩니다. 어떤 사람이 일에 싫증이 나게 되면, 그는 그의 삶의 생명력을 위협받게 됩니다. 제임스 린치(James Lynch)가 『깨어진 마음(*Broken Heart*)』이라는 책에서 쓴 것처럼, 누군가가 사랑하는 사람을 잃는다면, 그것은 삶에 대한 위협이 되기도 하고, 결국은 병이 될 수도 있습니다.

호수가 에너지의 원천을 가져야만 하는 것처럼, 인간도 역시 에너지의 원천을 가져야만 합니다. 인간은 항상 에너지를 내 보낼 수만은 없습니다. 거기에는 또한 에너지가 유입되는 시간이 있어야 합니다. 썰물 다음에는 밀물이 따라야 하고, 우리가 우리의 곡식을 키우는 동안 땅에서 빼앗아온 영양분은 새로 대체되어야 하며, 우리에게서 밖으로 빠져나간 에너지 역시 다시 채워져야 합니다.

우리의 에너지가 고갈되었다고 느낄 때, 우리는 때로 눈을 감고 긴장을 풀고, 잠시 동안 외부세계를 차단하고, 호수를 그려보는 것이 필요합니다. 우리의 마음속에 떠오른 이미지는 우리가 어디에 있는 가를 우리에게 보여줄 수 있습니다. 그 호수에 물이 가득 차고 넘치고 있나요? 호수가 정체되고 막혀 있나요? 호수에 물이 빠져서 비어가고 있나요? 우리의 에너지도 마찬가지입니다. 그때 우리가 호수로 흘러 들어와서, 호수를 새롭게 하는 시내를 그려본다면, 우리는 에너지가 우리 내부에 있는 호수를 재창조하는데 도움이 될 것입니다.

다행하게도 삶은 우리에게 많은 에너지의 원천을 제공해 줍니다. 성배의 전설에서, 성배는 결코 고갈될 수 없습니다. 즉 그것은 계속적으로 스스로를 새롭게 하는 삶의 힘을 상징합니다. 그리스 신화에서도 그런 이미지가 있습니다. 그가 땅에 닿을 때마다, 안타이오스(Antaeus, 그리스 신화에 나오는 리비아의 거인. 바다의 신 포세이돈과 땅의 여신 가이아 사이에서 태어났다. 자기의 땅을 지나가는 모든 사람에게 씨름을 청했는데, 그는 땅[그의 어머니]에 닿을 때마다 새로운 힘을 얻었기 때문에 아무리 땅에 내동댕이쳐져도 힘이 꺾이지 않았다. 헤라클레스는 그와 싸울 때 이 사실을 알아차리고는 그를 땅에서 들어 올려 죽였다 – 역주)는 그의 힘을 회복하게 됩니다. 그리고 우리가 이미 지적한 대로, 신약성경에서 성찬식의 절정이라 할 수 있는, 음식의 상징성을 강조하는 것이 있습니다. 거기서 그리스도의 살과 피는, 우리에게 있어서 결코 고갈될 수 없는 양식이 됩니다. 그러므로 우리가 그러한 것들을 발견할 때, 우리는 새로운 에너지의 원천을 찾아내게 됩니다.

어떻게 새로운 에너지의 원천을 발견하는가 하는 문제로 깊이 들어가는 것은 이 책의 한계를 넘어서는 것입니다. 나는 이미 나는 『융 심리학과 치유』라는 책의 마지막 장에서 이것에 대해 조금 언급한 바 있습니다. 하지만 우리가 각 사람이 한 개인이며, 어떤 사람에게 에너지의 원천일 수 있는 것이 그 밖의 다른 사람들에게는 에너지의 원천이 아닐 수 있다는 것을 기억한다면, 우리가 새로운 에너지의 원천을 찾을 수 있는 몇 가지 방법을 살펴보는 것이 필요하다고 생각합니다.

1. 외적 활동의 변화

우리는 앞장에서 외적 활동의 변화가 탈진을 치유하는데 도움이 될 수 있음을 언급했습니다. 그러한 변화는, 늘 우리 곁에 있지만, 우리의 삶속으로 흘러 들어올 수 있는 방법이 없어서 유입되지 못했던 새로운 에너지의 원천을 우리가 끌어들일 수 있게 해 줍니다. 일반적으로, 우리가 앞에서 살펴본 대로, 도움이 될 수 있는 외적 활동은 일상적인 우리의 일과는 전혀 다른 어떤 것이어야 할 것입니다.

2. 창조적인 관계

창조적인 관계에 대해 이미 앞에서 언급했지만, 여기서 다만 에너지를 되찾기 위한 방법이 보다 완전한 것이 되기 위해 이것을 다시 한 번 잠깐 다루도록 합시다. 관계를 맺는 데는 에너지가 필요하기도 하지만, 관계를 맺음으로써 우리는 에너지를 공급받을 수도 있습니다. 진정한 관계는 노력을 통해 맺어집니다. 다시 말해, 우리가 어떤 관계를 통해 에너지를 얻기 위해서는, 그 관계를 위해 우리의 에너지를 쏟아야만 합니다. 그러나 개인적인 요인(직업적인 요인이 아닌)에 기초한 관계가 에너지의 창조적인 원천이 되는 것입니다. 왜냐하면 이러한 관계는 에너지를 유동하게 하며, 우리의 에로스(여기서는 성애性愛라기 보다 생의 본능을 말함－역주)에 절대 필요한 출구를 제공하기 때문입니다. 이 에로스가 없으면 삶은 그 의미를 금방 잃어버리고 맙니다.

3. 몸을 창조적으로 활용하기

대부분의 목회자들이 지쳐있다고 얘기할 때, 그것은 그들이 정신적으로 지쳐있다는 것을 의미합니다. 물론 지쳐있다는 느낌은 신체에까지 확장될 수 있습니다. 우리가 어떤 때는 육체적으로 활기가 없고 생명력이 결핍된 듯이 느낄 수 있습니다. 왜냐하면 육체가 정신적 삶의 물리적 기초인 것처럼 정신이 육체를 활기 있게 하기 때문입니다.

이것은 좀 더 언급할 가치가 있습니다. 우리의 문화에서 우리는 육체를 개인의 삶의 기초로 생각하는 데에 익숙해 있습니다. 누군가가 죽는다는 것은 그의 인격도 죽는다는 것입니다(우리도 그렇게 생각합니다). 만약 우리 몸이 아프거나 약해지면, 우리의 인격도 약해지고, 우리의 영적 생활의 힘도 강해 질 수 없다는 것은 사실입니다. 그래서 우리는 육체의 건강을 유지하려고 그렇게도 애쓰는 것입니다(그 중에서도 특히 적당한 영양공급을 통해서). 슬기롭게도, 성경은 육체를 성령의 전(殿)이라고 말하고 있습니다. 왜냐하면 육체와 영(정신이라고 번역할 수도 있음–역주)이 적어도 이 세상에서의 삶에서는 서로 결합되어 있기 때문입니다.

하지만 그 반대 역시 사실입니다. 즉 정신은 육체를 활기 있게 합니다. 사실 이것이 이 두 가지 관념 중에서 더 오래된 것입니다. 우리는 창세기에서 하나님이 아담을 만드셨을 때 흙으로 그를 지으셨으며, 그 후에 진흙 덩어리인 그에게 생기를 불어 넣으셨다는 것을 알 수 있습니다. 하나님은 진흙에 당신의 영을 불어 넣으셔서 그가 생령이 되게 하셨고, 이렇게 해서, 아담이 존재하게 되었습니다. 고대인들은 육체가 그 안에 영혼을 가지고 있기에, 살아있는 것으로 믿었습니다. 즉 인간이 마지막 숨을 내쉬고 나면, 영혼은 육체를 떠나게 되며, 그렇게 될 때, 육체는 이내 생기를 잃고 죽게 된다는 것입니다. 이런 관념은 인격이 육체에서 연유한다는 현대적인 관념과 반대가 되는 것입니다. 그러나 이런 두 가지 관념이 모두 사실이라고 말할 수도 있습니다. 왜냐하면 정신신체 의학(psychosomatic medicine)이 보여준 대로, 몸이 약할 때 정신이 고통을 겪을 수 있는 것처럼, 정신이 약할 때 몸이 아플 수도 있기 때문입니다.

그래서 마음과 정신과 감정을 쏟아 일하는 사람들 가운데 많은 이들이 지쳤다고 느끼거나 육체적으로 고갈되었다고 느낄 때, 우리는 몸에 이상을 느낀다 해도, 몸 자체는 소모되지 않았다는 것을 기억할 필요가 있습니다. 사실상 우리 몸의 세포들은 글리코겐을 비축해두고 있어서, 자연스럽게 육체적인 작용을 할 준비가 되어있는 것입니다. 왜냐하면 우리의 일이 몸을 활용할 필요가 없기 때문입니다. 이렇게 볼 때, 몸은 새로운 에너지의 원천일 수 있습니다. 다시 말해 몸을 잘 활용할 때 우리는 에너지를 되찾을 수 있고, 정신적으로도 활력을 얻을 수 있습니다.

우리가 육체적인 운동을 선택하는데 있어서 가장 중요한 것 두 가지가 있습니다. 하나는 육체적인 활동이 우리에게 흥미를 준다는 것이고, 다른 하나는 육체적인 활동이 심호흡을 필요로 한다는 것입니다. 육체적인 활동을 싫어하면, 우리는 그것을 하지 않을 것입니다. 하지만 우리가 육체적인 활동에 흥미를 갖는다면, 틀림없이 그것을 해 볼 것입니다. 오랫동안 조깅을 해 온 사람들에 의하면, 그들이 달리는 동안은 결코 지루함을 느끼지 않는다는 것입니다(평소에는 늘 여러 가지 생각에 휩싸여 지내지만). 그러나 다른 이들은 달리기하는 것이 너무 단조로워서, 달리기가 어렵다고 말합니다. 그래서 우리는 우리에게 흥미를 주는 육체적 운동을 선택해 보는 것이 좋습니다. 그러나 그것은 심호흡을 해야 할 정도로 꽤 격렬한 운동이어야 합니다. 얕은 호흡을 할 수밖에 없는 것은 우울하고 불안하며 폐의 상태가 건강하지 못한 것이라고 여겨져 왔습니다. 그러나 우리가 심호흡을 하게 되면 의기소침의 상태에서 벗어나게 되고, 신체적으로는 물론 정신적으로도 치유되고, 또 원기를 회복하게 됩니다. 특히 이것은 목회자에게 매우 중요한 일입니다. 왜냐하면 우리 목회자들은 대부분이 앉은 채로 일을 하므로, 우리의 호흡이 우리가 알지 못하는 사이에 아주 얕아 질 수 있기 때문입니다.

앞에서 말 한대로, 우리가 육체적인 운동을 하면 에너지가 되살아나게 되고, 또 그것은 우리가 정신적인 피로감에서 벗어나는데도 도움이 됩니다. 몸의 상태가 좋으면, 그것 자체가 우리에게 큰 도움이 됩니다. 격렬하게 육체를 움직이는 일 만큼, 정신적인 일을 하려고 해도 몸의 컨디션이 좋아야 합니다.

이것에 대한 재미있는 실례(實例)가 있습니다. 스위스 체스협회 단장 빅토르 코르크노이(Victor Korchnoi)는 챔피언 체스 선수로는 나이가 많았습니다. 그가 처음 세계 선수권을 놓고 아나톨리 카르포프(Anatoly Karpov)와 게임을 했을 때가 48세였습니다. 27세밖에 안 된 카르포프가 유리했습니다. 왜냐하면 체스는 집중력을 요구하는 게임이며, 나이가 들수록 다른 것도 많이 쇠퇴하지만, 특히 집중력이 떨어지기 때문입니다. 그래서 코르크노이는 체스를 할 수 있을 만한 상태가 되기 위해 조깅과 요가를 하며 건강을 열심히 증진시켰습니다. 체스 경기에서 그는 근소차로 그의 젊은 적수를 이겼으며, 카르포프가 다시 한 번 선수권에 도전하려면 해 보라고 했습니다.

4. 명상

우리가 에너지와 접촉할 수 있는 좀 더 내적인 방법이 여러 가지가 있는데, 그 중 명상은 가장 중요한 방법 중의 하나입니다. 이미 앞에서 나는, 에너지가 필요할 때 호수에 대해 명상해 보는 것이 때로 도움이 된다고 말한 바 있습니다. 명상은 영혼에서 떠오르는 생생한 이미지들과 우리가 접촉하도록 하며, 이들 이미지들은 그 자체가 힘과 자율적인 생명을 가지고 있기 때문에 우리가 에너지를 얻는데 도움이 됩니다. 무의식으로부터 떠오르는 이미지들을 찾아내어 그것들을 관상(觀想)하는 것은, 자기 자신에게로 에너지를 끌어 올려서 자신의 의식생활을 새롭게 하는 것입니다. 이 책에서 나는 명상에 대해 더 이상 자세하게 언급하지 않으려고 합니다. 왜냐하면 그것은 너무 중요하고 복잡한 주제이기 때문입니다. 하지만 이미 내가 쓴 『융 심리학과 치유』에서 명상에 대해 언급했는데, 여기에 덧붙인다면, 켈시의 『침묵의 이면(*The Other Side of Silence*)』이라는 책을 여러분에게 소개하고 싶습니다. 이 책은 명상에 대해 다룬, 아주 훌륭한 책입니다.

5. 꿈

에너지를 얻을 수 있는 풍부한 원천이 또 있는데, 그것은 바로 꿈입니다. 꿈을 기록하고 그것을 들여다보는 것, 그리고 명상을 통해 꿈의 의미를 살펴보는 것, 꿈을 그림으로 표현해 보는 것, 혹은 친구나 상담자와 함께 꿈에 대해 토론해 보는 것은 일정 양의 에너지와 접촉하는 것입니다. 무의식은 에너지로 가득 차 있으며, 고갈된 것이 있다면, 그것은 자아일 뿐입니다. 꿈은 그 안에 에너지를 가지고 있기 때문에 우리가 꿈을 적절히 사용하면, 우리는 무의식으로부터 에너지를 받아 의식(consciousness)에 보탤 수 있습니다. 우리가 꿈을 기록하고, 또 공부하는 것은, 돈이 필요할 때 은행에 가서 돈을 찾는 것과 비슷합니다.

기독교인이 꿈에 대한 공부를 경건생활의 한 부분으로 만들어야 할 충분한 이유가 있습니다. 왜냐하면 성경에는 꿈 이야기가 많이 나오고, 초대 교회는 꿈에 대한 관심이 많았으며, 계속해서 영성 생활(spiritual life)

에서 꿈이 중요하다는 걸 강조하고 있기 때문입니다. 나는 여기서 더 이상 꿈에 대해 얘기하지 않겠습니다. 왜냐하면 내가 이미 꿈을 주제로 쓴, 『꿈 : 하나님의 잊혀진 언어』와 『꿈과 치유』가 있고, 또 켈시가 꿈에 대해 간결하게 지은, 『꿈 : 하느님께 귀를 기울이는 방법(*Dreams : A Way to Listen to God*)』이라는 책을 포함하여, 그 외에도 꿈에 대한 책이 여러 가지가 있습니다.

6. 일지 쓰기

일지(journal)란 우리가 우리의 의식 생활에 중요한 모든 문제를 기록하는 책입니다. 우리는 우리의 꿈과 환상과 충동과 우리의 창조적인 생각들을 기록합니다. 일지에 우리는 우리의 문제, 우리에게 걱정을 끼치는 것, 우리를 실망시키는 것, 그리고 가장 어둡고, 또 있을 성싶지도 않은 생각들을 다 기록하기도 합니다. 또한 우리의 영혼에 중요한 어떤 것도 우리는 일지에 쓸 수 있습니다.

일지를 쓰는 것은 도움이 됩니다. 그 이유는, 그것이 우리에게 우리가 개인적으로 당하는 어려움에 침몰되지 않고 그러한 어려움에 대처할 수 있는 통찰력을 주고, 창조적인 생각을 갖게 하며, 도움이 되는 이미지들이 사라지는 것을 막아 주기 때문입니다. 창조적인 생각들을 적어두는 것은 정원에 씨를 심는 것과 같은 것입니다. 일단 일지는 그것이 쓰인 후에는, 그것이 싹이 트고 자라나게 됩니다. 그러나 우리가 일지를 써 놓지 않으면, 우리는 우리의 꿈과 번뜩이는 영감 속에 내재해 있는 창조적인 잠재력을 잃어버리고 맙니다.

일지 쓰기는 그리스도인의 경건생활의 자연스러운 부분입니다. 왜냐하면 일지를 씀으로써 우리가 우리 영혼과의 관계를 계발할 수 있으며, 또 영혼을 통해 하나님과 관계를 맺게 되기 때문입니다. 그것은 내가 알기에는 가장 비용이 적게 드는 심리치료법입니다. 약 1달라만 주면 필요한 노트와 연필을 살 수 있기 때문입니다.

일지는 어떤 그릇과 비슷하다고 볼 수 있습니다. 그것을 담을 그릇이 없다면, 물은 바닥에 다 쏟아져 버리고 말 것입니다. 마찬가지로, 그것을 담을 어떤 방법이 없다면, 우리에게서 심혼(psyche)의 생명력은 다 쏟아져 버리고 말 것입니다. 일지를 쓰면, 우리가 마음의 활력을 유지하는데 도움이 됩니다. 일지를 쓰는 사람은 뒤뜰에 수영장을 가지고 있는 사람과 같습니다. 이런 사람들은 그들이 필요할 때, 언제나 수영장에 뛰어들어 수영을 할 수 있습니다. 왜냐하면 그 수영장에는 늘 물이 담겨져 있기 때문입니다. 일지를 쓰는 것도 비슷합니다. 일지를 쓰면, 우리는 우리의 영혼 속으로 뛰어 들어, 우리의 영혼과 접촉할 수 있습니다. 또 일지를 씀으로써 우리는 영혼의 상실을 피할 수 있을 것입니다.

일지를 쓰는 것은 아주 간단합니다. 그러므로 당장 일지 쓰기를 시작해 보십시오. 프로고프(Ira Progoff)는 일지 쓰기에 관한 책을 많이 쓴 바 있고, 이것에 관한 모임을 많이 개최한 바 있습니다. 또 켈시도 『내적 모험 : 개인의 일지쓰기를 통한 기독교인의 성장(*Adventure Inward : Christian Growth Through Personal Journal Writing*)』이란 책에서 도움이 되는 제안을 많이 하였습니다.

7. 우리의 환상에 주목하기.

환상(fantasies)이란 우리가 초대해 들이지 않았는데도, 우리의 의식 속으로 들어와 그들의 길을 찾는, 자율적인 일련의 생각입니다. 환상은 우연히 일어나는 생각, 혹은 일관성 있는 환상적인 이야기들과 대조되는, 예측하기 어려운 충동과는 다른 것입니다. 그것이 우리에게 즐거움을 가져다주기 때문에 우리가 깊은 공상에 빠지는 것을 백일몽이라고 하는데, 그런 공상을 하는 것은 우리에게 즐거움을 줍니다. 그러나 대부분의 공상은 있는 그대로 우리에게 엄습해 오는 것입니다.

환상은 자아의 직접적인 사고(directed thought)와는 대조적으로, 마음의 간접적인 사고(undirected thinking)의 일부분입니다. 자아는 자신의 생각을 조종합니다. 우리는 때로 이런 말을 합니다. "이제 나는 이 문제를 다루어 볼 작정이다." 그리고는 그것에 대해 생각해 봅니다. 환상은 자아의 조종을 받지는 않지만, 우리가 의식하지 못하는, 우리 내부에 있는 그 어떤 것의 조종을 받습니다.

우리가 환상을 가질 때, 우리는 그것 배후에 일정량의 에너지가 있다는 것을 기억할 필요가 있습니다. 환상을 갖게 하는 것은 바로 이 에너지인 것입니다. 그것은 얼마 안 되는 소량의 에너지일 수도 있고, 아니면 엄청난 양의 에너지일 수도 있습니다. 어떤 때는 환상이 계속해서 우리를 엄습해 올 수도 있습니다.(성적 환상이 그 한 예가 될 수 있습니다.)

대부분의 사람들은 그들이 경험하는 환상을 경시합니다. 그들은 환상을 무시하거나, 아니면 한쪽으로 밀쳐둠으로 그것을 제거하려고 합니다. 어떤 이들은 환상을 화장실에 쏟아 버려야 할 오물처럼 취급합니다. 우리가 이렇게 하는 것은, 환상이 아무런 가치도 없는 것이라고 교육받았기 때문입니다. 그래서 우리는 환상에 관심을 두지 않습니다. 또 어떤 때는 우리가 환상으로 인해 충격을 받았기 때문에 환상을 우리에게서 제거

하려고 애쓰기도 합니다. 우리는, 어떤 환상을 악으로 간주해야 하며, 어떤 성적인 욕망이나 다른 사람에 대한 악의, 또는 임박한 재난에 대한 환상 같은 "어두운" 환상을 두려워해야 한다고 배워왔습니다. 우리는 환상이 악이 아니라, 다만 행위가 악이라는 것을 기억할 필요가 있습니다. 사람들은 모두 어두운 환상을 가지고 있습니다. 만약 우리가 그것을 행동으로 옮기면, 그것이 죄가 될 수 있지만, 단지 환상을 가지는 것 자체가 죄는 아닙니다. 예컨대 우리가 누군가에게 잔뜩 화가 나서, 그녀가 죽는 환상을 가진다고, 우리가 죄를 범한 것은 아닙니다. 우리가 실제로 어떤 사람의 소유에 손상을 입혔을 때, 비로소 우리는 죄를 범했다고 보아야 합니다.

우리는 우리 자신에게 떠오르는 여러 가지 생각에 스스럼없이 대처할 필요가 있으며, 이것은 사실 매우 중요한 일입니다. 그러한 생각들이 우리를 두렵게 한다면, 그것은 마치 우리가 우리 자신을 두려워하는 것과 같습니다. 우리가 대처하기 힘들 정도로 어두운 환상들이 우리를 계속 엄습한다면, 우리는 영성 지도자나 심리치료자의 도움을 받으며, 그 환상들을 풀어나갈 필요가 있습니다. 그러나 우리는 그런 환상들을 경시해서는 안 됩니다. 왜냐하면 환상은 영혼 안에 있는 일정한 에너지에 대해 주의를 환기시키며, 종종 우리에게 도움이 되는 안내를 제공하기 때문입니다.

우리에게 도움이 되는 환상(helpful fantasy)이란 우리가 우리의 인생을 새롭게 하기 위해 어떤 일을 해야 할 지 암시해 줍니다. 그런 암시들이 의식에 도달할 수 있도록 하는 것은 바로 환상 속에 있는 에너지입니다. 우리가 우리의 의식 생활(conscious life)에서 어떤 것이 부족하다면, 우리는 이런 공허감을 채우기 위해, 바로 우리가 필요로 하는 것을 공상할 수 있는 것입니다.

예컨대 목이 몹시 마르면 우리는 마실 것에 대한 환상을 갖게 될 것입니다. 그 때 우리는 다음과 같은 생각을 할 수 있을 것입니다. "이 무더운 하이킹을 끝내고 집에 도착하면, 난 냉차 한 컵 만들어 먹어야지. 어쩌면 오렌지 주스가 더 맛있을 거야. 아니면 레모네이드는 어떨까?" 몸이 건조해 지면, 우리는 어떤 환상을 갖게 되는데, 그 환상은 바로 우리 몸에 필요한 것이 무엇인지를 우리에게 말해주는 방식이라 할 수 있습니다. 우리의 정신도 환상을 통해 우리가 필요한 것이 무엇인지 우리에게 말해줍니다. 우리는 때로 우리가 산을 여행하고, 시원한 계곡에서 낚시를 하고, 호수에서 수영을 하고, 혹은 도서관에서 조용히 책을 읽는 것을 공상하고 있는 자신을 발견하기도 합니다. 그리고 이러한 것은, 우리가 우리 자신을 새롭게 하기 위해 무엇을 할 필요가 있는 지를 정확하게 보여주는 것들입니다. 그러한 여러 가지 방법을 통해 우리는, 새로운 삶을 살 수 있는 실마리를 얻게 됩니다.

나는 『융 심리학과 치유』에서 심한 우울증에 빠져있던, 그러면서 그 날 저녁 음악회에서 공연을 해야 했던 어떤 남자에 대한 이야기를 언급한 적이 있습니다. 그는 나에게 그의 우울증에 대해 말했습니다. 그러나 그 어떤 것도 도움이 될 수 없는 것처럼 보였습니다. 하지만 그가 나의 사무실을 나서자마자 그는 바닷가에 가는 환상을 가졌습니다. 그래서 그는 가서 옷을 완전히 입은 채로 물속에 힘차게 뛰어들어 45분 동안 바닷물 속에 서 있었습니다. 그가 물속에서 나왔을 때 그의 우울증은 곧 사라져 버렸으며, 그래서 그는 음악회에서 공연할 수 있는 에너지를 다시 갖게 되었습니다.

8. 적극적 명상(Active Imagination)

적극적 명상은, 명상과 같은 것이지만, 명상 과정에서 자아의 활약이 더 두드러지기 때문에 명상을 넘어서는 영적이며 심리학적인 기술이라 할 수 있습니다. 무의식으로부터 자발적인 이미지와 생각이 떠오릅니다. 이러한 심상과 생각은 우리가 요청하지 않은 것들입니다. 그러한 것들은 꿈과 환상, 또는 깨어 있는 동안 떠오르는 일련의 생각과 같은 것으로 우리에게 떠오르는 것입니다. 명상을 통해 우리는 이들 심상 가운데 하나를 선택하거나, 아니면 우리의 영혼 속에 그러한 심상을 통합하기 위해 그것에 초점을 맞출 수도 있습니다. 적극적 명상을 통해 우리는 다만 심상들에 초점을 맞추거나, 우리가 가지고 있는 생각들을 상기하는 것만이 아니라, 신중하게 그것들과 서로 영향을 주고받습니다. 이러한 방식으로 자아와 무의식이 서로 결별을 고하든지, 아니면 서로 더 가까이 접근할 수 있습니다.

우리는 이미 이 책에서, 적극적 명상의 두 가지 예를 살펴보았습니다. 그 첫 번째는 5장에서 언급했는데, 거기서 나는 우리가 내적 감독자와 대화할 것을 제안하였습니다. 두 번째 예는 엘리야 이야기입니다. 시내 산 동굴 속에서 엘리야가 하나님과 한 대화는 적극적 명상의 좋은 예라고 볼 수 있습니다. 하지만 나는 여기서 더 이상 자세히, 적극적 명상의 과정을 설명하지 않겠습니다. 왜냐하면 내가 이미 두 책,『융 심리학과 치유』와 『꿈과 치유』에서 그것에 대해 설명을 했고, 또한 켈시와 융(적극적 명상이란 용어를 처음 사용했고, 그것을 심리학적인 기법으로 처음 발전시켰던) 같은 이들도 이미 그것에 대해 잘 묘사해 놓았기 때문입니다. 나는 여기서 에너지를 회복하는 데 도움이 되는 목록이 좀 더 완전한 것이 될 수 있도록 하기 위해, 적극적 명상을 포함시켰습니다. 그렇다고 내가 여기서 제시한 목록이 완전한 것은 아니라고 생각합니다.

삶이란 다양하고, 복잡하고, 개별적이고, 그리고 끊임없이 창조적인 것입니다. 그러므로 우리의 삶이 새로워질 수 있는 방법을 모두 다 묘사할 수는 없다고 봅니다. 어떤 책에서도 특정한 독자들에게 그들의 삶을 새롭게 하기 위해 그들에게 적합한, 그들 나름대로의 방법을 제공하기란 불가능합니다. 두 명의 요리사가 똑같은 조리법을 보고 요리를 한다고 해도, 결코 똑같은 것을 요리할 수는 없는 것입니다. 에너지 회복의 문제에 있어서도, 우리는 각 자 자기 자신에 맞는 요리를 할 필요가 있습니다.

이 책, 특히 이 마지막 장은 일종의 요리 책으로 볼 수 있습니다. 다시 말해, 나는 여기서 어떤 사람들에게 유용하다고 증명되어온 조리법의 목록을 제시했을 뿐입니다. 그런 책들이 종종 도움이 됩니다. 그러나 그런 책들은 하나님이 삶의 새로운 방향을 찾기 위해 탈진 문제와 씨름하고 있는 사람들에게 보내 주시는 상상력, 창조성, 그리고 풍부한 자원과는 결코 대체될 수 없습니다.

• 참고 문헌

Guggenbühl-Craig, Adolf. *Eros on Crutches*. Irving, Texas : Spring Publications, 1980.

______*Power in the Helping Professions*. New York : Spring Publications, 1971.

Johnson, Robert. *HE!* King of Prussia, Pa. : Religious Publishing Co., 1974. 고혜경 옮김, 『신화로 읽는 남성성』(서울 : 동연, 2006).

Kelsey, Morton T. *Adventure Inward : Christian Growth Through Personal Journal Writing*. Minneapolis, Minn. : Augsburg Publishing House, 1980.

______*Dreams : A Way to Listen to God*. New York : Paulist Press, 1978. 정광영 옮김, 『꿈 : 하느님께 귀를 기울이는 방법』(서울 : 성바오로 출판사, 2003).

______*The Other Side of Silence*. New York : Paulist Press, 1970.

Kunkel, Fritz. *How Character Develops*. 절판.

______*In Search of Maturity*. 절판.

______*Creation Continues*. New York : Charles Scribner's Sons, 1952. 이 책은 Word Books, Inc., Waco, Texas에서 1973년에 재출간됨.

Lynch, James. *The Broken Heart : The Medical Consequences of Loneliness*. New York : Basic Books, Inc., 1979.

Sanford, John A. *Between People*. New York : Paulist Press, 1982.

______*Dreams : God's Forgotten Language*. New York : Lippincott Publishing Co., 1968. 정태기 옮김, 『꿈 : 하나님의 잊혀진 언어』(서울 : 대한기독교서회, 1988).

______*Dreams and Healing*. New York : Paulist Press, 1978.

______*Evil : The Shadow Side of Reality*. New York : Crossroad, 1981. 심상영 옮김, 『융 심리학 · 악 · 그림자』(서울 : 한국심층심리연구소, 2010).

______*Healing and Wholeness*. New York ; Paulist Press,1977. 심상영 옮김, 『융 심리학과 치유』(서울 : 한국심층심리연구소, 2010).

______*The Kingdom Within*. New York : J.B. Lippincott Co., 1970 ; New

York : Paulist Press, 1980.

______*Invisible Partners*. New York : Paulist Press, 1980.

von Franz, Marie-Louise. *The Feminine in Fairy Tales*. Zurich : Spring Publications, 1972.

von Goethe, Johann Wolfgang. *Faust*. Charles E. Passage 옮김, Library of Liberal Arts, Bobbs-Merill, Inc., 1965.

김정진 옮김, 『파우스트』(서울 : 신원문화사, 1992).

부록

1

모세 이야기에 관한 심리학적 해석 : C. G. 융의 관점에서

들어가는 말

내가 모세 이야기에 관한 관심을 갖게 된 것은 나의 개인적인 체험(體驗)에서 연유한다. 언젠가 내 사무실에는 작은 액자 그림이 하나 놓여있었다. 그것은 아메리칸 인디언 추장의 그림이었다. 이 그림에서 추장은 자신의 부족을 어디로 이끌까 생각하며 먼 곳을 응시하고 있다. 그리고 그 추장 뒤에는 부족들이 왔다 갔다 하는 것이 보인다. 미국의 작은 이민교회에서 목회 하다가 갑자기 한국에 있는 큰 교회 목사로 부임하게 되었을 때, 나는 대단히 부담스러웠다. 그리고 한국에 와서 목회를 하며 수년간 많은 고통을 겪었다. 이런 상황에서 영적 지도자가 된다는 것이 무엇인지를 다시 생각하게 되었다. 그 때 모세가 생각났다. 모세는 자신이 원하지 않았는데도, 하나님의 부르심을 받고 이집트로 가서 바로와 대결하여 이스라엘 민족을 노예상태에서 해방시키고, 가나안 땅을 향해서 가는 도중에 광야에서 40년 간 수많은 고난을 당한 지도자이다. 나는 "모세 이야기에 관한 심리학적 해석"이라는 제목의 논문을 써 보려고 애를 쓰고 있었다. 그러나 창조적인 생각이 떠오르지 않아 마음이 피곤했다. 그러던 중 나는 2002년 1월 30일에 다음과 같은 꿈을 꾸었다. 이 꿈을 꾼 후에 이 논문이 잘 되어 나갔다. 이 꿈은 내가 이 논문을 쓸 수 있는 자극을 준 소중한 꿈이라고 생각한다.

> 앞의 내용은 구체적으로 생각이 안 난다. 다만 홍수가 갑자기 몰려와서 내 책을 쓸어간 모양이다. 그런데 시커먼 물살이 몰려오는 게 보인 것도 아니고, 그저 홍수가 왔었다는 것만 확실했다. 내 서재에 있던 책들이 많이 휩쓸려 어디론가 가 버렸다. 나는 몇 사람과 함께 저 아래 동네에 가서 책 몇 권을 찾아 집어 든다. 책이 물에 젖은 것도 아니다. 멀쩡하다. 찾은 책 몇 권은 융 전집 중에서 서 너 권이다. 그 중 제 16권을 찾은 것 같다.
>
> 그리고 장면이 바뀌어 내가 몇 사람과 내 공부방(서재)에 있다. 그 방 벽 쪽에는 한국의 민담, 설화, 신화 등에 관한 책들이 꽂혀 있었는데, 서고가 그대로 남아있다. 영어 원서—융의 저서와 융 심리학에 관한 책—는 그 서고에는 하나도 없는 것 같다. 아마 이 책들은 벽 쪽에 있어서—홍수가 방 가운데 있는 서고의 책들만 쓸어 갔기에—무사할 수 있었던 것 같다. 내 공부방에는 S 박사 외에 몇 사람이 나와 있다. 나는 그들에게 "융 전집을 다 잃어버렸다. 겨우 3~4권만 찾았다. 다섯 내지 여섯 책장이나 되는 책들을 다 잃어버렸다. 앨범 사진들도 다 잃어버렸다"고 한다. 그랬더니, S 박사가 웃으면서 "당신에겐 두 딸이 있지 않느냐"고 한다. 그는 "그런 책이 무슨 대수냐. 책이 뭐 그리 중요 하냐"고 말하는 것 같았다. 나는 그래도 그 책들이 너무 아까웠다. 논문을 쓰기 위해서는 그런 책들이 꼭 필

요했기에 너무나 아쉬웠다. 나는 그 책들을 오랜 세월동안 꼬박꼬박 모은 나의 재산이라 생각했기 때문이다. 그런데 이상한 것은 무엇 때문에 한국의 신화나 전설, 민담에 관한 책들은 서로 그대로 고스란히 남아 있는 것일까? 홍수가 이 책들은 왜 그냥 놔두었을까? 어떤 의미가 있는 것 같이 보였다.

여기서 흥미 있는 것은 융 전집이 다 홍수로 떠내려 가 버린 것이다. 그런데 그 중 제 16권은 찾았다. 그것은 『심리치료의 실제(*Practice of Psychotherapy*)』라는 책이었다. 실제적으로 심리치료에 필요한 책만을 다시 찾은 것이다. 그래서 이 책을 다시 읽어보기로 하였다. 이 꿈에 의하면, 내가 그 동안에 너무나 현학적인 것에 매달려 있었던 것 같다. 그래서 융 심리학에 관한 책이 다 떠내려가 버리고 만 것이다. 이것을 아쉬워하는 나에게, 무척 현실적이고, 창조적인 아이디어가 많고, 또 목회도 열심히 하는 S박사가 "당신에게는 두 딸이 있지 않느냐"고 말한다. 나는 그동안 너무 현학적인데 더 관심을 둔 것처럼 여겨진다. 이 꿈은 이제 나에게 글자, 이론, 문자보다 내 속에서 나온 "생명"(살아있는 것)을 더 중시해야 한다고, 이걸 보라고 얘기하는 것 같았다. 그러므로 나는 논문도 학문적(또는 이론적)으로 잘 쓰려고 하기 전에, 나의 "감정"을 살려가면서 쓴다면 잘 될 것이라는 생각이 들었다. 어찌되었건, 이 꿈을 꾸고 나서, 내 논문은 비교적 순조롭게 쓰여 지게 되었다. 내가 모세의 이야기에 관심을 갖게 된 것은 대개 두 가지 이유에서다. 하나는, 모세는 이스라엘 역사에서 가장 중요한 인물(야훼와 시내 산에서 언약을 맺고 율법을 받은 자)로 생각되었기 때문이다. 한 번은 예수께서 베드로와 야고보와 요한 세 제자를 데리고 기도하러 산에 올라가셨을 때, 예수의 얼굴 모습이 변하고 그

옷이 눈부시게 희고 빛났던 일이 있다. 그 때 마침 두 사람이 예수와 말을 나누고 있었는데 그들은 모세와 엘리야였다(눅 9:28~36 참조). 나에게는 이 장면이 너무나 감동적이었다. 베드로도 "여기 있는 것이 너무 좋으니 초막 셋을 지어 하나에는 선생님을, 하나에는 모세를, 하나에는 엘리야를 모시겠다"고 할 정도로 좋았던 모양이다. 이 변화산상에서 엘리야와 예수와 더불어 대화를 나눈 사람이 바로 모세였다. 즉 모세는 엘리야와 더불어 예수의 모습을 미리 보여주는 인물로 생각되어서 모세 이야기에 관한 해석을 해 보고 싶었다. 내가 모세를 선택한 다른 이유는, 그는 수많은 고난을 겪고 자신의 소명을 완수한 사람이었기 때문이다. 그를 한 사람의 목회자(또는 영적 지도자)로 본다면 마치도 목회자인 나의 삶과도 관계가 깊다고 여겨졌다. 그래서 나는 이 논문에서 모세 이야기를—출생부터 죽음까지—분석심리학의 입장에서 심리학적 해석을 해 보려고 한다. 다른 말로, 이것은 한 영웅의 개성화 과정을 살펴보는 작업이라 할 수 있다.

1. 모세가 출생할 때의 시대적 배경

많은 세월이 지나서 요셉과 그의 형제들과 그 시대 사람들은 다 죽었다. 그러나 이스라엘 사람들은 자녀를 많이 낳고 번성하여 그 수가 불어나고 세력도 커졌으며 마침내 그 땅에 가득 퍼졌다. 그 때 요셉을 알지 못하는 새 왕이 일어나서 이집트를 다스리게 되자 이스라엘 민족의 수가 하도 많은 것을 염려한 나머지 그들을 학대하기 시작했다. 이스라엘 백성들은 비돔과 라암셋이라는 곡식 저장센터를 건설하는 강제노동에 시달리게 되었다. 민족 말살정책으로 이집트 왕은 산파들에게 남자아이를 낳으면 죽이고, 딸이면 살려두라고 명령했다. 그러나 산파들은 하나님을 두려워하였으므로 이집트 왕의 말대로 하지 않고 남자아이들을 살려 두었다. 유대의 역사가 요세푸스는 이 산파들을 이집트 사람들이라고 보았다. 이것은 출애굽기에서 히브리 산파들(1:15)이라고 표현한 것과는 다르다. 요세푸스의 말은 매우 그럴 듯하다. 왜냐하면 이스라엘 산파들이 자기나라의 아이들을 그렇게 야만적으로 죽이리라고 바로가 믿지 않았을 것이기 때문이다.[1]

2. 모세의 출생

요세푸스에 의하면, 모세의 탄생은 이집트의 주술사들에 인해 바로에게 예고되고, 또 그의 아버지 암람(Amram)의 꿈에 예고되었다고 한다.[2] 어찌되었건 모세가 출생했던 때에는 히브리 남자가 태어나면 전부 죽이라는 칙령이 내려져 있었다.(출 1:10~16) 그것은 이집트에서 히브리인이 크게 증가하고 있었기 때문이다. 모세의 출생에 관한 이야기는 출애굽기 2:1~10에 나온다. 모세는 레위 가문에서 태어났는데 아이가 아주 잘 생겼다(출 2:2)고 했다. 여기서 잘 생겼다는 것은 히브리 원어로는 "그는 매우 좋았다 또는 아름다웠다"라는 뜻이다. 이것은 마치 창조 기사에 나오는 "하나님이 보시기에 참 좋았다"(창 1:10, 12, 18 등)와 동일 어구다. 이 말을 우리는 모세의 겉모습이 잘 생겼다는 것으로 볼 수도 있겠지만, 그

---

1 Translated By William Whiston, A. M., *The Works of Flavius Josephus Vol. II* (Grand Rapids : Baker Book House, 1998), 152 n.

2 위의 책. 153~154.

보다는 그가 "맡은 일을 잘 수행할 수 있는,""목적에 합당한" 자임을 얘기하는 것으로 보는 것이 좋을 것이다.

세 달을 남모르게 길렀으나 더 이상 숨길 수가 없어서 갈대 상자를 구하여 다가 역청과 송진을 바르고 아이를 거기에 담아 강가의 갈대 사이에 놓아두었다고 한다. 그 때 모세의 누이인 미리암이 그걸 보고 있었다. 그 갈대 상자에 든 모세를 바로의 딸이 목욕을 하려고 강으로 내려왔다가 보고 시녀 한 명을 시켜서 가져오게 하였고 히브리인의 아이인 줄 알고도 그를 기르게 되었다. 여기서 바로의 딸이 작은 상자가 떠내려 올 때 그 강에서 목욕을 하고 있었다고 하는 것은 어떤 하나님의 목적이 있었을 것으로 보인다. "칼 융은 원형(原型)이 내적 사건은 물론 외적 사건을 생기게 한다는 것을 발견했다. 보이지 않고 숨겨진 힘에 의해서 이 세상에서 어떤 질서를 가지고 일들이 일어난다고 했다. 이러한 일은 어떤 의미를 수반하게 되는데, 융은 이런 현상을 동시성(同時性)이라고 불렀다. 기독교적인 표현으로 하면, 성령의 역사라 할 수 있다."[3] 정말 이것은 동시성적인 사건(만남)이요, 다른 말로는 성령의 역사라고 할 수 있다.

여기서 요세푸스는 이 바로 왕의 딸을 더무티스(Thermuthis)라고 소개하고 있다.[4] 유모가 필요하자 미리암이 미리 기다렸다가 그의 어머니를 소개하여 모세는 생모의 젖을 먹고 자라게 된다. 모세의 어머니의 입장에서는 엄청나게 마음 조이는 순간이었겠지만, 이 이야기는 매우 드라마틱하고 재미있다. 여기서 갈대상자는 노아의 방주(方舟)와 같은 것이었

---

3 John Sanford, *The Man Who Wrestled with God*(New York : Paulist Press, 1987), 84. 이하부터 엄성옥 역, 『하나님과 겨룬 자』(서울 : 은성출판사, 1988)를 인용함.

4 *The Works of Flavius Josephus Vol. II*, 152 n.

다. 이 방주는 오로지 하나님의 자비하신 인도와 보호에만 의지하면서 생명을 위협하는 물로부터 생명을 구원하는 도구로 쓰이는 것이다. 여기서 광주리는 여성, 어머니의 품을 상징한다고 볼 수 있다. 실제로 요세푸스는 이 아기 모세를 담았던 basket을 "an ark of bulrushes"라고 표현했다.[5]

그리고 여기서 모세의 생명을 살린 사람들이 다 여성들임을 알 수 있다. 먼저 레위 사람이었던 어머니는 갈대 상자에 모세를 담아 생명을 보호하고자 했고, 모세의 누이는 계속 지켜보다가 그의 유모를 데려오는 일을 맡았다. 또한 바로의 딸도 모세가 죽음을 면하고 이집트 궁중에서 성장하는 데 결정적인 역할을 하고 있다.[6] 여기서 이러한 여인들은 모세에게 있어서는 창조적이고, 도움을 주는 아니마(creative, helpful anima figures)라고 볼 수 있다.

이 논문을 쓰려는 생각을 하고 있을 때인, 2001년 5월 31일에 나는 다음과 같은 꿈을 꾸었다.

> …… 나는 먼저 R교수와 함께 거리로 나가 걷고 있다. 조금 있다가 우리와 같이 담소하던 그 남자 교수가 나에게 열쇠 꾸러미를 내민다. 그가 W교수같이 보인다. 내가 평소 가지고 다니는 것이다. 내가 아까 그 자리에서 깜박 잊고 놔두고 온 것을 갖다 준 것이다. 나는 웃으며 "이것도 중요한 것이죠"하며 받는다. 조금 있다가 마이크로버스가 와서 우리 앞에 선다. 아마 그 두 사람은 학교로 돌아가려고 하는 모양이다. 그들은 그 버스를 타려고 한다. 그 두 사람이 근

5 *Ibid*.
6 장석정, 『출애굽기의 출애굽』(서울 : 대한기독교서회, 1999), 33.

무하는 학교는 저 위쪽에 있어서 그 버스를 타고 좀 가야 하나 보다. 학교가 걸어가기에는 좀 먼 것 같다. 내가 내 손목시계를 보니 거의 30분이 다 된 시각이다. 25분 정도 된 시각이다. 몇 시인지는 모르겠다. 그냥 점심 식사를 막 끝낸 시간 같다. 그 버스를 타면 늦을 것 같은 생각이 든다. 30분에 (몇 시인지는 모르겠다) 그 신학교 초대 남성 4중창단 목사님들의 찬양 간증 집회가 교회에서 시작되는가 보다. 그러므로 시작되기 전에 그 자리에 있어야 하기에 나도 곧 가야 할 것 같다. 그 두 교수는 그 버스를 타고 떠나고 나는 길을 건넌다. 차들이 많지는 않다. 그런데 조금 전 까지는 내 동행이 없었는데 나는 내 동행이 있는 것을 인식한다. 내 아내라고 하는데, 아주 젊다. 그녀를 보호하여 내가 길을 건넌다. 그녀는 내 현재 아내의 모습이 아니다. 누구와 같은지 전혀 모르는 사람인데, 내 아내다. 몸이 호리호리하고 키가 좀 큰 편이며 나이가 26~27세 정도 밖에 안 된다. 길을 건넌 후에 나는 차가 지나다닐 것을 생각하여 그녀를 보도 쪽(안쪽)에 세우고 내가 도로 쪽에 서서 걷는다. 그때 그녀가 자기 팔로 내 팔을 두른다. 그 때 나는 자연스럽게 그녀의 허리를 내 팔로 두르고 걷는다. 그녀의 허리가 가늘다고 느낀다. 그녀는 그리 미인은 아닌데 임신을 한 모양이다. 배가 조금 부른 것 같다. 나는 찬양 간증 집회가 시작되기 전 겨우 시간이 5분밖에 안 남았는데도 그리 서두르거나 불안하지 않다. 그냥 우리 둘은 팔을 두르고 허리를 팔로 감고 걷고 있다. 그런데 그 여자—꿈속의 내 아내—를 내가 그렇게 사무치게 좋아하는 것은 아닌 것 같이 느껴졌다.

이 꿈은 캐나다 분석가 존 딜리 박사의 강연을 들은 후에 꾼 것이다. 이 꿈을 보면, 남성들이 다 떠나자, 젊은 임신한 여인(내 아내)이 나온다. 이 여인은 나의 창조적인 아니마이다. 그러므로 나는 창조적인 아니마 (임신 중인)를 보호하며(돌보며) 가야할 것 같다. 즉 서두르지 말고 조심스럽게 임산부를 돌보듯이 내 마음 속에서 일어나는 것들을 잘 살펴야 할 것 같았다.

다시 모세의 이야기로 돌아가자. 바로의 딸은 아이의 이름을 모세라고 지었다. "공주는 '내가 그를 물에서 건졌다'하면서, 그의 이름을 모세라고 지었다"(출 2:10). 요세푸스의 말을 인용해 보자.

> 더무티스는 Mouses라는 이름을 그에게 주었다. 그 아이를 강에서 건져 올렸다는 의미에서 그렇게 한 것이다. 이집트 사람들은 물을 Mo라고 하며, 물에서 건졌다는 것을 Uses라고 부른다.[7]

나는 모세가 야훼와 이스라엘 사이를 중재하는 사람이었다고 생각한다. 사실상 "[모세는] 자기 백성을 이집트의 속박에서 건져내고, 그 나라의 운명을 성취하도록 이끄는 일을 했다."[8] 또한 모세는 영웅이었다. 융 분석가 에드워드 에딘저(Edward Edinger)에 따르면, "영웅은 자아(ego)와 자기(Self) 사이에 놓여있는 중간 길을 개척한 존재이다. 영웅은 개성화의 욕구를 가진 존재로 묘사되는 것이 가장 적절할 수 있다."[9] 여기서 존 샌포드(John Sanford)의 영웅에 대한 이야기를 듣는 것도 도움이 될 것이다.

---

7 *Works of Josephus Vol. II*, 156.

8 Edward F. Edinger, *The Bible and the Psyche : Individuation Symbolism in the Old Testament*(Toronto : Inner City Books), 45. 이하부터는 이재훈 옮김, 『성서와 정신』(서울 : 한국심리치료연구소, 2001)을 인용함.

9 *Ibid*.

> 영웅이란 의식(意識)의 발달이 동료들보다 매우 앞서있고, 정신적으로 완전한 상태를 이룩하며, 자기의 내면에서 자기의 인생에 대한 하나님의 계획과 모형을 이루는 사람이다. 영웅은 자신의 고도로 우월한 생활과 의식에 의하여 의식 수준을 높이고 온 민족의 역사에 영향을 끼친다.[10]

모세의 출생 이야기는 다음과 같은 영웅의 출생의 특징적인 패턴을 가지고 있다.

> (1) 출생은 불운한 환경 속에서 일어난다.
> (2) 권력자들은 아이를 죽이려 한다.
> (3) 아이는 종종 물에 버려지거나 포기된다.
> (4) 아이는 통상적으로 신분이 낮은 사람들에 의해서 구출된다. 그리고 신기한 일이 뒤따른다.
> (5) 한 쌍의 부모가 존재하게 되는데, 왕실의 부모와 신분이 낮은 부모이다. 이러한 특징들 모두는 …… 심리적으로 개성화를 이루고자 하는 충동을 둘러싼 변화를 의미한다.[11]

샌포드의 다음 말은 매우 적절하다. "이 장래의 영웅 속에 있는 씨앗이 자라게 하기 위해서, 젊은 모세는 정신적 발달과정과 변화를 거쳐야 했다. …… 모세의 이기심은 철저히 파괴되어 그의 내면에 있는 위대하신

---

10 『하나님과 겨룬 자』, 120.
11 『성서와 정신』, 78~79.

뜻(Greater Will)에 의해 새로이 빚어져야 했다."[12]

성경은 이집트에서의 모세의 청소년기에 대하여, 또한 교육에 대하여는 아무 언급도 하지 않는다. 다만, 전설적인 내용을 통해서 모세의 이집트 생활을 짐작해 볼 수 있다. "필로(Philo)에 의하면, 모세는 그의 스승들의 지식을 빠르게 능가하였으며, 그 탁월한 천재적 재능으로 인하여, 모든 스승들의 가르침을 모두 미리 알 수 있었으며, 그의 경우에 모든 것은 배운 다기보다는 회상해 내는 것처럼 보였다."[13] 사도행전 7:22에 "모세가 이집트 사람의 학술을 다 배워 그 말과 행사가 능하더라."고 한 걸 보면, 그는 이집트의 왕자와 같은 교육을 받고 자란 것을 알 수 있다. 바로의 공주가 모세를 양자로 삼았기에(출 2:10) 이것이 가능했을 것이라고 짐작할 수 있다.

3. 살인, 광야체험 그리고 소명

1) 모세의 살인

출애굽기 2:11~25에서 우리는 어른이 된 모세를 만난다. 그는 바로의 궁중에서 성장했을 지라도 자신이 히브리인임을 인식하고 있었다. 모세가 40세가 되었을 때(행 7:23), 어느 날 그는 자기 동족들이 강제 노동에 시달리는 곳에 가 보았다. 여기서 모세는 자신의 정체성을 찾고 있었음을 알 수 있다. 모세는 궁중 밖에서 어떤 일이 벌어지고 있는지 호기심을 갖고 있었던 것 같다. 모세는 자기 동족들이 모진 노동에 시달린 뿐더러 이

12 『하나님과 겨룬 자』, 125.

13 『성서와 정신』, 79.

집트 사람에게 맞는 것을 보았을 때 큰 충격을 받았다. 모세는, 매를 맞고 있는 형제에 대한 연민, 그들과의 유대감에서 나오는 형제애, 억압받는 약자를 위한 정의감, 형제들의 고통에 대한 섬세한 감수성 등에 휩싸이게 되었고, 그것이 격렬하고 즉각적인 분노를 폭발하여 결국 그 이집트 감독자를 쳐 죽였다. 그런데 모세의 이런 행동—이집트 감독자를 죽인—을 동족 히브리인들은 고맙게 생각하지 않았다. 이튿날 모세는 그곳에 다시 가 보았다. 이번에는 동족끼리 싸우는 것을 보았다. 잘못한 자에게 왜 동족을 때리느냐 하니까, 모세더러 "누가 너를 우리의 우두머리로 삼고 재판관으로 세웠느냐"고 하며, "이집트 사람을 죽이더니 이젠 나도 죽이려느냐"(2:14)고 대들었다. 이렇게 해서 자기가 살인을 한 것이 탄로 나자 모세는 미디안 광야로 피신을 하게 된다. 더욱이 모세가 이집트 사람을 죽였다는 소식을 바로가 듣고 그를 죽이려했기 때문이다.(15절)

스데반은 사도행전 7장에서 모세의 이야기를 가지고 설교하면서, 강제노동에 시달리는 이스라엘 이집트 감독관을 때려죽인 모세의 행동을 압박 받는 사람의 원한을 풀어준 행동으로 해석했다. 그의 말을 들어보자. "그는 자기 동족들이, 하나님께서 자기 손을 빌어 그들을 구원하여 주신다는 것을 깨달을 줄로 생각했는데, 그들은 깨닫지 못하였다"(행 7:25). 또 장석정은 "자신의 위험을 무릅 쓰고 동족의 어려움을 해결해 주는 참다운 지도자로서의 모습을 찾아볼 수 있다"[14]고 보았다. 하지만 나의 견해는 좀 다르다. 살인을 한 후 모세는 미디안 광야로 피신을 하지 않을 수 없었던 것이다. 에딘저는 다음과 같이 아주 재미있는 언급을 하고 있다. "개성화를 향해 나아가는 사람들은 젊었을 때 종종 강렬한 에너지가 분

---

14 『출애굽기의 출애굽』, 36~37.

출하는 것을 경험한다."[15]

모세만 그런 게 아니라 융에게도 이것은 마찬가지였다. 융은 존 프리맨(John Freeman)과의 인터뷰에서 "당신은 매우 강하고 키가 컸었지요?"라는 질문을 받고 이런 대답을 했다. "네, 나는 꽤 강했습니다. 농부의 아이들이 주로 사는 시골에서는 찾아보기 힘들 정도로 나는 튼튼했습니다. 나는 어쩌면 폭력적이 될 수도 있었습니다. 나는 또 좀 그걸 두려워했고요. 내가 나 자신을 신뢰할 수가 없어서 심각한 상황을 피해보려고 했습니다. 그런데 내가 언젠가 일 곱 명의 소년에게 공격을 당하자 나는 화가 잔뜩 나서 한 아이를 붙잡아 그의 다리를 번쩍 들고는 빙빙 돌렸습니다. 그리고 그 중 네 명을 완전히 때려 눕혔습니다. 그랬더니, 그들은 더 이상 덤비지 않더군요."[16]

이것을 보면 융도 젊었을 때 엄청난 에너지를 가지고 있던 사람이었음을 알 수 있다. 그의 에너지가 창조적으로 분출되었기 때문에 그는 위대한 심리학자가 될 수 있었던 것이다. 이것은 모세에게서도 마찬가지였다. 전설에 의하면 "모세는 본래 악한 성향을 가진 사람이었고, 탐욕스럽고, 오만하며, 관능적인 사람이었다. 요약하자면, 가능한 모든 추한 특성들로 인하여 가치가 손상된 사람이었다"고 그가 자신의 성향을 반대하는 성향으로 변형시킬 수 있었던 것은 강한 의지와 성격과 힘든 훈련을 통해서였다.[17]

어찌되었건 모세가 살인을 저지른 것은, 그의 인격이 충분히 성숙하지 못해서 저지른 일로 보아야 한다. 또한 그는 자신을 사람의 생명을 죽일

---

15 『성서와 정신』, 80.

16 Edited by William McGuire and R. F. C. Hull, *C. G. Jung Speaking*(New Jersey : Princeton University Press), 429.

17 『성서와 정신』, 80~81.

수도 살릴 수도 있는 존재로, 혹은 재판관으로 자신을 생각한 것이다.(출 2:14) 나는 모세가 자아팽창(inflation) 상태에서 살인을 저지른 것으로 보고 싶다.

모세가 화가 나서 이집트 감독관을 죽인 것은 그가 무언가(something)에 사로잡혀 있었음을 알 수 있다. "그가 감정을 소유한 것이 아니라 감정이 그를 소유한 것이다. …… 모세의 무모한 행동은 그가 아직 성인으로써 충분히 발달하지 못했고, 바로 이 때문에 그의 행위가 아무 성과도 이루지 못했음을 암시해 준다."[18] 출애굽기 2장 14절에 보면, "모세는 일이 탄로 난 것을 알고 두려워하였다"라고 되어있다. 여기서 모세가 "일"(the thing or that business)이라고 한 것에 주목할 필요가 있다. 여기서 "일"은 살인(murder)을 말하는 것이다. 그러나 모세는 살인이라는 단어를 사용하지 않았다. 이것은 그가 아직 정신적으로 정직하지 못하다는 것을 암시해 준다. 모세는 자기 백성들에게 진정으로 도움이 될 만한 일을 하는데 필요한 인격의 성숙을 이루지 못했고 위기에 처하게 되었을 때 도망갈 궁리만을 했던 것이다. 결국 모세는 광야로 도망을 갔다. 그는 망명객이 된 것이다. 그는 모든 것을 버려야만 했다. "그는 궁중에서의 혜택을 받은 지위, 친구, 보호자, 그리고 사회에서 특권층에서 보장된 미래 등을 모두 버려야만 했다."[19]

2) 모세의 광야 체험

모세의 "광야 여행"은 십자가의 성 요한이 명명(命名)한 "영혼의 어두운

---

18 『하나님과 겨룬 자』, 127.

19 『하나님과 겨룬 자』, 128.

밤"이라 할 수 있다. 키에르케고르는 영혼의 어두운 밤을 "절망"이라고 불렀다. 이것은 다른 말로는, "어두운 밤바다 항해 체험"(night sea journey experience)이다. 융은 이것을 "자아의 패배"(The defeat of the ego)라고 했다.[20] 이런 의미에서 볼 때, "[모세는] 표면적인 광야는 물론 개인적인 내면의 지옥을 통과했다. …… 현저한 정신적 발달을 거치도록 부르심을 받은 사람들은 의례 그와 같이 고통스럽고 어두운 여행을 하게 마련이다."[21] 기독교의 근본적인 진리는 "새 사람으로 태어나기 위해서는 먼저 옛 사람이 죽어야 된다"는 것이다. 그러므로 밤의 항해 체험은 한 개인이 영적으로 갱신되기 전에 반드시 거쳐야 하는 과정이다. 모세는 광야로 도망갈 때 절망, 고독, 불안을 느꼈을 것이다. 또한 그는 외적인 위험 때문에 고통을 받았을 뿐만 아니라 자신의 무모한 행동을 나무라고, 그의 비겁한 도피를 비난하는 내면의 소리를 듣고 괴로워했을 것이다. 또한 맹렬한 분노에 사로 잡혔을 수도 있다. 정말 우리 영혼은 죽음 속에 내려가 보아야만 진정으로 새로운 생명으로 태어날 수 있다. 아마 미디안 광야로 도망가는 모세의 심정은 사망의 골짜기(시편 23편), 또는 죽음으로 내려가는 것 같았을 것이다. 이렇게 볼 때 마이스터 에크하르트(Meister Eckhart)의 다음 말은 적절하다. "고통은 하나님이 인간의 마음속에 내주하실 준비로서는 충분한 것이다. …… 하나님은 고통가운데 있는 인간과 늘 함께 계신다."[22]

---

20 Edward F. Edinger, *Ego* & *Archetype : Individuation and the Religious Function of the Psyche*(New York : Penguin Books, 1986), 49 ; *Mysterium Coniunctionis*에서 융은 이런 말을 한다. "자기의 경험은 항상 자아에게는 패배다."(The experience of the self is always a defeat for the ego.)(Jung, *C. W. 14,* par. 788을 보라)

21 『하나님과 겨룬 자』, 129.

융 분석가 로버트 무어(Robert Moore)는 소년 심리(Boy psychology)와 남성 심리(Man psychology)를 구분한다. 성숙한 남성이 되기 위해서는 그의 미숙한 소년 심리가 죽어야 한다. "성숙한 남성 심리가 어떤 특정한 사람에게 정립되기 위해서는 죽음이 필요하다. 죽음—상징적, 심리적, 혹은 영적—은 항상 어떤 입문의례(initiatory ritual)에 꼭 필요한 것이다. 심리학적인 용어로 말하면, 새로운 남성이 태어나기 전에 미숙한 자아가 죽어야만 되는 것이다."[23]

미디안 광야로 도망간 모세는 어느 날 어떤 우물가에 앉아 있었다. 그때 근처에 사는 미디안 제사장의 일곱 딸들이 물을 기르러 왔는데 난폭한 목동들이 방해를 했다. 이것을 본 모세가 그 무례한 그들을 쫓아 버리고 물을 길어주었다. 여기서 우리는 다시금 모세의 의분과 사회적 불의에 대한 그의 감정이 나타나는 것을 보는데 이번에는 전보다 성숙한 방법으로 행동을 하였다. 그는 목자들을 해치거나 죽이지 않았고, 소녀들의 물 긷는 일까지 도와주었다. 이번에는 비폭력으로 대처한 것이다. 여기서 우리는 모세가 비상한 육체적 힘의 소유자였음을 발견하게 된다. 모세에게서 우리는 에로스의 발달을 본다. 그가 소녀들을 위하여 한 행동은 자신의 남성적 측면은 물론 여성적 측면에 대한 깊은 이해를 지니고 있는 남성의 전형적인 행위이다.[24] 여기서 나는, 오래 전에 내 교육 분석가가 자주 나에게 자신의 아내를 잘 대하는 것은 자신의 아니마에게

---

22 Edward F. Edinger, *Anatomy of the Psyche : Alchemical Symbolism in Psychotherapy*(La Salle : Open Court, 1988), 178.

23 Robert Moore & Douglas Gillette, *King, Warrior, Magician, Lover*(New York : HarperCollins Publishers, 1991), 6.

24 『하나님과 겨룬자』, 130.

잘 하는 것과 같다고 한 말이 생각이 났다.

남성은 자신의 온전함을 이루기 위해서는 남성적인 측면은 물론, 자신의 여성적인 측면과도 관계를 맺어야 하는 것이다. 구약성경에서 야곱, 요셉, 그리고 모세는 그들의 내면에서 여성적 요소가 진가를 발휘하고 융합되어진 모범적인 남성들이다. 그러나 여성과의 관계에 있어서 가장 모범적인 인물은 예수이다. 예수의 절친한 동료들 중에는 여성들이 많았다. 예수는 그들과 주저하지 않고 얼굴과 얼굴을 마주하고 대화를 나누셨다. "그의 인격 안에는 에로스, 연민, 치료 등의 여성적 특성들이 전투적이고 힘찬 남성적 특성들과 동등한 위치를 차지하고 있었다."[25]

마찬가지로 모세는 폭력적이고 공격적인 그의 남성성(男性性)만으론 온전한 사람이 될 수 없었다. 이제 그에겐 여성적인 요소가 통합되어야 했다. 그가 하나님의 구원의 역사에 쓰임 받기 위해 그에겐 여성적인 요소(감정feeling의 중시, 수용적인 태도, 관계를 맺기relatedness, 공감의 능력compassion 등)가 필요했던 것이다. 모세가 본문에서는 강렬한 분노를 터뜨리는 자로 나타나고 있으나 나중에 그는 "세상에서 가장 온유한(겸손한) 사람"(민 12:3)으로 나타난다. 이것을 볼 때, 그는 성숙한 사람이 된 것을 알 수 있다. 우리도 마찬가지다. 구원의 도구로 주님께 쓰임 받기 위해선, 성숙한 사람—남성적 요소와 여성적 요소가 통합되고 조화를 이룬—이 되어야 하는 것이다.

모세의 도움을 받은 소녀들은 모세를 부친에게로 데려갔다. 부친 르우엘(혹은 이드로)은 이 청년을 반갑게 맞아들이고, 딸들 중 한 명과 결혼하게 했다. 르우엘에게는 딸만 일곱 있었고 아들이 없었다. 이것은 양떼를

25 『하나님과 겨룬자』, 131.

쳐야 할 그에게는 큰 문제였다. 따라서 그는 모세가 자신의 튼튼한 사위가 된 것을 매우 기뻐했다. 모처럼 모세는 가족들과 즐거운 생활을 하며 비교적 안정된 삶을 살게 되었다. 그는 가족, 일, 평범한 생활의 기쁨 이외의 것을 바라지 않고 있었다. 그런데 하나님은 이렇게 그저 안락한 생활을 하는 것을 그냥 두지 않으셨다. 모세가 계속적으로 성장하기 위해서는 그에게 어떤 일이 일어나야 했다. 하나님께서는 모세를 위한 다른 계획을 가지고 계셨던 것이다.

3) 모세의 소명과 호렙 산 체험

모세가 어느 날 양떼를 치고 있었다. 그는 광야를 지나 하나님의 산, 호렙에 가까이 갔는데 이상한 광경을 목격하게 되었다. 하도 신기해서 가까이 가 보았더니, 떨기나무에 불꽃이 일어나는데도 타지 않는 것이다. 이런 걸 볼 때, 모세는 호기심이 아주 많은 사람임을 알 수 있다. 호기심, 즉 알고 싶어 하는 마음은 하나님이 우리를 성숙한 사람으로 만들려 하실 때 필요한, 아주 강한 본능이다. 그러나 이것은 반면에 곤란을 야기 시키는 본능이기도 하다. 모세가 호기심이 없었다면 그는 아마도 단지 미디안 광야에서 목동으로 세월을 그런 대로 편안하게 보내고 말았을 것이다. 그러나 아담과 하와(이브)처럼 그는 호기심이 많은 사람으로서 그것 때문에 그가 전혀 꿈도 꾸지 않았던 어떤 일에 연루되었던 것이다.

불붙은 가시떨기에 가까이 갔을 때, 모세는 갑자기 거기서 "모세야, 모세야!"하고 부르는 목소리를 들었다. 모세는 "예, 제가 여기 있습니다!"고 대답했다. 목소리가 계속 말했다. "이리로 가까이하지 말라 너의 선 곳은 거룩한 땅이니 네 발에서 신을 벗으라. …… 나는 네 조상의 하나님이니 아브라함의 하나님 이삭의 하나님 야곱의 하나님이니라."(출 3:5)

여기서 우리는 "불"(fire)의 이미지 만난다. "불은 종종 신적인 것(the divine)과 동의어로 자주 사용된다. 그것은 calcinatio, 그리고 연금술에서 유황의 상징과 관련되어 있다. 그것은 자아 안에 통합되지 않는, 그래서 개인의 이해를 초월하는 특성을 가지고 있는 정서와 욕망, 강렬한 리비도(libido)의 표현을 의미한다."[26] 융은 이 불을 "영원을 위한 갈증"(a thirsting for the eternal)이라고 얘기한다.[27] 여기서 모세는 불로 상징된, 개인을 초월하는 리비도(transpersonal libido)에 접촉함으로써 자신의 소명을 만나게 된 것이라고 볼 수 있다.

떨기나무 불꽃(burning bush) 앞에서 모세는 소위 누미노제적 체험(numinous experience)을 한 것이다. 누미노제적 체험이란 두렵고 떨리며, 또한 매혹적인 경험이다. 이것은 신적인 존재 혹은 자기(the divine or the Self)를 만날 때에 체험하는 것이다. 떨기나무 불꽃 가운데서 하나님을 만나게 된 모세는 하나님의 실제를 경험함으로써 하나님을 알게 되었다. 그 하나님이 그에게 편안하고 안락한 일상적인 삶에서 나와, 가치 있는 삶을 위해서 자신을 투신하라고 요구하고 계시는 것이다. 여기서 우리는 하나님이 그에게 요구하는 것이 무엇인지를 알 필요가 있다. "네가 서 있는 곳은 거룩한 땅이니 너는 신을 벗으라"고 말씀하고 계신다. 도대체 신을 벗으라는 것은 어떤 의미일까? 폰 프란츠(von Franz)는 이런 말을 했다. "신발은 우리가 입은 복장의 가장 낮은 부분이며, 현실과 관련한 우리의 입장을 대변한다."[28] 그러니까 하나님의 거룩한 소명을 받기 위해서

---

26 『성서와 정신』, 82~83.

27 Jung, *Mysterium Coniunctionis*, *CW 14*, par, 191.

28 Marie-Louise von Franz, *Interpretation of Fairy Tales*(Irving : Spring Publications, 1978), 140.

모세는 그의 편협한 자아 중심적인 입장을 우선 벗어 던져야(포기해야) 한다는 것이다. 이것이 모세에 대한 하나님의 요구였다. 자아(ego)의 의도(intention)를 버리지 않는 한, 자기(Self)의 뜻을 따를 수 없기 때문이다.

4) 모세를 하나님이 갑자기 죽이려 하신 것

출애굽기 4:24~26에 보면, 이상한 이야기가 나온다. "모세가 길을 가다가 어떤 숙소에 머물러 있을 때에 주께서 찾아 오셔서 모세를 죽이려고 하셨다. 십보라가 부싯돌 칼을 가지고 제 아들의 양피를 잘라서 모세의 발에 대고 '당신은 나에게 피 남편입니다'하고 말하였다. 그래서 주께서 그를 놓아 주셨는데 그 때에 십보라가 피 남편이라고 말한 것은 바로 이 할례 때문이다."

왜 하나님은 모세를 갑자기 죽이려고 했을까? 이것은 모압 왕 발락에게로 나아가는 발람의 길을 막기 위하여, 그가 타고 있는 나귀의 앞을 막도록 칼을 든 야훼의 사자(使者)를 보낸 그 사건(민 22 : 21~35)에서처럼, 야훼가 이집트의 파라오에게 나아가는 모세와의 마지막 만남에서 마지막 경고(참조 : 민 22:35)를 주는 일을 기도한 것으로 이해할 수 있다.[29] 이 구절을 통해 우리는 자기가 긍정적인 특성은 물론, 부정적이고 위험한 특성을 가지고 있음을 알 수 있다.

여기서 우리는 할례의 주제와 만난다. 야훼께서는 왜 모세를 죽이려 하셨을까? 모세의 아들은 할례를 받지 않았다. 그러므로 하나님께서 출애굽 시키실 이스라엘은 할례를 통해 정결케 되고 하나님께 바친바 되어야 한다는 데에서 지도자 모세는 부적격하게 되었다. 그 때 모세의 아내

29 김이곤, 『출애굽기의 신학』(서울 : 한국신학연구소, 1989), 76.

십보라가 그의 아들에게 할례를 베풂으로써 야훼께서 마음을 돌리셨다. 하나님은 모세의 생명을 위협하면서 까지 지도자로서 아들의 할례를 먼저 베풀어야 함을 강조하시고 있다. 또한 과거에 모세의 생명을 구해 준 이들이 여성이었던 것처럼 여기서도 모세는 그의 아내 십보라의 행동으로 인해 목숨을 건지게 된다.[30] 여기서 다시금 우리는, 모세의 아내 십보라는, 심리학적으로 볼 때, 창조적이고 긍정적인 아니마라고 할 수 있다. 십보라는 영혼의 인도자요, 모세의 개성화를 위한 어떤 창조적인 역할을 하고 있는 것을 알 수 있다. 할례는 성적인 정화는 물론이고, 영적이고 윤리적인 정화를 의미하는 것이다. 할례는 또한 남성의 육체적이고 영적인 희생(sacrifice)을 상징한다.

융 분석가 자피(Jaffe)는 이 사건에 대하여 아주 도움이 되는 해석을 하고 있다.

> 출애굽기를 보면 모세가 유대인들을 이집트로부터 이끌어내라는 하나님이 주신 사명을 마침내 받아들인 후 하나님이 그를 죽이려 하셨음을 알 수 있다. 모세는 그의 아내 십보라 때문에 목숨을 건졌다. 십보라는 모세가 간과했던 희생(sacrifice)을 행하였다. 그것은 바로 모세 자신을 상징하는 모세의 큰 아들의 할례(인간의 생명의 힘을 더 높은 목적에 헌신하는 것)였다. 이렇게 볼 때 자아는 하나님으로부터 직접 사명을 받았을 때 거기에 복종해야 하는 것이다. 흔히 그렇듯이, 자기(Self)의 요구들을 잘 받아들이고 거기에 응답하는 것은 정신 안에 있는 여성적 요소다.[31]

---

30 『출애굽기의 출애굽』, 78.

4. 이스라엘 백성들의 광야 여정과 변화된 모세, 그리고 모세의 죽음

매우 완고한 바로는 열 번째 재앙, 곧 이집트의 장자가 다 죽는 재앙을 겪은 후에 이스라엘 백성들을 이집트에서 나가도 좋다고 허락한다. 에딘저는 이런 말을 하고 있다.

> 모세의 임무는 바로를 설득시켜서 노예가 된 이스라엘을 해방시키고, 그들을 이집트에서 이끌어내어 약속의 땅으로 인도하는 것이었다. 심리적으로 이것은 바로에 의하여 상징되는 포학한 힘의 원리에 속박되어 있는 정신을 해방하는 것을 의미한다. 더 열등한 권위(힘을 지향하는 자아)가 자기(야훼)를 대신하여 기능하고 있는 것이다. 자기가 일단 활성화되면 개성화는 진행되어야만 한다. 만약 이 일에 자아가 협력하지 않는다면, 장애가 증가할 것이다. 이집트의 열 가지 재앙이 일어난 것은 바로 이런 이유 때문이었다.[32]

나는 여기서 이집트의 열 가지 재앙의 상징적 의미를 해석하는 것을 생략하겠다. 다만 이스라엘 백성들이 약속의 땅에 도달하기 전 광야에서의 40년간의 방황이 심리학적으로 어떤 의미가 있을 것이다. 에딘저는 이런 말을 하고 있다.

> 이것은 무의식—혼돈 혹은 최초의 물질(prima materia)—을 다루

---

31 Lawrence W. Jaffe, *Liberating the Heart : Spirituality and Jungian Psychology*(Toronto : Inner City Books, 1990), 64~65 참조. 심상영 옮김, 『마음을 해방하기 : 융 심리학과 영성』(서울 : 한국심층심리연구소, 2006), 96.

32 『성서와 정신』, 86.

는데 있어서 시간이 소요되는 것과 상응하는 것인데, 무의식을 다루는 것은 개성화를 위해 흔들리지 않는 헌신이 이루어진 후에야 가능한 것이다. 40일 또는 40년은 연금술 작품이 만들어지는 기간이며, 40일은 이집트 사람들이 시체에 향 재료를 넣는데 걸리는 시간, 즉 개인적이고 일시적인 존재(자아)가 영원하고 원형적인 생명(자기)으로 전환하는데 소요되는 전통적인 시간(창 50:3)이다. 이렇게 광야 40년의 방황은 이집트에서의 자아에 묶인 실존으로부터 약속된 땅에서의 개인의 한계를 초월하는 삶으로 나아가는 어둠 속의 여행(nekyia)을 의미한다.[33]

여기서 우선, 광야의 상징적 의미를 살펴보자. 하나님의 종으로 부름받은 사람들은 누구나 '광야'를 통과해야만 한다. 이스라엘 백성들도 곧바로 젖과 꿀이 흐르는 약속의 땅, 가나안으로 들어가지 못하고, 광야 생활 40년을 해야 했다. 이것은 개인에게도 마찬가지다. 광야란 고난의 장소이며, 동시에 새롭게 태어나는 곳, 즉 새로운 창조가 일어나는 곳이다. 부름 받기 전에, 하나님의 종 모세도 미디안 광야에서 40년을 지냈다. 여호수아도 모세의 시종으로 40년 광야 생활을 했다.

요셉은 여러 해 동안 시련의 광야를 통과한 후에 비로소 위대한 인물이 되어 크게 쓰임 받았다. 다윗은 예언자 사무엘에 의해 미래의 왕으로 기름 부음을 받고 난 후에도 왕이 되기 전까지 사울에게 쫓김을 받으며 혹독한 광야 같은 세월을 보냈다. 예수께서도 광야에서 40일간 금식하시며 마귀에게 시험을 받으셨다. 바울은 사도로 쓰임 받기 전 아라비아 광

33 『성서와 정신』, 90.

야에서 3년 간 광야 체험을 했다. 세례 요한을 우리는 "광야의 소리"라고 한다. 그는 메뚜기와 들 꿀을 먹으면서 "하나님의 나라가 가까웠으니, 회개하라"고 외쳤다. 하나님의 사람들은 고독하고 쓸쓸하고 고통스러운 광야에서 하나님을 만났고, 또 자신을 발견했다. 이런 광야 체험을 '영혼의 어두운 밤'이라고 한다. 사람은 이런 어둠(광야)을 통과해야만 비로소 성숙해지고 온전해 질 수 있다. 이런 의미에서 우리가 인생길을 가는 데는 반드시 빛이 필요한 것처럼, 어둠(고통, 병)도 필요하다. 아마도 인생의 고난과 힘겨운 싸움을 겪는 사람들만이 인생의 진리, 즉 빛의 행로뿐만 아니라, 이처럼 어둠의 행로도 거쳐야만 인생이 성숙하고 변화하게 된다는 역설적 진리를 충분히 이해하고 받아들일 수 있는 것이다.

광야에서 우리는 하나님의 음성을 들을 수 있으며, 광야에서 하나님을 만나 하나님의 사람으로 새로 태어날 수 있다. 광야는 하나님이 당신의 사람들을 훈련시키는 장소이다. 하나님께 귀히 쓰임 받으려면 반드시 광야 시험을 통과해야 한다. 풀무 불에서 연단을 받아야 정금이 되는 법이다. 이제부터 이스라엘 백성들의 이집트 탈출이후, 광야 생활에 대해서 살펴보자.

1) 홍해 도하

출애굽은 홍해를 건너는 기적과 함께 시작되는데(출 14장), 이것은 이집트에서의 속박과 광야에서의 신 현현(顯現) 사이에서 일어나는 탈출 의식(rite of exit)이다. 출애굽기에 나오는 이스라엘 민족의 홍해 도하 이야기와 비슷한 모티브가 『삼국유사』에 나온다. 금와의 아들들이 나중에 고구려의 초대 왕이 된 주몽을 죽이려고 할 때, 도망하던 주몽 일행이 물을 무사히 건넌다는 이야기가 바로 그것이다.

지금 나라 안 사람들이 너를 해치려고 하는데, 네 재주와 지략을 가지고 어디를 가면 못 살겠느냐. 빨리 이곳을 떠나도록 해라." 이에 주몽은 오이 등 세 사람을 벗으로 삼아 엄수에 이르러 물을 보고 말했다. "나는 천제(天帝)의 아들이요, 하백의 손자이다. 오늘 도망해 가는데 뒤쫓는 자들이 거의 따라오게 되었으니 어찌하면 좋겠느냐." 말을 마치니 물고기와 자라가 다리를 만들어 주어 건너게 하고, 모두 건너자 이내 풀어 버려 뒤쫓아 오던 기병은 건너지 못했다.[34]

홍해 도하는 심리학적으로 볼 때, 새로운 의식의 단계로 이행하는 것을 나타낸다. 어떤 여성이 큰 강을 건너는 꿈을 꾼 적이 있다. "생각보다 바다 위에는 가느다랗고 높은 다리가 있었는데 수많은 학생들이 다리 위에 달린 줄을 잡고, 혹은 다리에 걸터앉아 놀고 있었다. 그런데 나는 줄을 잡고 너무나도 무서워하며 물결이 넘실대는 바다 위를 건너야 했다. 드디어 다리를 다 건너 육지에 닿았는데, 그곳에도 역시 거센 파도가 일고 있었다. 그래도 그곳에서는 시원하고 상쾌하여 졌다."

여기서 다리를 건너는 것은 의식의 다음 단계로 진입하는 것을 상징하는데, 이것이 이 사람에게는 어려운 것 같다. 또한 여기서 아이들이 많은 것은 무의식의 보상, 즉 의식 상태에 대한 보상으로 볼 수 있다. 아이들은 미래의 가능성을 상징한다고 볼 수 있다. 넘실대는 바다 물결이 무서웠지만, 이 사람은 드디어 다리를 건너갔다. 즉 새로운 의식의 단계로 이행하고 있음을 알 수 있다. 겉으로는 자신이 없다고 계속 불평하지만, 그녀는 삶의 파도를 헤쳐갈 수 있는 능력이 안에 있는 것으로 보인다. 이스라엘 백성들이 홍해를 건너는 주제(motif)가 개인의 꿈에 나타나는 것이

---

34 일연/이민수 옮김, 『삼국유사』(서울 : 을유문화사, 1995), 73.

흥미롭다.

이스라엘 백성들이 무사히 홍해를 건넌 반면에, 그들을 추격하던 이집트 군인들은 모두 익사하고 말았다. 그들 모두가 바다에 빠져 죽은 것은 공격적이고, 죽이는 남성 원리가 제거되어야 한다는 뜻으로 볼 수 있다. 이것은 전에 모세가 가지고 있던 성숙하지 못한 측면이기도 하다. 그러나 홍해를 건넌 후에 이스라엘 백성들은 직접 약속의 땅으로 들어가지 못했다. [홍해를 건넌 후에] 광야로 들어가게 되었고, 이어 신성한 존재(the numinosum)와 만나게 되었다. 약속의 땅에는 그 후에 들어가게 되었다. 이것은 바로 광야로 상징되는 방향감각 상실과 소외의 상태에 도달하게 되는 무의식의 하강을 의미한다. 그러나 그것은 하나님과의 만남으로 이어지고, 결국 새로운 고향, 즉 새로운 의식의 차원으로 들어가게 되는 것이다.[35]

2) 불(혹은 빛)의 이미지

"주께서는 그들이 밤낮으로 행군할 수 있게 낮에는 구름기둥으로 앞서 가시며 길을 인도하시고, 밤에는 불기둥으로 앞길을 비추어 주셨다" (출 13:21). 여기서 불(또는 빛)의 이미지를 잠깐 생각해보자. 시편 43:3에 보면, "주의 빛과 주의 진리를 보내어 나를 인도하사 주의 성산과 장막에 이르게 하소서"라고 했고, 시편 119:105에 보면 "주의 말씀은 내 발에 등이요 내 길에 빛이니이다"라고 했다. 그러니까 여기서 이스라엘 백성들을 광야에서 인도한 것은 빛이었다. 이 빛은 진리, 또는 주의 말씀으로

---

35 Edward F. Edinger, *The Mysterium Lectures : A Journey through C. G. Jung's Mysterium Coniunctions*(Toronto : Inner City Books, 1995), 141.

해석할 수 있다. 나중에 모세가 시내 산에서 율법을 받은 것을 상기하면 될 것이다.

그런데 우리는 꿈을 우리 인생길을 비추는 "친절한 빛"(the kindly light)으로 볼 수 있다. 즉, 우리가 어둠과 혼돈(混沌)의 골짜기, 방향상실의 상태에 있을 때, 꿈은 친절한 빛을 우리에게 던져 줄 수 있다. 나는 지난 20년 동안 나 자신과 피분석자들의 꿈을 들여다 봄으로써 이러한 사실을 거듭 인식하게 되었다. 한 번은 분석가 과정을 위해 스위스 세미나에 가기가 어려운 상황에서 어찌할지 모를 때 이런 꿈을 꾸었다. "나는 lumina 표—빛(light)이라는 의미—자전거를 타고 해가 뉘엿뉘엿 지는데 산길을 굽이굽이 돌아 저 멀리 가고 있었다. 그런데 그렇게 먼 길을 자전거를 타고 가는데 하나도 힘들지 않았고 공기가 아주 온화하고 기분이 좋았다." 나는 이 꿈을 꾸고 나서 세미나에 참석하게 되었고, 당시 그 세미나는 나에게 매우 만족스러운(fruitful) 세미나였다. 나는 많은 경험을 통해서 꿈이 인생길을 안내(guidance)해 주는, '친절한 빛'이라는 것을 알게 되었다. 폰 프란츠가 나스카피 인디언들에 대해서 얘기하는 것을 보면 그들에게 있어서 꿈은 정말 친절한 빛인 것을 다시금 알 수 있다.

> 나스카피 인디언 사냥꾼은 평생 고독 속에서 자신의 내적인 목소리와 무의식적인 계시에 의지해서 산다. 그가 무엇을 믿어야 할지를 가르쳐주는 종교적인 스승도 없고, 그에게 도움을 주는 의례나 축제나 관습도 없다. 나스카피 인디언들은 그들의 꿈에 주의를 기울이고, 그 꿈의 의미를 찾으면서, 위대한 분(Great Man)과의 깊은 관련이 있는 진실을 시험하면서 산다. …… 꿈은 나스카피 인디언에게 내면세계는 물론이고, 외부적인 자연세계에서 자신의 삶의 방식

을 찾는 완전한 능력을 주는 것이다. 꿈은 그에게 날씨를 예보하고, 무엇을 사냥할지를 가르쳐 준다. 그는 꿈에 의지해서 사는 것이다. 나는 이러한 이런 사람들을, 우리의 문명에 오염되지 않았고, 융이 자기라고 부르는 존재가 자연스러운 통찰력을 준다고 생각하기에, 매우 원시적인 사람들이라고 본다.[36]

3) 물의 이미지

출애굽기에는 물에 대한 이야기가 많이 나온다. 먼저, 어린 아기 모세는 갈대상자에 담겨 강에 띄워졌었다. 그는 물속에 빠져 죽을 뻔했던 것이다. 여기서 물은 파괴적인 성격을 가지고 있음을 알 수 있다. 그리고 모세가 미디안 광야로 도망가서 우물가에서 르우엘(이드로)의 딸들을 만나는 이야기가 나온다.

모세는 바로를 피하여 미디안 땅으로 도망쳐서 거기에서 머물렀다. 어느 날 그가 우물가에 앉아 있을 때이다. 미디안 제사장에게 일곱 딸이 있었는데 그 딸들이 그리로 와서 물을 길어 구유에 부으며 아버지의 양떼에게 물을 먹이려고 하였다. 그런데 목동들이 나타나서 그들을 쫓아 버렸다. 그래서 모세가 일어나서 그 딸들을 도와 양떼에게 물을 먹였다. 그들이 아버지 르우엘에게 돌아갔을 때에 아버지가 그들에게 물었다. 너희가 오늘은 어떻게 이렇게 일찍 돌아왔느냐? 그들이 대답하였다. "어떤 이집트 사람이 목동들의 손에서

---

36 Marie-Louise von Franz, "The process of individuation," *Man and his Symbols*(New York : Doubleday & Company Inc., 1979), 161, 162.

우리를 구하여 주고, 우리를 도와서 물까지 길어, 양 떼에게 먹였습니다."아버지가 딸들에게 말하였다. "그 사람이 어디에 있느냐? 그런 사람을 그대로 두고 오다니, 어찌 그럴 수가 있느냐? 그를 불러다가 음식을 대접하라." 르우엘은 모세가 기꺼이 자기와 함께 살겠다고 하므로 자기 딸 십보라를 모세와 결혼하게 하였다. 십보라가 아들을 낳으니 모세는 "내가 낯선 땅에서 나그네가 되었구나!" 하면서 아들의 이름을 게르솜이라고 하였다.(출 2:15b~22)

이제 타향에서 외톨이가 된 모세에게 구원의 손길은 역시 우물가에서, 즉 물을 통해 일어나게 된다.[37] 여기서 이 우물은 외롭고 두려운 모세에게 새로운 삶의 터전(home)을 발견하게 해 준, 터전이었던 것이다. 우물가의 사마리아 여인이 예수님을 만나 새 삶을 허락 받은 이야기가 비슷한 모티브라고 생각해 볼 수 있다.(요한 4장)

다음에 이어지는 이야기는 마라 이야기다.

모세는 이스라엘을 홍해에서 인도하여 내어 수르 광야로 들어갔다. 그들은 사흘 동안 걸어서 광야로 들어갔으나 물을 찾지 못하였다. 마침내 그들이 마라에 이르렀는데 그 곳의 물이 써서 마실 수 없었으므로 그 곳의 이름을 마라라고 하였다. 이스라엘 백성은 모세에게 "우리가 무엇을 마신다 말이오." 하고 불평하였다. 모세가 주께 부르짖으니, 주께서 그에게 나무 한 그루를 보여 주셨다. 그가 그 나뭇가지를 꺾어서 물에 던지니 그 물이 단 물로 변하였다. 주께서

37 『출애굽기의 출애굽』, 40.

그들에게 법도와 율례를 정하여 주시고, 그들을 시험하신 곳이 바로 이 곳이다.(출 15:22~25)

이 이야기는 설교자들이 설교 자료로 쓰기를 좋아하는 내용이다. 여기서 "마라"라는 말은 "쓰다"라는 뜻이다. 광야에서 심하게 목이 마를 때 이스라엘 백성들은 물이 써서 마실 수 없을 때 불평을 했다. 그 때 모세가 주께 하나님이 주신 나뭇가지를 물에 던지니 단물로 변했다는 것이다. 여기서 쓴 물은 우리 삶의 고통스러운 일들이라 볼 수 있다. 마라는 우리 삶 속에서 경험하는 쓴 광야체험(bitter wilderness experience)을 상징하는 것이다. 사람들은 흔히 아무 문제없이 쉽게 살고 싶어 한다. 그러나 쉬운 삶은 존재하지 않는다. 또 우리는 고통을 겪고 그것을 극복해 나가는 가운데 강해지고 성숙해지는 것이다.

마라 이야기 다음에는 이런 말씀이 나온다. "그들이 엘림에 이르렀다. 거기에는 샘이 열두 곳이나 있고, 종려나무가 일흔 그루나 있었다. 그들은 그 곳 물가에 진을 쳤다."(15:27) "그곳은 성소와 같이 여겨지는 오아시스가 있었음에 틀림없다."[38] 하나님께서 마라 같은 세상에서 고통을 당하며 지친 사람들을 위해서 준비해 놓으신 오아시스가 있다는 것이다. 여기서 나는 아주 재미있는 것을 여기서 발견하게 된다. 이스라엘 백성들이 엘림에 도착했을 때 물 샘이 열둘이 있었고 종려나무 70주가 있었다고 했다. 열 두 개의 샘이 있었기에 그들은 물 때문에 열 두 부족이 싸울 필요가 없었다. 충분했다. 성경에는 12라는 숫자가 많이 나온다. 12지파, 12제자 등이다. 이것은 완전수를 얘기하는 것이다. 70도 마찬가지다. 그

38 *The Interpreter's Bible Vol. 1*(Nashville : Abingdon Press, 1952), 949.

러니까 여기서 볼 때, 엘림에는 "충만한 삶"이 있다는 것이다. 부족함이 없다는 것이다.

모세와 이스라엘 백성들의 광야 여정에서는 바위에서 물이 솟는 이야기가 나온다.(출 17:1~7 ; 민 20:1~13) 백성들이 마실 물이 없어서 죽겠다고 모세를 원망할 때 모세는 주님께 부르짖었다. 그때 주께서 모세에게 말씀하셨다.

> 너는 이스라엘 장로들을 데리고 이 백성들 보다 앞서서 가거라. 그리고 나일 강을 친 그 지팡이를 손에 들고 가거라. 이제 내가 저기 호렙 산 바위 위에서 너의 앞에 서겠으니, 너는 그 바위를 쳐라. 그러면 거기에서 이 백성이 마실 물이 터져 나올 것이다." 모세가 이스라엘 장로들이 보는 앞에서 하나님이 시키신 대로하였다. 이스라엘 자손이 거기에서 주께 대들었다고 해서, 사람들은 그 곳의 이름을 므리바라고도 하고, 또 거기에서 "주께서 우리 가운데 계시는가, 안 계시는가?" 하면서 주를 시험하였다고 해서 그 곳의 이름을 맛사라고도 한다.(출 17:5~7)

반석에 대한 이야기가 성경에 많이 나온다. 그 중 시편 78:15에서는 "광야에서 반석을 쪼개시고 깊은 수원에서 나는 것 같이 저희에게 물을 흡족히 마시우셨으며"라고 했고, 시편 78:16에서는 "또 반석에서 시내를 내사 물이 강 같이 흐르게 하셨으나"라고 했다. 시편 105:41에 보면, "반석을 가르신 즉 물이 흘러 나서 마른 땅에 강 같이 흘렀으니"라고 했다. 그런데 고린도전서 10:4에서는 반석을 '그리스도'라고 표현했다. "다 같은 신령한 음료를 마셨으니 이는 저희를 따르는 신령한 반석으로부터 마셨으매 그 반석은 곧 그리스도시라."

폰 프란츠는 그녀의 책 *Aurora Consurgens*에서 이렇게 말한다.

> 반석에서 나오는 물을, 교부(敎父)들은 흔히 하나님에 관한 지식, 또는 지식의 원천(the fons scientiae)으로 해석했다. 교회의 관점에서 볼 때, 그리스도는 모세가 지팡이로 때린 반석이다. 그런데 그리스도의 옆구리에서 물과 피가 나온 것처럼 그 반석은 生水를 내었다. 이렇게 볼 때 그리스도의 몸은 영적인 물(water of spirituality)이 흘러나오는, "영적인 바위"(pneumatic rock)라 할 수 있다.[39]

요한복음에서는 예수를 생수의 근원(fountain of living water)으로 소개하고 있다. "예수께서 일어서서 큰소리로 말씀하셨다. '목마른 사람은 다 내게로 와서 마셔라. 나를 믿는 사람은 성경에 이른 것과 같이, 그의 배에서 생수가 강처럼 흘러나올 것이다.'"(요 7:37b~38) 매우 의미 있는 성경구절이 생각난다. "증언하는 이가 셋인데, [어떤 몇몇 사본에는 하늘에서 증언하시는 세분이 계십니다. 곧 아버지와 말씀과 성령이십니다. 이 셋은 하나입니다. 땅에서 증언하는 셋이 있습니다. 곧 영과 물과 피입니다. 이 셋은 일치합니다] 곧 성령과 물과 피입니다. 이 셋은 일치합니다."(요일 5:7~8) 여기서 우리는 생수, 또는 divine water가 성령(Holy Spirit), 또는 그리스도의 피(blood of Christ)를 상징하는 것임을 알 수 있다.[40]

---

39 Edited with a commentary by Marie-Louise von Franz, *Aurora Consurgens : A document attributed to Thomas Aquinas on the problem of opposites in alchemy*(Toronto : Inner City Books, 2000), 326.

40 *Aurora Consurgens*, 288, 289.

4) 만나와 메추라기

광야 여행을 계속하는 동안 야훼께서는 만나와 메추라기를 주워서 먹을 것을 공급해 주셨다.(출 16장) 그런데 그러한 것들은 하루 밖에 먹을 수 없는 것이었다. 다음날을 위해 저장해 두면 "벌레가 생기고 냄새가 났다."(출 16:20) 광야를 유랑하는 이스라엘 백성들은 각자 하루하루를 하나님의 인도와 보호아래 살아야 했다. 예수께서도 비슷한 말씀을 우리에게 주셨다. "그러므로 무엇을 먹을까, 무엇을 마실까, 무엇을 입을까, 하고 걱정하지 말아라. 이 모든 것은 이방 사람들이 구하는 것이요, 너희의 하늘 아버지께서는 이 모든 것이 너희에게 필요하다는 것을 아신다."(마 6:31~32) 신학자 폴 틸리히도 "영원한 현재"(the eternal now)를 살라고 말했다. 융도 이런 말을 했다.

> 중요한 것은 지금 여기에서이다. 이것이 영원한 순간이며, 만일 그대가 이것을 깨닫지 못한다면 그대는 삶의 가장 중요한 부분을 잃어버린 셈이다... 매순간을 영원한 순간으로 취급해야만 한다. 왜냐하면 미래는 항상 현재 존재하는 것에서부터 자라나는 것이기 때문이다. …… 심리학에서는 개인의 삶 속에서 미래에 올 어떤 것에 대한 희망 때문에 자신의 현재의 삶을 그저 하찮은 것으로 생각하는 것을 심각한 문제라고 간주한다. 그대가 그와 같이 생각할 때 미래는 결코 오지 않을 것이라는 것을 확신할 수 있기 때문이다. 그대는 매 순간 최선을 다한다는 정신을 가지고 살아야 한다.[41]

---

41 『성서와 정신』, 95, 96.

에딘저는 언젠가 만나에 대해서 이렇게 말한 적이 있다. "고전적으로 볼 때, 소외의 상징은 광야의 이미지이다. …… 광야에서 길을 잃고 꼼짝없이 죽게 되었을 때, 신이 무언가를 내려주는 일이 생긴다. 광야의 이스라엘 백성들은 하늘에서 만나가 내려와 먹게 되었다.(출 16:4)[42]

만나는 이스라엘 백성들이 광야에서 먹었던 양식이다. 이 만나에 대하여 예수께서는 이런 말씀을 하셨다. "너희 조상들은 광야에서 만나를 먹었어도 죽었거니와 이는 하늘로서 내려오는 떡이니 사람으로 하여금 먹고 죽지 아니하게 하는 것이니라. 나는 하늘로서 내려온 산 떡이니 사람이 이 떡을 먹으면 영생하리라 나의 줄 떡은 곧 세상의 생명을 위한 내 살이로라."(요 6:49~51)

꽤 오래 분석을 받고 있던, 당시 40대 후반의 어떤 여성이 다음과 같은 꿈을 가져 온 적이 있다.

> 혼자 어디론가 가는 길이었다. 무심히 하늘을 쳐다보았는데 작은 물체들이 떠 있었다. 이상해서 쳐다보며 서 있었는데 어떤 아주머니가 그것을 손으로 잡아서 내게 먹으라고 주었다. 나는 받으면서 공중에 있는 것이 아주머니가 주인이냐며 먹어도 되는 것이냐고 물었더니 걱정하지 말고 실컷 먹으라고 했다. 그것은 정말 신기한 맛이었다. 어렸을 때 먹던 초콜릿 맛 보다 더 맛있는 것이었는데 손에 있는 것이 아무리 먹어도 없어지지 않았고 속이 불편하지도 않았고 무척 즐거웠다. 그런데 그 위에 있는 것들을 다 내게 준다고 그랬다. 나는 내 손에 있는 아직도 남아 있었고 그것이 그 여자 것인지

42 *Ego & Archetype*, 50.

모르겠어서 괜찮다 그랬더니 걱정하지 말고 다 가지라고 그것을 보자기에 싸 주었다. 얼떨결에 나는 것을 받아들고 남에게 나눠주고도 평생 먹을 걱정은 없을 것 같다는 생각을 하면서 나눠 줄 사람을 생각하다가 깼다.

꿈에서 피분석자는 공중에 떠 있는 이상한 음식을 어떤 30대 중반의 아주머니의 도움으로 계속 먹었는데 맛이 있었고 없어지지도 않았고 속이 불편하지도 않았고 무척 즐거웠다고 했다. 요즘 속이 불편하지도 않고(건강도 괜찮고) 무척 즐거운 느낌으로 사는 것 같다. 그런데 여기서 볼 때 피분석자는 누군가가 꼭 주어야 받을 수 있는 것 같다. 피분석자가 점프하여 따먹지 못하고 있다. 지난 번 꿈과 비슷하게 주니까 얼떨결에 받고 있다.

또 이 꿈은 신비한 음식이 가까이 있음을 보여준다. 이 음식은 없어지지 않는 것이다. 이 신비한 음식은 성경에 나오는 만나와 같은 느낌이 든다. 만나는 하늘에서 내려진 음식이다. 여기서 하늘에 음식이 달려 있다는 것은 초자연적인 세계에서 온 것이라고 할 수 있다. 이 신비한 음식을 먹고 피분석자는 포만감(만족감)을 느끼고 있다. 여기서 타원형의 빵 같은 음식이 8개라고 하는 것은 숫자적으로 새로운 것(8일 만의 할례, 세례)임을 상징—재생(regeneration)의 상징—이요, 또한 8은 무한한 수(infinite number)임을 상징한다고 할 수 있다. 하여튼 속에는 엄청난 음식(에너지로 변할 수 있는)이 있는 것 같다. 그런데 이 꿈에서도 그것을 금방 자신의 것으로 갖는 능동성이 부족하다. 그것이 맛있고 좋은데도 그것을 금방 받지 못한다. 하여튼 피분석자에게는 무언가 놀라운 변화가 속에서 일어나고 있다. 무언가 속에는 만족스럽고 풍성한 음식이 있다. 그것을 자기 자신의 힘으로 자기 것으로 가지고 먹는(소화시키는, 동화시키는) 적극적인 자세가 필요할 것 같다. 피분석자에게 뭔가 일을 맡기면 잘 할 것으로 생각되었다. 그녀 안에는 다른 사람들에게 평생 나눠 줄 수 있는 영적 음식이 풍성하기 때문이다.

5) 광야에서 모세를 원망하는 이스라엘 백성들

민수기 14:2~3에 보면 이스라엘 백성들이 소리 높여 아우성을 치며, 밤새도록 통곡하면서 불평을 늘어놓았다. 그 내용이 다음과 같다.

> 온 이스라엘 자손이 모세와 아론을 원망하였다. 온 회중이 그들에게 말하였다. "차라리 우리가 이 광야에서라도 죽었더라면 좋았을 것이다. 그런데 주님은 왜 우리를 이 땅으로 끌고 와서, 칼에 맞아 죽게 하는가? 왜 우리의 아내들과 자식들을 사로잡히게 하는가? 차라리 이집트로 돌아가자."

신 광야를 떠나 르비딤에 진을 쳤을 때 백성들이 마실 물이 없었다. 그 때 그들이 모세에게 마실 물을 달라고 대 들었다. 백성들은 몹시 목이 말라서 모세를 원망하며 왜 이집트에서 그들을 데려왔느냐고 다 목말라 죽게 할 작정이냐고 대들었다. 그 때 모세가 주께 부르짖으면서 하는 말이 "그들이 지금이라도 곧 저를 돌로 쳐 죽이려고 한다"(출 17:4)고 호소했다. 이스라엘 백성들은 자기네 욕구가 충족되지 않으면 모세를 원망하고 심지어 돌로 쳐 죽이려고 까지 했다.

광야에서 이스라엘 백성들은 모세에게 자주 불평, 원망을 쏟아놓았고, 어떤 때는 그의 지도력(leadership)에 도전하기도 했다. 모세에게는 고통스러운 순간이 너무나 많았다. 모세가 구스 여인을 아내로 맞았을 때 형 아론과 누나 미리암이 그를 비방하였다. 또 같은 레위지파인 고라 자손이 배반하는 일도 있었다.(민 16) 모세는 때로는 생명의 위협을 당할 때도 있었다. 이스라엘 백성들이 사막에서 불평하는 소리를 자주 듣게 되자 모세는 걱정이 태산 같았다.

모세가 주께 여쭈었다. "어찌하여 주께서는 주의 종을 이렇게도 괴롭게 하십니까? 어찌하여 저를 주님의 눈 밖에 벗어나게 하시어, 이 모든 백성을 저에게 짊어지우십니까? 이 모든 백성을 제가 잉태하기라도 했습니까? 제가 그들을 낳기라도 했습니까? 어찌하여 저더러, 주께서 그들의 조상에게 맹세하신 땅으로, 마치 유모가 젖먹이를 품듯이 그들을 품에 품고 가라고 하십니까? 백성은 저를 보고 울면서 우리가 먹을 수 있는 고기를 달라! 하고 외치는데, 이 모든 백성에게 줄 고기를, 제가 어디서 구할 수 있습니까? 저 혼자서는 도저히 이 모든 백성을 짊어질 수 없습니다. 저에게는 너무 무겁습니다. 주께서 저에게 정말로 이렇게 하셔야 하겠다면, 그리고 제가 주님의 눈 밖에 나지 않았다면, 제발 저를 죽이셔서, 제가 이 곤경을 당하지 않게 해주십시오.(민 11:11~15)

목회자는 목회를 하면서 많은 고난을 겪는다. 모세가 당했던 것과 비슷한 비방을 받은 적도 있고, 원망과 부평을 쏟아놓아 매우 고통스러웠던 적도 있을 것이다. 그런데 모세는 극심한 고난당할 때마다 하나님께 나아가 간구했다. 전에는 자아(ego)의 힘으로 해결하려 했으나, 여기서 우리는 전혀 달라진 모세의 모습을 본다. 그는 어려운 일을 당할 때마다 하나님(혹은 자기Self)을 만나려고 시내 산으로 올라가 40일을 머물기도 했다.

모세가 산에 오르니, 구름이 산을 덮었다. 주의 영광이 시내 산 위에 머무르고, 엿새 동안 구름이 산을 뒤덮었다. 이렛날, 주께서 구름 가운데서 모세를 부르셨다. 이스라엘 자손의 눈에는 주의 영광이, 마치 산꼭대기에서 타오르는 불처럼 보였다. 모세는 구름 가운데를 지나고, 산 위로 올라가서, 밤낮 사십 일을 그 산에 머물렀다.(출 24:15~18)

이처럼 모세는 중요한 일이 있을 때마다 시내 산에 올라가 하나님을 만났다. 그가 십계명을 받을 때에도 시내 산에 올라갔다. "모세는 거기서 주와 함께 밤낮 사십 일을 지내면서, 빵도 먹지 않고, 물도 마시지 않고, 언약의 말씀, 곧 십계명을 판에 기록하였다."(출 34:28) 심각한 위기를 만날 때 혹은 삶의 혼돈을 경험할 때 그는 자아의 생각이나 계획을 포기하고, 자기(Self)의 인도를 받고자하여 성산(holy mountain)에 올라갔던 것이다. 그것이 그에게는 참다운 안식을 얻고 삶의 활력(vitality)과 방향(orientation)을 발견하는 가장 좋은 길이었다. 다시 말해, 시내산은 모세가 변화(transformation) 받고, 새로운 힘(energy)을 얻을 수 있는 신성한 장소(sacred space)였던 것이다.

6) 금송아지

이스라엘 백성들은 모세가 시내 산에 올라가서 내려오는 것이 지체되자 금송아지를 만들었다. 이스라엘 백성들이 광야에서 만든 송아지 상은 가나안의 신들의 상으로 볼 수 있다. 젊은 황소는 생명력, 재생산적인 힘과 풍요의 상징이다. "이집트에서 새 황소가 사원에 배치되면 여성들은 풍요의 의식의 일환으로 그 성스런 동물을 향해 그들의 성기를 드러내었다. 공주들은 성스런 황소들과 함께 매장되었다. 이것은 풍요를 위한 상징적인 결혼으로 해석한 관습에서 나온 것이다."[43]

---

43 Gertrude Jobes, *Dictionary of Mythology, Folklores and Symbols, Part 1*(New York : The Scarecrow Press Inc., 1962), 259.

분석 심리학에서 암소는 태모(Great Mother)를 상징한다. 황소는 아버지이고, 암소는 어머니로서 모든 것의 근원인 원초적 포괄자, 즉 생성의 모체이자 회귀의 장(場)이다.[44] 이스라엘 백성들이 송아지를 만든 이유는 그것이 땅과 풍요의 상징이었기 때문이다. 곡물의 신(corn god)인 오시리스(Osiris)와 자연의 신(god of nature)인 미트라스(Mithras)는 암소나 황소의 형태로 예배를 받았다.[45] 대개 초기 기독교 작가들은 금송아지를 이집트의 신(神), 아피스(Apis)와 동일시했다. 이집트의 위대한 우주적 여신, 혹은 모신(母神)인 하토르(Hathor)는 암소의 머리를 가지고 있다. "하토르는 풍요, 부요, 재생, 어머니, 태양의 천상적 어머니, 순수한 입을 가진 젊은 암소, 또한 태양의 부인(wife)이었다."[46]

한국 사람들은 금송아지 상을 고귀함과 부귀의 상징으로 생각해 왔으며, 꿈에 소를 만나면 조상을 만난 것이라는 속신(俗信)을 가지고 있다. 몇 년 전에 불면증을 호소하던 내 피분석자 한 사람이 있다. 그는 열심히 기도했는데도 불면증이 낫지 않는다고 매우 고통스러워했다. 그는 어느 날 소 한 마리가 자기 집 안방(거실)에 들어온 꿈을 꾸었다. 그 소는 전혀 공격적이 아니었고, 아주 순해 보였다고 한다. 내 피분석자는 매우 고지식한 기독교 신자였는데 자신의 시골 고향을 잊어버리고 어쩌면 뿌리와 단절 된 채 매우 메마른 삶을 살고 있었다. 다시 말해 그는 조상의 영혼과 완전히 단절되어있었다. 그런데 이상하게도 그의 꿈은 어릴 적(소년시절) 친구와 버스를 타고 소풍을 가는 꿈, 시골에서 농사짓는 형의 집을 방

---

44 『한국문화상징사전』(서울 : 동아출판사, 1992), 426~7 참조.

45 H. Westman, *The Springs of Creativity*(Wilmette : Chiron Publications, 1986), 50.

46 Jean Chevalier and Alain Gheerbrant, Translated by John Buchanan-Brown, *The Penguin Dictionary of Symbols*(London : Penguin Books, 1996), 237.

문하는 꿈을 꾸었다. 그 후에 '소 꿈'을 꾼 것이다. 그에게 소에 대한 연상을 물으니 "조상이 아닌가요?"라고 대답했다. 나는 이 꿈을 통해 그가 다시 자신의 뿌리인 조상의 세계와 연결될 필요가 있음을 느꼈다. 그래서 그로 하여금 시골 고향을 방문하여 부모님 산소도 다녀오고, 농부 형님도 만나보고, 어릴 적 친구들도 만나 보기를 원했다. 그 후에 그는 그대로 했다. 그 결과 그는 이상하게도 불면증에서 완전히 벗어나게 되었다.

우리는 한편으로 송아지를 우상으로 볼 수 있고, 다른 한편으로 상징으로 볼 수 있다. 합리적인 사람에게 송아지는 단지 우상, 또는 보이는 징표로 보일 수밖에 없다. 모세는 매우 합리적인 사람이었기에 금송아지를 보고 우상으로 생각하여 크게 화를 낸 것이다. 그러나 다른 시각에서 보면, 송아지는 열매가 풍성한 대지의 상징, 다른 말로, 내면세계의 에너지와 풍요와 창조성일 수 있다.[47]

7) 불 뱀과 놋 뱀

이스라엘 백성들이 광야에서 도망 나와 오랫동안 광야에서 음식과 물이 부족한 상태에서 고생을 했다. 그들은 용기를 잃어버렸고 지친 여정을 참을 수가 없게 되었고, 하나님과 모세를 원망하게 되었다. 그들은 그들이 이집트에서 나온 것을 후회했고, 하나님은 그들의 이런 태도에 화가 나서 독 있는 뱀을 그들에게 보냈다. 그래서 많은 사람들이 이 뱀에 물려 죽게 되었다. 모세는 이런 상황에서 야훼에게 도움을 청했다. 그 때 야훼께서는 모세에게 청동 뱀을 만들어 장대 위에 매달라고 했다. 누구

---

47 H. Westman, *The Springs of Creativity*(Wilmette : Chiron Publications, 1986), 52, 54, 58.

든지 뱀에 물린 자들이 그 청동 뱀을 보면 고침 받을 것이라고 했다.

에딘저에 따르면, 불 뱀은 야훼의 어두운 성격의 일면이다. 또한 독 있는 뱀이 문 것을 치유하는 놋 뱀의 이미지는 무의식 속에서 발견되는 변화시키고 치유하는 상징적 이미지를 표현한다. 그것은 우리를 독에 감염되고 압도된 것으로부터 구제한다.[48]

융은 뱀이 이중적 성격(dual qualities)을 가지고 있다고 말했다 : "뱀은 단지 사악하고 원시적인 지하의 존재(chthonic being)가 아니라, 지혜와 빛과 선과 치유의 상징이기도 하다. 신약 성경에서조차도 그것은 그리스도와 악마를 동시적으로 상징하는 것으로 나타나 있다.[49]

요한복음 3:14에 보면, "모세가 광야에서 뱀을 든 것과 같이 인자도 들려야 한다"고 되어있다. 사도 요한은 그리스도를 모세의 뱀과 비교한다. 많은 초기 교부들은 그리스도를 "선한 뱀"(good serpent)이라고 불렀다. 존 샌포드는 두 가지 예를 들어 뱀의 긍정적 의미를 다음과 같이 말하고 있다.

> 그리스 신화에서 치유의 신(神) 아스클레피우스는 종종 뱀 혹은 뱀과 비슷한 형태로 나타난다. 이 뱀은 신의 치유 능력을 상징한다. …… 뱀의 치유적인 측면은 초대교회에서 치유의 상징으로 널리 알려진 요한의 성배에 관한 기독교 전승에서 나타난다. 전설에 따르면, 사도 요한은 독이 들어 있는 성배를 마시고 죽도록 운명 지워 졌으나, 뱀의 형태의 성배를 마셨더니 독이 사라지고 아무 일이 없었다.[50]

---

48 *Mysterium Lectures*, 255.

49 Jung, *C. W. 9ii*, *Aion : Researches into the Phenomenology of the Self*, Second Edition. Translated by R. F. C. Hull.(Princeton : Princeton University Press, 1975), 245.

8) 복 받는 길을 제시하는 모세

> 너희와 너희의 자손은 주 너희의 하나님께로 돌아와서, 마음을 다하고 정성을 다하여 오늘 내가 너희에게 명령한 모든 말씀을 순종하여라. 그러면 주 너희의 하나님이 마음을 돌이키시고 너희를 불쌍히 여기셔서, 포로생활에서 돌아오게 하여 주실 것이다. 그리고 주 너희의 하나님이 너희를, 그 여러 민족 가운데로 흩으신 데서부터 다시 모으실 것이다.(신 30:2~3)

> 그 때에 너희는 돌아와서 주의 말씀을 순종하며, 내가 오늘 너희에게 명한 모든 명령을 지킬 것이다. 그러면 주 너희의 하나님은, 너희가 하는 모든 일에 복을 주시고, 너희 몸의 소생과 가축의 새끼와 땅의 소출을 풍성하게 하실 것이다. 주께서, 기쁜 마음으로 너희의 조상이 잘 되게 하신 것처럼, 기쁜 마음으로 너희도 잘 되게 하실 것이다. 너희가 하나님의 말씀을 잘 듣고, 이 율법 책에 기록된 명령과 규례를 지키고, 마음을 다하고 정성을 다하여 주 너희의 하나님께로 돌아오면, 그런 복을 받게 될 것이다.(신 30:8~10)

여기서 모세는 이스라엘 백성들이 복 받는 길을 제시한다. 그것은 주께 돌아오는 것과 하나님의 계명에 순종하는 것이라고 했다. 이것은 심리학적으로 볼 때 무엇을 의미하는 것일까? 자아의 뜻을 포기하고 자기

50 John Sanford, *Mystical Christianity : A Psychological Commentary on the Gospel of St. John*(New York : Crossroad, 1993), 94.

의 큰 뜻(Great Will)을 따르는 것이라고 볼 수 있다. 복은 그냥 우리에게 주어지지 않는다. 위대한 분(Great Man)의 뜻에 순종할 때 우리에게 주어지는 것이다. 예수께서 하신 기도를 우리가 할 수 있을 때, 우리는 비로소 하나님의 기뻐하시는 자녀(마 3:17)가 되는 것이다. 예수는 겟세마네 동산에서 이렇게 기도했다. "나의 아버지, 하실 수만 있으시면, 이 잔을 내게서 지나가게 해주십시오. 그러나 내 뜻대로 하지 마시고, 아버지의 뜻대로 하십시오."(마 26:39)

우리 영혼이 고통의 진정한 의미를 깨닫고, 그 자신이 정화되며, 신적인 삶에 자신을 개방할 수 있게 되는 것은 우리가 우리 자신의 심층으로 내려갈 때뿐이다. 또한 우리 영혼은 '죽음의 체험'을 통해서 비로소 새로운 생명으로 다시 태어날 수 있는 것입니다. 자아가 죽지 아니하면 하나님(또는 자기Self)의 뜻에 순종할 수 없고, 또한 진정한 복을 받을 수가 없다. 여기서 우리는 바울의 말을 들을 필요가 있다.

> 여러분은 지난날의 생활방식에 얽매여서 허망한 욕정을 따라 살다가 썩어 없어질 옛 사람을 벗어버리고 마음의 영을 새롭게 하여, 하나님을 따라 참된 의로움과 거룩함으로 지으심을 받은 새 사람을 입으십시오.(엡 4:22~24)

> 그러므로 우리는 그분의 죽으심과 연합하는 세례를 받음으로써, 그분과 함께 묻혔습니다. 이것은 그리스도께서 죽은 사람들 가운데서 아버지의 영광으로 살리심을 받은 것과 같이, 우리도 새로운 생명 가운데서 살아가게 하려는 것입니다. 우리가 그의 죽으심과 같은 죽음으로 그와 연합하는 사람이 되었으면, 또한 분명히, 그의 부

활하심과 같은 부활로 그와 연합하는 사람이 될 것입니다. 우리는, 우리의 옛 사람이 그리스도와 함께 십자가에 달려서 죽은 것이, 죄의 몸을 멸하여서 우리가 다시는 죄의 노예가 되지 않게 하려는 것임을 압니다.(롬 6:4~6)

우리 영혼이 고통스러운 체험, 쓴 광야체험을 통해 정화될 때, 다시 말해 옛 자아가 완전히 죽을 때 우리는 우리 내면에 겸손이라는 든든한 기초가 세워지고, 그 위에 새로운 삶이 건립될 수 있는 것이다.

9) 각 지파와 자기를 비방하는 누이를 축복하는 모세

하나님의 사람 모세가 죽기 전에 한 일이 있다. 그것은 이스라엘 자손들을 축복한 것이다. 모세가 전혀 달라진 모습을 우리는 민수기 12:3에서 본다. 거기 보면, "모세로 말하자면 땅 위에 사는 모든 사람 가운데서 가장 겸손한 사람이다." 또 모세가 구스 여인을 아내로 맞았다고 미리암이 비방했다가 악성 피부병에 걸린 적이 있다. 그때 모세는 주께 부르짖어 기도를 한다. "모세가 주께 부르짖어 아뢰었다. "하나님, 비옵니다. 제발 미리암을 고쳐 주십시오."(12:13) 정말 모세는 놀랍게 달라졌다. 전적으로 변화되었다. 그는 혈기를 부리며 옛날 이집트 감독관을 때려죽인 사람이었다. 그런데 이제는 자기를 비방하는 사람을 위해 간절히 눈물로 기도하고 있는 것이다.

10) 모세의 죽음

신명기 34장에 보면 모세의 죽음에 관한 설명이 나온다.

모세가 모압 평원, 여리고 맞은쪽에 있는 느보 산의 비스가 봉우리에 오르니, 주께서는 그에게, 단까지 이르는 길르앗 지방 온 땅을 보여 주셨다. 또 온 납달리와 에브라임과 므낫세의 땅과 서해까지 온 유다 땅과 네겝과 종려나무의 성읍 여리고 골짜기에서 소알까지 보여 주셨다. 그리고 주께서 그에게 말씀하셨다. "이것은 내가 아브라함과 이삭과 야곱에게 맹세하여 그들의 자손에게 주겠다고 약속한 땅이다. 내가 너에게 이 땅을 보여 주기는 하지만, 네가 그리로 들어가지는 못한다."(신 34:1~4)

여기 보면, 하나님이 모세에게 "내가 너에게 이 땅을 보여 주기는 하지만, 네가 그리로 들어가지는 못한다."라고 말씀하셨다. 그 때 그의 심정이 어떠했을까 생각해 본다. 그는 하나님께 불평하거나 원망하지 않았다. 아무 말도 하지 않았다. 그리고 이어서 그의 죽음에 대한 짧은 서술이 나온다. "주의 종 모세는, 주의 말씀대로 모압 땅에서 죽어서, 모압 땅 벳브올 맞은쪽에 있는 골짜기에 묻혔는데, 오늘날까지 그 무덤이 어디에 있는지를 아는 사람은 아무도 없다."(신 34:5~6) 이것을 보면 그는 이름도 없이 빛도 없이 자신의 몫(使命)을 다하고 사라져 간 것으로 볼 수 있다. "모세가 죽을 때에 나이가 백스물 살이었으나, 그의 눈은 빛을 잃지 않았고, 기력은 정정하였다."(신 34:7) 우리는 이 말씀을 통해 한 가지 배우는 것이 있다. 즉 그렇게 고귀한 삶을 살다 간 사람은 "하나님의 충성스러운 종"(민 12:7)이라는 숭고한 이름으로 불린다는 것이다.

이어 모세에 대한 이런 언급이 나온다. "그 뒤에 이스라엘에는 모세와 같은 예언자가 다시는 나지 않았다. 주께서는 얼굴과 얼굴을 마주 대고 모세와 말씀하셨다. 주께서는 그를 이집트와 바로와 그의 모든 신하와 그의 온 땅에 보내셔서 놀라운 기적과 기이한 일을 하게 하셨다. 온 이스라엘 백성이 보는 앞에서, 모세가 한 것처럼, 큰 권능을 보이면서 놀라운 일을 한 사람은 다시없다."(신 34:10~12) 모세에게 하나님께서는 "내가 천하 만민 중에서 너를 알았다"(출 33:12, 16, 17)고 말씀하셨다. 또 모세는 '하나님의 친구'(출 33:11)로 묘사되었다. 이것을 볼 때 모세는 자아의 뜻을 포기하고, 자기의 큰 뜻에 순종하여 산 위대한 사람이었다.

타고르는 말하였다. "우리는 의식의 자유를 얻는 것에 대하여 값을 치러야 한다. 그 값이란 무엇인가. 사람이 제 나(自我)를 버리는 일이다. 제나(自我 ; ego)를 부정하므로써만 참나(自己 ; Self)를 깨달을 수 있다." 다석 류영모는 말하였다. "하나님 아들 노릇은 하나님 아버지와 같이 하자는 것이다. 우리는 자꾸 제나를 버리고 하나님 아버지와 같아지려는 존재이다. 이것이 본디의 참나를 회복하는 것이다. 하나님께로 올라간다는 것이 그렇게 기쁘고 즐거울 수가 없다." 장주는 말하였다. "이른 사람은 제나가 없다. 성령의 사람은 제 자랑이 없다. 거룩한 사람은 이름이 없다"(至己無己, 神人無功, 聖人無名)고 했다. 개체란 거짓 나요 거짓 생명이다. 그러므로 개체의 죽음은 죽음이 아니다. 하나님이 영원하신데 죽음이 있을 리가 없다. 제나가 온전히 죽어야 한다. 그것이 얼나를 깨닫는 길이다." 이렇게 볼 때, 모세는 자유의 경지에 이른 것이요, 제나(ego)가 죽고, 얼나(Self)를 실현한, 성인(聖人)이 된 것이라 할 수 있다.[51]

이렇게 볼 때 모세야말로 "자신의 생"을 충분히 살았던 사람, 곧 융의 말대로 개성화를 이룬 사람이었다. 개성화는 온전하게 되고, 자신의 독특

---

51 박영호 역·저, 『장자 다석 류영모의 사상과 함께 읽는 장자』(서울 : 두레, 1999), 45 참조.

한 삶을 성취하는 과정이다. 샌포드의 개성화에 관한 이야기를 들어보자.

> 개성화는 하나의 과업이요 삶의 작업이요 과제다. 개성화는 우리에게 인생의 난관과 위험을 피하지 말고, 오히려 우리 삶의 틀을 형성하는 사건들 속에서 의미를 파악하라고 요구한다. …… 온전하게 되는 것은 완전한 사람이 되는 것이 아니라, 완성되는 것이다. 그것은 반드시 행복을 의미하는 게 아니라, 성장을 의미한다. 그것은 종종 고통스럽지만, 다행스럽게도 지루하지 않다. 그것은 우리가 바라는 대로 삶에서 벗어나는 것이 아니라 영혼이 성장하고 정화되는 것이다.[52]

나가는 말

특히 모세의 말년을 관찰해 볼 때, 그는 진정 성숙한 사람이 되었음을 알 수 있다. 그가 이렇게 성숙한 사람이 될 수 있었던 이유가 많이 있겠지만 나는 다음 세 가지 요소가 특히 그의 인격 성숙(또는 입회initiation)에 중요하게 작용했다고 본다.

1) 쓰디쓴 광야체험

모세는 쓰디쓴 광야 체험 혹은 영혼의 어둔 밤, 어두운 밤바다 체험, 죽음의 체험(mortificatio experience)을 통해서 매우 마음이 온유하고 겸손한 사람이 되었다고 할 수 있다. 모세는 마음이 온유하고 겸손한 사람(마

---

52 John A. Sanford, *Healing and Wholeness*(New York : Paulist Press, 1977), 20. 심상영 옮김, 『융 심리학과 치유』(서울 : 한국심층심리연구소, 2010), 44, 45.

11:29)이 되었다. 민수기 12장에서 모세가 구스 여인을 취하자, 아론과 미리암이 모세를 비난했다. 그러나 하나님께서는 오히려 모세 편에 서서 그를 변호한 이유는 그가 겸손한 사람이었기 때문이다.[53] 하나님이 말씀하시기를, "모세는 온유함이 지상의 모든 사람보다 낫다"(민 12:3)고 하셨다. 다시 말해, 모세의 영혼은 쓴 광야 체험을 통해서 정화되었다. 옛 자아가 죽고, 새로운 존재(new being)가 된 것이다.

2) 성스러운 시간과 공간(sacred time and space)

그가 그렇게 될 수 있었던 것은, 그가 자주 하나님을 만나러 성산, 시내 산에 올라가 거기서 하나님을 만났기 때문이다. 그에게는 시내 산이 곧 성스러운 공간이었고, 시내 산에서 하나님과 단 둘이 만나는 시간이 성스러운 시간이었다. 예수께서도 많은 일로 지치실 때 산으로 가셔서 기도하셨고, "골방에 들어가 문을 닫고 은밀한데 계신 하나님께 기도하라"고 하셨다. 이것이 바로 성스러운 시간과 공간을 가지라는 말씀이다.

미르치아 엘리아데(Mircea Elide)는 근대화가 인간문화의 타락을 야기시켰다고 말했다. 또한 그는 종교 경험 속에서 성(聖)과 속(俗)을 구분하기도 하였다. "세속적인 시간과 공간은 계속되는 시간, 방향 감각의 상실, 그리고 퇴보로 특징지어졌으며, 반면에 성스러운 시간과 공간은 영원한 것과의 만남, 방향을 잡아 주는 중심, 그리고 재생(regeneration)으로 표현되었다."[54] 현대 산업사회와 기술적 합리주의 조건 아래서 살아가는

---

53 강사문, "성경에서의 광야의 주제," 『장신논단 제 16권』(서울 : 장로회신학대학교출판부, 2000), 25, 26 참조.

54 Robert Moore, "Ritual Process, Initiation, and Contemporary Religion," in *Jung's Challenge to Contemporary Religion*. Edited by Murray Stein and Robert

현대인들이 성스러운 공간—재생, 창조성, 변형의 공간—을 경험하기란 여간 어려운 일이 아니다.

우리는 종종 사람들이 다음과 같이 불평하는 소리를 듣는다 : “나는 쉴 만한 곳, 정체성을 확인할 만한 곳이 없다. 나는 외롭다.” 비록 그가 많은 업적을 이루고, 세계의 여러 곳에서 살아보았다고 해도, 그에게는 진정 고향이라고 부를 만한 곳이 없었던 것이다. 그에게는 조상의 숨결을 느끼고 받을 만한 장소가 없었고, 보호받고 있다는 느낌, 안전하다는 느낌을 얻지 못했기에 그의 영혼이 외로울 수밖에 없었던 것이다. 이러한 문제를 해결하려면, 우리 스스로 선조들의 오래된 지혜를 재발견하고, 신성한 체험(numinous experience)을 회복해야 할 것이다.[55] 융에 의하면 이러한 현대 사회에서 우리는 종교적 태도, 즉 신성한 것에 대한 세심한 숙고를 필요로 한다. 누미노제적(신성한) 체험은 전적인 타자(자기)를 경험하는 것이기에 자아에게는 두렵고 무서우며, 동시에 신비스럽기도 한 경험이다.

모세는 깊은 고독 속에서 하나님 앞에 꿇어 엎드려 하나님과 영적으로 깊이 교제했다. 이것은 심리학적으로 볼 때 겸손하게 우리 의식이 무의식(혹은 자기)의 충고를 따라가며, 무의식의 인도를 받는 것과 같다. 주님께 엎드리는 것은, 우리 안에 거주하는 위대한 분(Greate Man)의 인도를 받는 것과 같다. 여기서 모세는 고독을 창조적으로 하나님을 만나는 기회로 삼은 것이다.

우리는 기차 건널목에서 멈춤(stop)표시를 본다. 우리는 가끔 멈추

Moore(Wilmette : Chiron Publications, 1987), 148.

55 심상영, 『한국교회 영적 성장을 위한 융의 분석심리학』(서울 : 쿰란출판사, 2001), 115.

어 서서, 자신을 살피고, 또한 내면의 목소리를 들어야(STOP-LOOK-LISTEN) 한다. 그렇게 하려면 침묵의 시간을 가져야 한다. 복잡한 현대 생활 속에서 우리에게 필요한 것은 조용한 장소와 시간이다. "영적인 삶을 살려는 사람들은 종교적으로 침묵하는 것을 연습해야 한다."[56] 현대인의 문제는 침묵을 잃어버렸다는데 있다. 그 결과 쉼(안식)도 상실했다. 가끔 우리는, 모세가 그렇게 한 것처럼 우리를 인도하는 내면의 목소리(guiding inner voice)를 듣기 위해 멈추어야 한다. 시편 시인은 "너희는 가만히 있어 내가 하나님 됨을 알찌어다"(시 46:10)라고 했다. 예수님도 '고독의 시간과 장소'를 가지곤 하셨다. 사실 우리는 날마다 조용히 복잡한 일상에서 물러나 강박관념을 떨쳐버리고, 우리 주님의 온유한 치유의 임재 안에 거할 수 있는 우리만의 광야(고독의 시간과 장소)를 만들어야 한다. 헨리 나웬은 마음의 고독이 필요함을 역설했다.

> 마음의 고독이 없으면 우정과 결혼과 공동체 생활의 친밀감은 창조될 수 없다. 마음의 고독이 없으면 우리가 이웃과 맺는 관계는 쉽사리 빈곤해지고 욕심을 내어 무언가를 바라게 되며, 집착하고 매달리게 되며, 의존하고 감사에 빠지게 되며, 상대방을 이용하려고 하고 상대방에게 지나치게 의존하게 된다. 왜냐하면 마음의 고독이 없이는 다른 사람을 자신과는 다른 존재로 경험할 수 없고, 숨겨져 있는 자신의 욕구를 충족시키기 위한 수단으로만 사람들을 경험하는 경우가 많기 때문이다.[57]

---

56 Morton Kelsey, *The Other Side of Silence : A Guide to Christian Meditation*(New York : Paulist Press, 1976), 108.

3) 노현자(老賢者) 이드로와의 만남

여기서 모세의 장인 이드로에 대해서 잠깐 생각해 볼 필요가 있다. 그는 모세가 살인을 한 후, 바로에게 쫓겨 미디안 광야로 도망갔을 때, 딸 십보라를 그에게 주어 결혼을 시켜 안정된 생활을 하게 해 주었다. 또 모세가 호렙산 떨기나무 불꽃 가운데에서 하나님의 부르심을 받고 장인 이드로에게 돌아가서 작별인사를 고할 때, 이드로는 모세에게 편안히 가라고 말했다. 모세의 장인은 모세에게 샬롬(shalom)을 기원한 것이다.

나중에 출애굽기 18장을 보면, 장인 이드로가 모세를 방문하는 이야기가 나온다. 그 때 이드로는 모세가 혼자서 일을 처리하는 것을 보고, "백성 가운데서 능력과 덕을 갖춘 사람, 곧 하나님을 두려워하며 참 되어서 거짓이 없으며 부정직한 소득을 싫어하는 사람을 뽑아서 백성 위에 세우라"(18:21)는 조언을 해 준다. 장인의 말을 듣고 모세는 그대로 하여 자신의 사명(mission)을 잘 수행할 수 있었다. 이렇게 볼 때, 이드로는 모세에게 영적 스승, 지혜와 치유를 가져다 준 사람이었다. 심리학적으로 볼 때, 이드로는 노 현인이었던 것이다. 융은 미디안의 제사장이며, 모세의 장인으로 위대한 현자(賢者)로 불렸던 이드로를 노현자의 원형(the archetype of the wise old man)으로 보았다.[58]

---

57 Henri J. M. Nouwen/이상미 옮김, 『영적 발돋움』(서울 : 두란노, 1998), 47~48.

58 C. G. Jung, *CW 9ii* par. 328, 329.

2

"그리스도를 본받는 것"(*imitatio Christi*)의 융 심리학적 의미

내가 이미 얻었다 함도 아니요 온전히 이루었다 함도 아니라 오직 내가 그리스도 예수께 잡힌바 된 그것을 잡으려고 좇아가노라. 형제들아 나는 아직 내가 잡은 줄로 여기지 아니하고 오직 한 일 즉 뒤에 있는 것은 잊어버리고 앞에 있는 것을 잡으려고 푯대를 향하여 그리스도 예수 안에서 하나님이 위에서 부르신 부름의 상을 위하여 좇아가노라.(빌 3:12~14)

그리스도는 자기-인식의 길에 도달한 내적 인간이다.(C.G. Jung, *Aion*, *C.W. 9ii*, par. 318)

죽는 날까지 하늘을 우러러
한 점 부끄럼이 없기를
잎 새에 이는 바람에도
나는 괴로워했다.

별을 노래하는 마음으로

모든 죽어가는 것들을 사랑해야지

그리고 나한테 주어진 길을

걸어가야겠다.

오늘밤에도 별이 바람에 스치운다.(윤동주, "서시")

그리스도인의 최종 목표와 이상(理想)은 "그리스도를 본받는 것"(*imitatio Christi*)인데, 이것은 그리스도의 인격과 삶을 본받는 것이다. "그리스도를 본받는 것"은 독일출신의 수도사였던 토마스 아 켐피스(1380~1471)가 쓴 책의 제목이기도 하다. 그가 쓴 『그리스도를 본받아』[1]는 원래 수도자의 영적 수업을 위한 것이며, 신·구교를 막론하고, 평신도들도 애독하는 경건서적이다. 기독교 역사상 그리스도를 그대로 닮으려 했던 사람은 성 프란체스코(St. Francis of Assisi, 1182~1226)다. 그는 부모로부터 엄청난 재산을 물려받았으며, 천부적으로 쾌활하고 사교적인 성품이어서 귀족 상류 계층으로 살 수 있었으나, 21세 때 열병을 앓고 난 후 회심을 했다. 이 열병이 그에게는 육체적 질병이었을 뿐 아니라 통과의례(通過儀禮)였다. 열병을 앓고 난 어느 날 기도하던 중 "프란체스코! 너는 가서 내 집을 다시 세우라"는 음성을 듣고, 현란한 스콜라 철학 체계, 교단과 교회법의 기구, 성례 미사의식 및 모든 소유와 결별했다. 그는 깊은 명상과 금식의

---

1 박명곤 옮김, 『그리스도를 본받아』(서울 : 크리스챤 다이제스트, 1990). 토마스 아 켐피스가 쓴 이 책은 여러 번역판이 나와 있는데, 가톨릭에서는 『준주성범』으로 번역하였다. 이 책은 어떻게 하는 것이 그리스도를 본받는 것인가를 네 부분(1권 영적생활을 위한 권면, 2권 내면생활에 대한 권면, 3권 내적 위로에 대하여, 4권 성찬식을 위한 경건한 권면)으로 나누어 말하고 있다.

시간을 거쳐 마침내 모든 재산과 소유, 가족과 사회적 지위와 종교적 지위, 자신의 몸에 소유한 의복과 지팡이까지, 마침내 신발까지 완전히 벗어 버리고 당시 가장 가난한 농부의 옷을 입고 두건을 쓰고 맨발로 다니며 평화의 메시지를 전했다. 28세 때, 그는 11명의 신앙 동지들을 '작은 형제단'이라 칭하고 새로운 영성운동을 일으켰다. 그들의 정신은 "사랑, 평화, 자유, 청빈" 네 가지였다. 이것은 초대 교회 예수 제자 공동체의 삶에로 환원, 복귀하고자 한 것이었다.[2]

프란체스코는 그리스도가 살았던 삶을 그대로 살려고 했던 인물이다. 그는 말년의 바울의 '그리스도 신비주의' 사상을 체현한 사람이었다. "내가 그리스도와 함께 십자가에 못 박혔나니 그런즉 이제는 내가 산 것이 아니요 오직 내 안에 그리스도께서 사신 것이라."(갈 2:20) 말년에 프란체스코는 이 말씀대로 살되, 그리스도의 남은 고난을 자신의 몸에 채운다는 믿음으로 살았다. 그는 고난주일을 맞아 이렇게 기도했다. "주님, 제가 죽기 전에 두 가지 은혜를 내려주십시오. 당신의 무서운 수난의 고통을 저로 하여금 충분히 맛보게 해주시고 당신 자신을 희생하신 그 사랑을 저도 느끼게 해 주십시오." 그리스도의 고난에 대해 깊이 묵상하는 가운데 프란체스코는 신비 체험을 여러 번 했고, 마침내 1224년 어느 동굴에서 예수 그리스도의 성흔(stigmata)을 수족과 옆구리에 체험했다. 그러고 나서 2년 후 1226년 10월 3일, 사랑하는 작은 형제들의 기도 속에서 사랑의 사도 프란체스코는 "사랑하는 자매 죽음"과 입맞춤으로써 영원한 세계로 옮겨졌다.[3]

---

2 김경재, 『영성신학서설』, (서울 : 대한기독교출판사, 1985), 152~5 참조.

3 위의 책, 161~2, 167 참조.

"그리스도를 본받는 것," 즉 "그리스도를 모방하는 것"의 기독교적인 의미를 살펴보려면 존 웨슬리(John Wesley, 1703~1791년)의 삶을 잠깐 들여다볼 필요가 있다. 감리교의 창시자인 존 웨슬리는 1776년에 "나는 그리스도의 마음을 품는 것과 그가 행하신 대로 걷는 것, 그것도 그의 마음의 일부가 아니라 전부를 품으며, 여러 면에서가 아니라 모든 면에서 그가 행하신 대로 행하는 것이 반드시 필요하다는 사실을 더욱 더 분명하게 알게 되었다."고 고백했다. 이때 웨슬리는 종교(기독교)란 그리스도를 한결같이 따르는 것(an uniform following of Christ)이요, 주님께 대하여 완전한 내적인 일치와 외적인 일치(an entire inward and outward conformity)를 이루는 것이라고 확신하였고, 가장 작은 일에 있어서도 위대한 모범인 그리스도를 본받지 못하는 것을 가장 두려워하였다.[4]

웨슬리는 또한 구원이란 "…… 이 세상에 사는 동안 죄로부터 건짐 받는 것이며, 우리 영혼의 본래의 건강과 원초적 순결을 회복하는 것이며, 본래 주어졌던 거룩한 성품을 회복하는 것이며, 하나님의 형상을 따라 의로움, 성결, 정의, 자비와 진리 안에서 우리의 영혼을 갱신하는 것이다. 이것은 모든 거룩한 기질과 하늘나라의 성품, 그리고 모든 대화와 행동에서 성결을 의미하는 것이다"라고 말했다. 그는, 구원이란 그리스도를 모방하므로 하나님의 형상을 회복하는 것임을 분명히 가르쳤다. …… 웨슬리에게있어서 구원의 목적은 성화(聖化, sanctification)이며, 성화는 하나님의 형상(*imago Dei*)을 회복하는 것이며, 그것은 곧 그리스도를 모방하는 것이다. 그리고 그리스도 모방은 그리스도의 마음을 품고 그리스도의 생활을 온전히 따르는 삶이다.[5] 웨슬리는 토마스 아 켐피스의 『그리스

4 김진두, 『우리의 교리』(서울 : 도서출판 감신, 2003), 192 참조.

도를 본받아(*imitatio Christi*)』를 발췌·번역하여 『그리스도인의 모범(*The Christian's Pattern*)』이라는 제목으로 출간했고, 감리교인들에게 매일 시간을 정해놓고 이 책을 읽을 것을 권면했다. 이 책을 읽음으로써 그리스도의 마음과 그리스도의 삶의 모방(imitation of Christ)을 위한 경건의 연습을 계속할 것을 촉구하였다. 웨슬리의 감리교인들을 위한 이러한 태도와 세심한 배려는 초기 감리교인들이 완전성화로 가는 길이 바로 그리스도 모방이라는 확신을 갖고 있었으며, 그리스도 모방의 영성으로 충만하였던 것을 증명하는 것이다. 이와 같이 웨슬리의 완전론은 "그리스도처럼 되는 것"(Christlikeness)이라고 할 수 있다. 웨슬리는 프란체스코처럼 "성결에의 향수"(homesickness for holiness)를 품고 있었다. 두 사람은 모두 완전성화를 향한 불타는 열망을 그리스도의 형상을 마음과 생활에서 완전히 모방하는 것을 기독교 신앙의 핵심과 목표로 삼고 이것을 위하여 정진하며, 또한 자신의 추종자들에게 촉구하였던 것이다. 프란체스코를 중세의 웨슬리라 부르고 웨슬리를 근대의 프란체스코라고 부르는데, 이처럼 이 두 사람은 자신이 먼저 "그리스도처럼 되기" 위해 무소유의 거룩한 가난과 완전성화의 삶을 살면서 모든 기독교신자들이 세상에서 완전한 그리스도 모방을 이루어 세상을 정화하기를 바랐으며, 이것을 위해 전 생애를 바쳤다.[6]

그렇다면 융(C. G, Jung)은 "그리스도를 본받는 것"을 어떤 것으로 보았을까? 융에게 있어서 "그리스도를 본받는 것"은 전통적인 기독교의 입장과 전혀 다르다. 융은 "그리스도를 본받는 것"을, 이상적인 인물을 형식

---

5 위의 책, 198 참조.

6 위의 책, 200, 201 참조.

적이고 외형적으로 숭배하는 것이라는 입장을 취하지 않았다. 외적인 예배 대상으로서의 그리스도는 거리감이 있으며, 이 세상에 사는 우리가 결코 도달할 수 없는 대상이다. "그리스도를 본받는 것"은 피상적인 모방에 그칠 수도 있기 때문이다. 융은 그리스도가 인간의 외면과 내면 모두와 관련이 있지만, 그러한 이해가 교회 안에서 약화되었다고 본다. 왜냐하면 그리스도와 내면생활의 관계가 교회 안에서 종종 모호해지는 경향이 있기 때문이다.[7] 융은, 그리스도가 삶을 통해 상징적으로 보여준, 자기됨(selfhood)과 전일성(wholeness)에 도달하는 것을, "그리스도를 본받는 것"[8]으로 보았다. 융의 말을 직접 들어보자.

> 우리는 그리스도를 본받는 것을, 우리가 그의 삶을 복사하듯 그대로 반복하고 그의 성흔(聖痕)을 원숭이처럼 흉내 내는 것이라고 이해해야 할 것인가, 아니면 그리스도를 깊은 뜻에서 이해하면서 우리의 삶을, 그가 그의 삶을 오직 그의 특유한 현존으로 살았던 것처럼 사는 것이라고 이해해야 할 것인가? 그리스도의 삶을 본받는 것은 결코 쉬운 일이 아니다. 그러나 그리스도가 자기의 삶을 살았던 것처럼 그렇게 사는 것은 말할 수 없이 더 어려운 일이다."[9]

---

7 John Welch, *Spiritual Pilgrims : Carl Jung and Teresa of Avila*(New York : Paulist Press, 1982). 심상영 옮김, 『영혼의 순례자들 : 칼 융과 아빌라의 데레사』(서울 : 한국기독교연구소, 2000), 278.

8 Murray Stein, *Jung's Treatment of Christianity*(Wilmette : Chiron Publications, 1986), 140.

9 C. G. Jung, "Psychotherapists or the Clergy," in *Psychology and Religion : West and East, C. W. 11*,(Princeton : Princeton University Press, 1977), par. 522.

융은 조심스럽게 이런 말을 한다. "나는 기독교를 가장 깊이 있게 또 가장 잘 이해했다고 말하는 것이 아니다. 오히려 나는 모든 사람이 보기에 지극히 피상적이고 평범하게 남에게 피해를 주는 오해에 대해 말하는 것이다. 그리스도를 본받아야(imitatio Christi)한다는 요구—우리가 그러한 이상(理想)을 따라야 하고, 또 그렇게 되고자 하는—는 필연적으로 내적인 인간(inner man)으로 성숙하고 고양되는 결과가 이루어져야 한다는 것이다."[10] 그리스도가 이상적인 삶의 본보기로서 우리의 밖에 있을 때, "인간은 단편적으로 될 수밖에 없으며, 인간의 가장 깊은 부분은 건드려지지 않는다. 우리는 실제로 성흔이 나타날 때까지 그리스도를 본받을 수 있다. 그러나 그리스도를 본받는 것은 성흔을 받고자 하는 이상을 따라 간다든지, 혹은 성흔의 의미를 찾아보는 것이 아니다. 왜냐하면 그리스도를 본받는 것은 사람이 변화되지 않고 단지 인위적인 존재가 되는 것이 아니라, 자신의 개별적인 삶 속에서 나름대로의 이상적인 모습을 실현하는 문제이기 때문이다."[11]

융에 의하면, "그리스도를 본받는 것은 우리도 그리스도처럼 삶을 충만하게, 책임적으로, 참되게 살아야 한다는 것을 의미한다. 우리는 그리스도가 사신 삶의 특징인 하나님이 명하신 삶에 순종하고 또 그 삶을 통합함으로써 개별적인 존재가 되어야 한다."[12] 한마디로, 그리스도를 본받는 것을, 융은 개성화(자기실현) 과정으로 본다.

융은 그리스도를 자기원형(self-archetype)이라고 생각한다. 그러므로 기

---

10 C. G. Jung, *Psychology and Alchemy*, *C. W. 12*(Princeton : Princeton University Press, 1974), 7.

11 *C. W. 12*, 7.

12 『영혼의 순례자들』, 278.

독교에서의 자기실현이란 우리 "마음속에 있는 그리스도"의 실현이다. 기독교에서 "하나님이 인간이 되었다"는 이야기는 상징적으로 지금까지 의식 너머에 존재하던 자기원형의 의식화를 의미한다. 그러나 이러한 자기실현이 그리스도 원형에 자아를 무턱대고 일치시키는 것을 말하는 것은 아니다. 왜냐하면 "내가" 그리스도인 것이 아니라 "내 안에" 그리스도가 있기 때문이다. 그리고 전일(全一)이란 나와 내 안의 모든 것을 합친 하나가 되는 것이다.[13]

예수는 제자들에게 이런 말씀을 했다. "누구든지 나를 따라오려거든, 자기를 부인하고 제 십자가를 지고 나를 따라오라. 누구든지 제 목숨을 구하고자 하는 사람은 잃을 것이요, 누구든지 나를 위하여 제 목숨을 잃는 사람은 찾을 것이다. 사람이 온 세상을 얻고도 제 목숨을 잃으면, 무슨 이득이 있겠느냐?(마 16:24~26). 이것을 심리학적으로 번역해 보면, "제 목숨"을 "자아"(ego)로 옮길 수 있을 것이다. 그러면 이렇게 된다. "누구든지 나를 위하여 자아(ego)를 잃으면, 그는 자기(Self)를 얻을 것이다." 심리학적으로 이해하면, 십자가는 그리스도의 운명(Christ's destiny)[14]이

---

13 이부영, 『분석심리학』(서울 : 일조각, 1998), 366.

14 프리드리히 니체는 '운명애'(*Amor Fati*)를 말한다. '운명애'란 말 그대로 '자신의 운명을 사랑하는 것'이다. 그것은 선(good)은 물론 고통(suffering)과 상실(loss)을 포함하여 자신의 삶에서 일어나는 모든 것을 보는 태도를 묘사하는데 사용된 말이다. 즉, 그것은 자신의 삶에서 일어나는 사건들을 수용하는 것이다. 니체의 말을 직접 들어보자. "나는 사물에 있어 필연적인 아름다운 것으로 보는 법을 더 배우고자 한다. 그렇게 하여 사물을 아름답게 만드는 사람 중 하나가 될 것이다. 네 운명을 사랑하라(*Amor fati*). 이것이 지금부터 나의 사랑이 될 것이다! 나는 추한 것과 전쟁을 벌이지 않으련다. 나는 비난하지 않으련다. 나는 비난하는 자도 비난하지 않으련다. 눈길을 돌리는 것이 나의 유일한 부정이 될 것이다. 무엇보다 나는 언젠가 긍정하는 자가 될 것이다!" 이상은 안성찬, 홍사현 공역,『즐거운 학문 : 니체전집 12』(서울 : 책세상,

며, 성취되어야 할 그의 특유한 삶의 패턴으로 볼 수 있다. 자신의 십자가를 지는 것은 전일성이라는 자신의 독특한 삶의 패턴을 의식적으로 실현하는 것이다. 이렇게 볼 때, 그리스도를 문자 그대로 본받으려는 시도는, 상징을 구체적인 것으로 이해하려는 실수다. 상징적으로 말해서, 자신의 독특한 현실 상황에서 이해할 때, 그리고 독창성이 없이 모방하지 않는 것으로 볼 때, 그리스도의 삶을 본보기(paradigm)라고 볼 수 있을 것이다.[15] 그러므로 "그리스도는 그 자신의 운명을 좇아 집단적 압력에도 불구하고 흔들림 없이 자신의 십자가를 지고 자신의 과업을 완성하는 사람의 모델이다"[16]라는 폰 프란츠의 말은 합당하게 들린다. 이렇게 볼 때, 개성화란 자신에게 주어진 길을 수용하고, 그 길을 기쁜 마음으로 걸어가는 것이다. 그 길이 비록 고통의 길, 십자가의 길이라도 말이다.

여기서 종교적인 술어로 볼 때, 개성화란 하나님이 인간이 되신 것으로 볼 수 있다. 개성화는 융이 자아의 수난이라고 불렀던, 고통을 견디는 영웅적인 노력이다. 그리스도의 상징은 우리에게 개성화의 진정한 의

2005), 255에서 인용.

15 Edward Edinger, *Ego and Archetype : Individuation and the Religious Function of the Psyche*(New York : Penguin Books, 1986), 135.

16 Fraser Boa, *The Way of Dreams*. 박현순, 이창인 공역,『융 학파의 꿈 해석 : 마리-루이제 폰 프란츠와의 대담』(서울 : 학지사, 2004), 166. 폰 프란츠는 이런 말도 한다. "자신만의 별을 따른다는 것은 모든 이들이 달려온 길을 계속 가는 대신 홀로 되어 어디로 가는지도 모르면서 완전히 새로운 자신만의 길을 찾아야 한다는 걸 의미한다. 이것이 바로 사람들이 항상 내면에 있는 자기 자신의 고유성과 위대성을 바깥에 있는 사람들에게 투사하고 그의 헌신적인 신하나, 찬양자, 모방자가 되는 경향을 보이는 이유다. 위대한 인물을 찬양하고 그이 제자가 되거나, 종교지도자의 추종자가 되거나, 미국대통령 같이 힘 있고 공식적인 인물의 찬양자가 되거나, 존경하는 장군을 위해 사는 것이 훨씬 더 쉽다. 그것이 자신의 별을 따르는 것보다 훨씬 쉽다."(위의 책, 72)

미를 가르쳐준다. "그리스도의 원형적인 삶의 드라마는 보다 고귀한 운명에 의해 변화된, 한 인간의 의식적인 삶 뿐 아니라 그의 의식을 초월한 삶에서 일어나는 사건을 상징적인 상(像)으로 묘사한다."[17]

1937년 융이 뉴욕에서 행한 세미나가 끝나고 했다는 말은 매우 인상적이다.

> 여러분이 아시다시피, 예수는 미혼모로부터 태어난 소년이었습니다. 그런 소년을 사생아라고 하며, 대개 사생아에 대한 좋지 못한 편견이 있게 마련입니다. 그는 열등감 때문에 무척 고통을 당했으며, 또한 그는 열등감을 보상해야한다고 믿고 있었습니다. 그 후 예수는 광야에서 시험을 받았는데, 마귀는 그에게 천하만국을 주겠다고 했습니다. 예수는 그 때 그의 최악의 적을 만났던 것입니다. 그것은 권력이라는 마귀였습니다. 그러나 그는 그것을 볼 수 있었고, 거절할 수 있었습니다. 그래서 예수는 "내 나라는 이 세상의 것이 아니다"라고 했습니다. 그러나 어찌됐건 어떤 나라든 '나라'는 같은 것이었습니다. 여러분은 아마 그 이상한 사건, 곧 예수가 예루살렘으로 승리의 입성을 한 것을 기억할 것입니다. 예수가 십자가에서 "나의 하나님, 나의 하나님, 어찌하여 나를 버리셨나이까?"라고 외친 걸 보면 그가 완전히 실패한 것으로 보입니다. 이 말이 얼마나 비극적인 말인지 이해하기 원한다면, 여러분은 그 의미를 깨달아야 합니다. 즉 그리스도는 그가 분명한 확신에 따라 진리에 헌신된 삶을 살았던 그의 삶 전체가 무서운 환상이었음을 알았습니다. 그는

---

17 *C. W. 11*, 233. 『영혼의 순례자들』, 279에서 재인용.

정말 신실한 삶을 살았습니다. 그의 삶은 진솔(眞率)한 실험이었습니다. 그러나 그것은 또한 보상이기도 했습니다. ……

우리는 그리스도가 한 것처럼 해야 합니다. 우리는 우리의 실험을 해야 합니다. 우리는 실수를 해야 합니다. 우리는 삶에 대한 비전을 가지고 살아야만 합니다. 그렇게 살려면 실수가 있을 것입니다. 여러분이 실수를 피한다면, 여러분은 살 수 없을 것입니다. 왜냐하면, 아무도 진리를 발견하지 못했기 때문에 모든 삶은 실수라고 말할 수 있을지 모르기에 말입니다. 우리가 이렇게 살 때 우리는 그리스도를 형제로 알게 될 것이며, 하나님은 진실로 사람이 됩니다. 이렇게 말하는 게 무서운 신성모독처럼 들릴지 모릅니다. 하지만 그렇지 않습니다. 왜냐하면 그때에만 그리스도가 우리와 같은 인간으로 이해되길 원했던 것처럼 그리스도를 우리와 같은 인간으로 이해할 수 있고, 하나님은 우리 자신들 안에서 사람이 되기 때문입니다. …… 삶이 실수에 기초하고 있다고 해도, 여러분이 최선의 삶을 살라는 것입니다. 왜냐하면 삶은 완성되지 않은 채로 남게 될 것이고, 사람들은 종종 실수를 통해 진리에 도달하기 때문입니다. 그렇게 한다면 여러분은 그리스도처럼 여러분의 실험을 충분히 하게 될 것입니다. 그러므로 인간이 되십시오. 이해하도록 애를 쓰십시오. 통찰력을 발휘하십시오, 여러분의 가설, 여러분의 삶의 철학을 만드십시오. 그러면 우리는 모든 개인의 무의식 속에 성령께서 살아 계심을 인식하게 될 것입니다. 그 때 우리는 그리스도의 형제가 될 것입니다.[18]

---

18 William McGuire and R .F. C Hull, eds., *C. G Jung Speaking*(Princeton : Princeton

그리스도는 그의 전 생애가 그가 사생아로서 경험해야 했던 엄청난 열등감에 대한 보상이었음을 알게 됐다고 말하는 융의 이 말이 전통적인 그리스도인들에게는 신성모독으로 들릴지 모른다. 그러나 외롭고 고독한 영혼에겐 구원의 말로 들릴 수 있다. 그리스도의 삶이 어떤 면에서 보상이었다고 보는 것은 그를 깎아 내리는 것이 아니다. 오히려 그것은 우리를 그에게로 인도해 주고, 또 우리 사이에 이해와 찬탄과 감사와 사랑이 확고하게 자리 잡도록 해 준다. 그리스도를 심리학적으로 해석하는 것은 그를 격하시키거나 무가치하게 만들지 않는다. 반대로 그것은 그를 우리의 삶 속에 살아있는 존재가 되게 한다. 하나님이 그런 분이 아니라면, 도대체 종교는 무엇을 위해 있단 말인가?[19]

오늘날 고독한 현대인들에게 그리스도는 도대체 어떤 존재인가? 어떤 때는 나약하고 실수투성이인 우리가 감히 그의 삶의 길을 따라갈 수 없는 아득한 일로 여겨진다. 이때 융의 말은 복음(福音, 기쁜 소식)으로 들릴 수 있다. 위에 인용한 융의 말은 우리로 하여금 그리스도를 우리의 형제로 이해할 수 있게 만든다. 융을 통해, 우리는 우리가 할 수 있는 한, 우리의 삶을 의식화하여 살고 마지막에는 그 삶 역시 오류로 가득 찬 것이라는 것을 아는 것이 현대인의 운명이요, 그리스도의 운명을 산다는 것은 우리 모두를 하나님의 자녀요 상속자로 만든다. 즉 이런 것을 인식함으로써 우리는 깨달음을 얻고, 이런 깨달음은 우리에게 용기를 준다. 우리는 우리의 고투가, 그리스도가 했던 고투와 닮았기 때문에 의미가 있

University Press, 1977), 97~98. Lawrence Jaffe, *Liberating the Heart : Spirituality and Jungian Psychology*(Toronto : Inner City Books, 1990). 심상영 옮김, 『마음을 해방하기 : 융 심리학과 영성』(서울 : 한국심층심리연구소, 2006), 24~25에서 인용.

19 『마음을 해방하기』, 26 참조.

음을 알게 된다.[20]

이제 우리는 물고기 시대를 지나 물 병좌 시대(Aquarian era)를 살게 되었다. 따라서 우리는 새로운 신화의 영향아래 움직이게 될 것인데, 이것을 분석심리학자 에딘저는 심리학적인 시대(psychological dispensation)라고 보았다. 유대인 시대와 기독교 시대를 대신하게 된 심리학적인 시대에는 개개인이, 우리가 과거에 종교적인 이미지로 투사했던 무의식적 내용과 의식적으로 관계를 맺기를 요구한다. 유대인 시대에는 한 집단, 곧 이스라엘 백성들이 언약 안에서 하나님과 결합되어 있었다. 기독교 시대에는 한 인물, 곧 신인(神人)인 그리스도가 그의 아들로서 하나님과 결합되어 있었다. 이제 심리학적인 시대에는 우리가 각기 우리 안에서 성육신(成肉身)하고 있는 신과 밀접한 관계를 맺게 되었다. 이 과정을 개성화라 할 수 있다.[21]

에딘저에 의하면, 융의 모든 작업은 다음과 같은 한 문장으로 요약될 수 있다. "개성화는 신적인 변환(the divine transformation)을 목적으로 하는 신의 계속적인 성육신이다."[22] 보다 더 의식적이 되려는 우리의 노력이 하나님(신)에게 영향을 미친다는 것을 에딘저는 초개인적(transpersonal) 의미와의 접촉을 상실한 '현대인을 위한 신화'라고 부른다. 이것은 융자신의 신화이기도 하다. 이렇게 볼 때, 우리 개개인의 개성화, 즉 자기실현이 얼마나 중요한 과제인지 모른다. 융은 우리 각자의 개성화의 과제

---

20 위의 책, 27.

21 위의 책, 250.

22 Edward F. Edinger, "The Christian Archetype," public program, C. G. Jung Institute, San Francisco, 1980 ; 또한 Edinger, *The Bible and the Psyche : Individuation Symbolism in the Old Testament*, 11.

를 이렇게 말한다. "인간의 하나님에 대한 관계는 아마도 어떤 중요한 변화를 겪어야 할 것입니다. 예측할 수 없는 왕의 비위를 맞추기 위한 찬사 또는 사랑하는 아버지에게 하는 아이의 기도 대신에 하나님의 뜻대로 책임 있게 살고 그 뜻을 우리 안에서 성취하는 것이 우리가 하나님을 예배하고 하나님과 교제하는 형식이 되어야 할 것입니다."[23]

우리 각자는 의식과 무의식의 대화를 통해 우리 자신의 경험을 이해하고 해석하고 우리 자신의 가정(假定)을 따라 사는 일, 즉 개성화의 길을 걸음으로써 하나님이 이 세상에 성육신하는 것을 돕는데 공헌할 수 있다는 입장은, 가톨릭 사제이며 고생물학자인 떼이야르 드 샤르댕(Teilhard de Chardin, 1881~1955)의 다음과 같은 사상과 통한다.

> 이때까지 공경한다는 것은 피조물을 신에게 복속시켜 신에게 바침으로써 신을 만물 위에 높이는 것이라 생각해왔다. 그러나 이제부터 공경이란 인간의 육신과 영혼을 창조활동에 바침으로써 신과 결합하고 인간이 노력하고 탐구함으로써 세계를 완성함을 뜻한다. 그러므로 앞으로는 세속사를 단순히 신에게 영광을 드리기 위해 이용할 도구로만 생각할 것이 아니다. 세속사는 점차적으로 완성되는 세계 통일과 플레로마(pleroma[그리스도의 충만], 세계의 완성)에의 건설을 위한 인간의 활동과 융합할 '우주의 공동요소'로 생각해야 할 것이다. 이리하여 현세와 천국의 대립은 '현세의 건설을 통해 천국으로'라는 새로운 공식으로 해결될 수 있다.[24]

---

23 C. G. Jung, *Letters*, *vol. 2 : 1951~1961*(Princeton : Princeton University Press, 1975), 316.

독일 신학자 몰트만의 다음 글을 통해, 개성화는 '온전해지는 것'이며, 성화(聖化) 및 치유와 관련이 있음을 알 수 있다.

> 성화(Heiligung)는 내용적으로 항상 치유(Heilen)와 관련이 있고, 치유는 온전하게 됨(Ganzwerden)과 관련이 있다. 많은 어휘들은 이를 증명한다. 영어에서 holy(거룩한)와 whole(온전한)의 밀접한 연관성은 단순한 음성학적 연관성 이상이다. 그러므로 생명의 성화는 병든 생명이 치유되고 분리되고 찢겨진 생명이 온전해지는 것을 포함한다. 생명이 건강하고 온전해졌을 때, 생명은 거룩한 것이 된다. 따라서 거룩하게 하는 사고(思考)는 '통전적인 사고'이다. 이것은 분석적인 사고처럼 쪼개고 분리하는 사고가 아니라 전체적인 상관성을 추구하는 사고이다.[25]

이런 의미에서 욜란드 야코비가 개성화를 독일어 단어 Heilsweg—건강해 지는 길(a way of health)과 구원의 길(a way of salvation)이라는 이중적 의미—로 표현한 것[26]은 의미가 있다. 이제 "그리스도를 본받는 것"이 분석심리학적으로 구체적으로 어떤 의미인지 살펴보자.

---

24 Robert L. Faricy, S.J./이홍근 옮김, 『떼이야르 드 샤르댕의 신학사상 : 신과 세속』(왜관 : 분도출판사, 2001), 136~7.

25 Jürgen Moltmann/이신건 옮김, 『생명의 샘』(서울 : 대한기독교서회, 2000), 74.

26 Jolande Jacobi, *The Psychology of C. G. Jung*(London : Routledge & Kegan Paul, 1975), 106.

1. 페르조나와 동일시하지 않는 것

> 나는 사람이 판단하는 것처럼 그렇게 판단하지는 않는다. 사람은 겉모습을 따라 판단하지만, 나 주는 중심을 본다.(삼상 16:7)

"그리스도를 본받는 것"은 페르조나에서 벗어나는 것으로 볼 수 있다. 물론 인생을 성공적으로 살아가려면 적절한 페르조나가 필요하다. 젊은 이들은 분석시간에 공공장소에서 사람들이 많은데, 옷을 입지 않고 벌거벗은 상태로 있어서 당황하는 꿈을 가끔 가져온다. 이것은 지금 그에게 적절한 페르조나가 필요하다는 것을 무의식이 알려주는 것으로 볼 수 있다. 사실 페르조나는 집단정신의 가면(假面)에 불과하다. 사람이 자신의 본성(nature)에 따라 살지 못하고, 계속 사회의 기대치에 맞춰서만 살려고 할 때 문제가 생긴다. 오늘날 우리 주위에는 사회에서 좋다 나쁘다 하는 도덕 기준에 따라 사는 이들이 많다. 어떤 이상에 맞춰 사는 것보다 더 중요한 것은 자기 마음과 일치된 삶, 즉 얼마나 자신의 본성에 따라 살아갈 것인가 하는 것이다.

전통적으로 한국 사람들은 "체면을 중시하는" 문화, 즉 집단성-그룹 페르조나-혹은 다른 사람들의 기대나 시선을 개성보다 더 중시하는 문화의 영향 아래 살아왔다. 이 점에서 볼 때, 한국 사회는 페르조나를 강조하는 사회다. 이런 사회에서는 집단정신과 동일시하기 쉽고 개인이 진정한 개성을 상실하게 된다.[27]

"분석심리학의 그림자 측면이 무엇이냐?"는 질문에 폰 프란츠는 "팽

---

27 이부영, 『분석심리학』, 83 참조.

창"(inflation)이라고 답했다 한다. 팽창은 페르조나와 동일시함으로써 생기는 문제다. 신학적으로는 이것을 "교만"(hubris)이라 한다. "교만의 원천은 하나님을 거부하는 것이다. 이 거부는 자아의 이기적인 요구를 낳고 있으며, 이런 개인주의는 또 다시 지성만을 강조하고, 영혼의 욕구에는 귀를 막아 버린다. …… 그 결과 자신의 창조주인 하나님과 만나지 못하게 되며, 결국 하나님의 자리를 찬탈하게 된다."[28]

어떤 지도자가 예수에게 이렇게 물었다. "선하신 선생님, 제가 무엇을 해야 영원한 생명을 얻겠습니까?" 이때 예수는 "어찌하여 너는 나를 선하다고 하느냐? 하나님 한 분밖에는 선한 분이 없다"(눅 18:18~19)고 했다. 이 대화를 통해, 이런 사실을 알 수 있다. 즉, "예수는 선이라는 페르조나가 자신에게 주어지고 있음을 깨닫고는 곧바로 그것을 물리쳤다. 예수는 페르조나에 대하여 잘 알고 있었으며, 페르조나와 동일시할 때 생기는 영적 위험에 대해서도 잘 알고 있었다. 예수의 이러한 인식은 바리새파 사람들을 향한 그의 다음과 같은 태도에서 잘 드러난다."[29] "율법학자들과 바리새파 사람들아, 위선자들아, 너희에게 화가 있다! 너희가 회칠한 무덤과 같기 때문이다. 그것은 겉으로는 아름답게 보이지만, 그 안에는 죽은 사람의 뼈와 온갖 더러운 것이 가득하다. 이와 같이, 너희도 겉으로는 사람에게 의롭게 보이지만, 속에는 위선과 불법이 가득하다."(마 23:27~28) 여기서 우리는 겉으로 깨끗하게 보이는 "회칠한 무덤"이 율법학자들과 바리새파 사람들이 스스로 채택했던 페르조나임을 알 수 있

---

28 Erna Van De Winckel/김성민 옮김, 『융의 심리학과 기독교영성』(서울 : 다산글방, 1996), 69.

29 John Sanford, *Evil : The Shadow Side of Reality*(New York : Crossroad, 1988), 69 참조.

다. 반면에 우리는, "죽은 사람의 뼈"와 "온갖 더러운 것"은 이러한 페르조나와 동일시함으로써 보상하는 내적 인간의 이미지 혹은 그림자임을 알 수 있다. 예수는 대다수 인간의 약점에 대해 관대했던 반면, 그림자를 숨기고 이러한 페르조나와 동일시할 때는 화를 냈다. 왜냐하면 그것은 심리학적으로 부정직하고, 자기-의를 드러내고, 자비심이 결핍되고, 영적으로 경직되고 말기 때문이다.[30] 자신을 순교자, 예언자, 성인과 같은 전형적인 이상적 존재로 추앙받는 사람들과 동일시하는 교만한 자는 흔히 윤리적으로 비참한 처지에 빠져들거나 죄 속에 빠져드는 것과 같은 아래로 완전히 추락하는 과정을 겪어야만 치유될 수 있다.[31] 이렇게 볼 때, 그리스도를 본받는 것은 페르조나와 동일시함으로서 자아가 팽창되는 위험(교만)을 피하는 것으로 볼 수 있다.

2. 그림자를 통합하고, 고통을 받아들이는 것

> 남의 잘못일랑 그만두고 우리 잘못이나 똑똑히 봅시다. 짜여 진 규칙 안에서 사는 사람들이 대개는 남의 일에 놀라기가 일쑤입니다. 하지만 겉모양이나 사는 법으로 보아서 우리가 다른 사람들보다 더 나을지 몰라도, 우리는 우리를 놀라게 하는 그 사람들에게서 도리어 가장 중요한 무엇을 배울 때가 있습니다.(아빌라의 데레사, 16세기 스페인의 신비가)

---

30 *Ibid.*, 69.

31 Anselm Grün/전헌호 옮김, 『아래로부터의 영성』(왜관 : 분도출판사, 2002), 57.

위험이 있는 곳에는 구원의 능력 또한 자라난다.(휄더린)

진정으로 그리스도를 본받는 것은 자신의 십자가를 지고 이 세상에서 자기 자신의 삶을 사는 것, 즉 이 세상의 가치들을 진지하게 받아들이고, 그것들을 내적인 가치들과 화해시키려고 힘쓰는 것이다. 그리스도는 우리의 죄를 짊어지셨다. 그분은 우리에게 그 길을 보여주셨다. 우리는 이제 우리 자신의 십자가를 져야한다.(로렌스 자피, 융 분석가)

분석을 받으러 왔던 어떤 목사가 그림자 상이 꿈에 나왔을 때 매우 힘들어 하며, "이런 게 내 안에 있다는 걸 받아들일 수 없다"고 하면서 낙담하는 걸 본 적이 있다. 페르조나를 벗는 것이 겸손에 이르는 길이라면, 실제적으로 겸손해지기 위해서는 자신의 그림자를 인식하고 받아들일 수 있는 용기가 필요하다. 그림자를 통합하는 것은 마음속에 억압되어 있던 요소들을 자신의 것으로 인정하고 받아들이는 것이다.

예수는 그림자 투사를 경계해서 이런 말씀을 했다. "어찌하여 너는 남의 눈 속에 있는 티는 보면서, 네 눈 속에 있는 들보는 깨닫지 못하느냐? 네 눈 속에 들보가 있는데, 어떻게 남에게 '네 눈에서 티를 빼내 줄 테니 가만히 있거라' 하고 말할 수 있겠느냐? 위선자야, 먼저 네 눈에서 들보를 빼내어라. 그래야 그 때에 눈이 잘 보여서, 남의 눈에서 티를 빼 줄 수 있을 것이다."(마 7:3~5) 예수는 이 이외에도 간음하던 여인을 잡아온 서기관들과 바리새파 사람들에게 "너희 가운데 죄가 없는 사람이 먼저 이 여자에게 돌을 던져라"(요 8:7)고 말씀했다. 이것은 간음한 여인만 용서한 것이 아니라, 그를 둘러싸고 있던 모든 사람들에게 그들 역시 똑같은 죄인임을 깨우쳐 준 것이다. 그들은 자신들 속에 있는 어두운 면을 못 보았던 것이다. 최초의 성녀(聖女) 막달라 마리아도 죄를 많이 지었던 여자였고, 예수의 십자가 사건 이후에 낙원에 들어간 최초의 사람은 강도가 아니었던가?

야고보서에는 이런 말씀이 나온다. "여러분은 괴로워하십시오. 슬퍼하십시오. 우십시오. …… 주님 앞에서 스스로를 낮추십시오. 그러면 주께서 여러분을 높이실 것입니다."(4:9~10) 토마스 아 켐피스 역시 이런 말을 하고 있다. "다른 사람 속에 있으면서 여러분들의 심경을 가장 심하게 건드리는 허물들을 여러분들은 가지지 않고, 정복하도록 힘써야 합니다. …… 그러나 우리는 흔히 우리 속에는 더 큰 잘못을 담아두면서 다른 사람의 작은 잘못을 들추어내고 있습니다."[32]

"투사를 인정하는 것, 투사에서 벗어나는 것, 그리고 우리 자신에게 속한 것이 무엇인지 가려내는 것은 굉장히 중요하고 어려운 작업이다."[33] 자신의 마음속에 있는 그림자를 못보고 계속해서 다른 사람에게 투사하면 인격의 성숙은 기대할 수 없을 뿐더러, 이것은 그리스도를 본받는 것이 아니다. 미국 전 대통령 조지 부시가 이슬람 세력을 "악의 축"으로 규정하고 아프가니스탄에 이어 이라크를 침공함으로써 수많은 사람들이 죽었고, 근래 미국과 이슬람 극단주의자들 사이에 이어지고 있는 비극적인 싸움은 집단적 그림자의 상호 투사의 좋은 예라고 볼 수 있다. 이렇게 볼 때, 우리가 그림자를 인식하느냐 그렇지 못하느냐는 인격 발달에 대단히 중요한 일이다. 우리 내면의 틈을 치유하는 데에는 우리가 그림자

---

32 *imitatio*, 제1권, 제5장, 제2권 제5장. 『융의 심리학과 기독교영성』, 72~73에서 재인용.
33 『마음을 해방하기』, 78.

를 인식하고 그것과 관계를 맺는 것이 중요하다.

융은 그리스도께서 인간이 되어 오심은 아래의 세계로, 무의식의 세계로 내려감으로써 이루어졌음을 우리에게 알려준다. "그런데 '그가 올라가셨다'는 것은, 그분이 땅의 낮은 곳으로 내려오셨었다는 것이 아니고 무엇이겠습니까?"(엡 4:9) 융에게는 우리가 자신의 어두운 그림자의 세계, 무의식의 어둠 속으로 내려갈 수 있는 용기를 가질 때, 비로소 우리 자신과 하나님을 발견하게 된다는 사실이 하나의 생활법칙이 되었다.[34] 융의 심리학을 계승한 뒤르크 하임(Graf Dürkheim)은 어른으로 성장하는 길은 실존(實存)에 대해 많이 체험하는 것이라고 했다. 그에 의하면, 이 길 역시 자신의 고유의 어두운 부분, 외로움과 슬픔으로 내려갈 용기가 필요하다고 했다. "심한 병고로 또는 어떤 다른 무시무시한 죽음의 위협 앞에서 자신의 힘으로는 어떻게 할 수 없이 받아들일 수밖에 없는 극한 상황에서 모든 것을 체념하고 있을 때, 갑자기 아무런 두려움이 없는 상태가 찾아오고, 어떠한 죽음이나 파괴의 힘도 영향을 미칠 수 없는 상태에서 자신이 생생히 살아 있음을 체험할 때가 있다"고 했다.[35]

오랜 시간이 지나서야 우리는 "어둠"이 우리 영혼의 성장을 위해 꼭 필요한 요소임을 인식하게 되는 경우가 있다. 인생길을 가는 데에는 빛은 물론 어둠도 필요하며, 미지(未知)의 세계로 내려갈 때 성숙할 수 있음을 인식할 필요가 있다. 우리는 이런 어둠을 고독, 배반당함, 질병, 실패, 죽음, 실직, 정체성의 상실, 거절, 좌절, 파산, 절망, 신앙의 상실, 우리 마음을 공포의 도가니로 몰아넣는 일, 버림받는 것 등으로 경험하기도 한

---

34 『아래로부터의 영성』, 56, 57.

35 위의 책, 63, 64.

다. 말하자면 이러한 것들이 우리가 대면하고 통합해야 할 그림자 요소들로 볼 수 있다.

그리스도야말로 철저하게 고독한 삶을 살았으며, 그를 환영하던 사람들로부터 "십자가에 못 박으라!"는 야유와 조롱을 당했다. 또한 함께 3년 간이나 동고동락하던 제자들로부터 배반당하는 고통을 겪었다. 뿐만 아니라 하나님으로부터도 버림받았다고 느껴서 이렇게 부르짖었다. "나의 하나님, 나의 하나님, 어찌하여 나를 버리셨습니까?"(막 15:34) 또한 그는 고문과 극심한 굴욕을 당하기도 했다. "고문과 굴욕은 개성화의 죽음(*mortificatio*) 국면에 속하는 것이다. 자기(Self)의 경험은 항상 자아(ego)에게는 패배다. 자아는 자기를 위한 방을 만들기 위해 상대화되어야 한다. 그리스도의 육체적이고 심리적인 고통은 십자가 처형에서 그 절정에 달한다. 십자가 처형은 '야훼의 고난 받는 종'(사 53:3~5, 11)에 대한 묘사와 병행을 이룬다."[36]

> 그는 사람들에게 멸시를 받고, 버림을 받고, 고통을 많이 겪었다. 그는 언제나 병을 앓고 있었다. 사람들이 그에게서 얼굴을 돌렸고, 그가 멸시를 받으니, 우리도 덩달아 그를 귀하게 여기지 않았다. 그는 실로 우리가 받아야 할 고통을 대신 받고, 우리가 겪어야 할 슬픔을 대신 겪었다. 그러나 우리는, 그가 징벌을 받아서 하나님에게 맞으며, 고난을 받는다고 생각하였다.(3~5절)
>
> 고난을 당하고 난 뒤에, 그는 생명의 빛을 보고 만족할 것이다. 나

---

36 E. Edinger, *The Christian Archetype*(Toronto : Inner City Books, 1987), 91.

의 의로운 종이 자기의 지식으로 많은 사람을 의롭게 할 것이다. 그는 다른 사람들이 받아야 할 형벌을 자기가 짊어질 것이다.(11절)

융은 이렇게 말했다. "기독교의 십자가는 원초적인 혼돈이 극복되고 인격이 통일되는 것으로 요약할 수 있습니다."[37] 우리의 십자가를 진다는 것은, 다른 말로 하면, 우리가 우리자신의 결점의 쓴잔을 마지막 한 방울까지 다 마셔야 함을 의미한다. 우리의 결점이 우리 이웃의 결점에 비해 별로 대수롭지 않게 보여도 그것을 받아들이고 직시해야 한다. 우리가 결점을 가지고 있음을 지적으로 인정하는 것만으론 부족하다. 정신적인 변화가 일어나려면, 우리가 양심의 가책을 뼈저리게 경험해야 한다. 그때 우리의 결점들은 "전 자아-인격(whole ego-personality)에 도전을 주는 어떤 도덕적인 문제"가 된다.[38]

소위 "밤의 항해"(night sea journey)야말로 바로 "죽음을 통한 재생과 치유"에 이르는 길이다. 밤의 항해가 어떤 것인지 알려면 그것을 우리가 몸소 체험해 보아야 한다. 이 단계를 체험해 보지 않고 욥기나 시편, 예레미야서를 아무리 읽어봐도 소용이 없다. 우리가 욥의 절망과 회한과 절규를 제대로 이해하려면 어떤 식으로든지 정말 막다른 골목에 처해보고, 치료 불가능한 우울 속에 빠져 보아야 한다. 예수 그리스도의 삶은 어떻게 보면 그 자체가 밤의 항해라고 볼 수 있다. 예수가 공생애를 시작하기 전에 나사렛에 은거(隱居)한 것, 광야에서 유혹을 받은 것, 겟세마네 동산에서

---

37 C. G, Jung, *Letters, vol.* 2., 388.

38 C. G. Jung, *Aion : Researches into the Phenomenology of the Self, C. W. 9ii*(Princeton : Princeton University Press, 1975), par. 14.

의 고통스런 기도, 수난, 십자가의 죽음, 무덤에 묻힘, 음부로의 하강 등은 "밤의 항해"를 말해 준다. 그리스도인의 삶이 그리스도를 본받는 삶이라면, 그리스도와 부활하기 위해서는 그리스도와 함께 죽어야 한다. "우리 영혼이 고통의 진정한 의미를 깨닫고, 그 자신이 정화되며, 신적인 삶에 자신을 개방할 수 있게 되는 것은 그가 그 자신의 심층에 내려갈 때뿐이다. …… 우리 영혼은 죽음 속에 내려가 보아야만 진정으로 새로운 생명으로 태어날 수 있다."[39] 이와 관련이 있는 성구는 대개 이런 것들이다.

> 우리가 그의 죽으심과 같은 죽음으로 그와 연합하는 사람이 되었으면, 또한 분명히, 그의 부활하심과 같은 부활로 그와 연합하는 사람이 될 것입니다. 우리는, 우리의 옛 사람이 그리스도와 함께 십자가에 달려서 죽은 것이, 죄의 몸을 멸하여서 우리가 다시는 죄의 노예가 되지 않게 하려는 것임을 압니다.(롬 6:5~6)

> 여러분은 지난날의 생활방식에 얽매여서 허망한 욕정을 따라 살다가 썩어 없어질 옛 사람을 벗어버리고, 마음의 영을 새롭게 하여, 하나님을 따라 참된 의로움과 거룩함으로 지으심을 받은 새 사람을 입으십시오.(엡 4:22~24)

이렇게 볼 때, 그리스도를 본받는 것은 그림자를 투사하지 않고 자신이 얼마나 어두운 그림자를 가지고 있으며, 또 얼마나 악할 수 있는지를 인식하고, 그것을 자신의 것으로 받아들이는 태도를 갖는 것, 즉 자신의

---

39 『융의 심리학과 기독교영성』, 136~9 참조.

그림자를 대면하고 통합하는 것이며, 그리스도처럼 고통을 피하지 말고 용기 있게 받아들임으로써 보다 더 성숙한 삶을 사는 것으로 볼 수 있다.

3. 여성적인 원리를 통합하는 것

> "사랑이 지배하는 곳에는 권력의지가 없고, 권력이 우선하는 곳에는 사랑이 없다."[40]

기독교 전통에서는 남성적인 원리가 지배적이다. 그 대표적인 예가 삼위일체다. 몇 해 전, 스위스에서 종교개혁 이전부터 있었던 시골 예배당 강단 벽에 성부, 성자, 성령을 그린 벽화를 가본 적이 있다. 거기에는 성령이 여성의 모습으로 그려져 있었다. 매우 감동적이었다. 기독교적인 전통이 순수하게 남성 중심적이며 온전히 영적인 것을 지향하는 것으로 특징지어질 때는, 여성적인 것(the feminine)을 포함하고 있지 않다. 심리학적인 시대에는 여성적인 것—대지적인 것, 몸, 감정, 평범함, 무의식과의 연관성(relatedness), 세속적인 것, 물질, 본능, 공감의 능력, 수용적인 태도 등—이 중시되는 시대다. 즉 여성적 원리는, 극복되어야 할 것이 아니라 통합되어야 하는 것이다.

융은 여성적인 원리가 삼위일체에서 배제되었다고 했다. 마리아 승천설(Assumtio Mariae), 즉 "동정녀 마리아가 천상적인 몸과 영혼으로 승천하여, 성부 하나님, 성자 하나님 그리고 성령 하나님과 동등하게 하늘과 땅

40 마리안느 쉬스 엮음/한오수 옮김, 『사랑에 대하여』(서울 : 솔 출판사, 2007), 54.

의 여왕으로 등극했다"[41]는 설이 1950년 교황 비오 12세에 의하여 공포되었을 때, 융은 그 설에 매혹되어, 이것이야말로 "여성적인 원리가 기독교의 신성 개념에 통합되었음을 의미하는 것이며…… 실로 지난 400년 동안 일어났던 발전 가운데 가장 중요한 종교적 발전이다"라고 말했다.[42] 심리학적으로 말해서, "마리아의 승천, 곧 그녀의 지위가 여신으로 승격된 것은, 인류가 여성적인 원리에 최고의 가치를 부여하기 위한 준비가 이루어지고 있었던 것을 의미한다."[43]

14세기 영국의 신비가인 노르위치의 줄리안(Julian of Norwich)은 하나님과 그리스도를 어머니 상(the motherly image)으로 본다. 줄리안은 "어머니 예수"(Mother Jesus)를 부드러움과 지지해주는 사랑의 상징으로 보았으며, 이런 기도를 하기도 했다. "친절하신 나의 어머니, 은혜로우신 나의 어머니, 사랑하시는 나의 어머니시여, 나에게 자비를 베푸소서."[44] 성경에도 여성적인(혹은 모성적인) 하나님 상과 그리스도 상이 나온다.

> 이는, 너희로 하여금, 위로를 주는 예루살렘의 품에서 젖을 빨아 배부르게 하고, 또한 너희로 하여금, 풍요한 젖을 빨아들여 기쁨을 누리게 하려 함이라...어머니가 그 자식을 위로하듯이, 내가 너희를 위로할 것이니, 너희가 예루살렘에서 위로를 받을 것이다(사 66:11, 13).

---

41 *Liberating the Heart*, 135. 『마음을 해방하기』, 204 참조.

42 C. G. Jung, *Letters vol. 1 : 1906~1950*(Princeton : Princeton University Press, 1973), 567.

43 *Liberating the Heart*, 135. 『마음을 해방하기』, 204~5 참조.

44 Translated & introduced by E. Colledge, O.S.A., and J. Walsh, S. J., *Julian of Norwich-Showings*(New York : Paulist Press, 1978), 9, 10.

예루살렘아, 예루살렘아, 예언자들을 죽이고, 네게 파송된 사람들을 돌로 치는구나! 암탉이 제 새끼를 날개 아래에 품듯이, 내가 몇 번이나 네 자녀를 모아 품으려 하였더냐? 그러나 너희는 그것을 원하지 않았다(눅 13:34).

우리가 온전해지기 위해서는 남성적인 측면은 물론, 여성적인 측면과 접촉해야 한다. 구약성서에서 야곱, 요셉, 모세는 그들의 내면에서 여성적 요소가 진가를 발휘하고 융합된 남성들이다. 그러나 여성과의 관계에서 가장 모범적인 인물은 예수다. 예수의 절친한 동료들 중에는 여성들이 많았다. 예수는 그들과 주저하지 않고 얼굴과 얼굴을 마주하고 대화를 나누었다. "그의 인격 안에는 에로스, 연민, 치료 등의 여성적 특성들이 전투적이고 힘찬 남성적 특성들과 동등한 위치를 차지하고 있었다."[45] 서구 기독교의 선교 역사를 보면 매우 호전적이고 공격적인 면이 여실하게 표현되었다. 이것은 야훼의 남성적인 파괴적 측면이 드러난 것이다. 야훼는 만군의 주, 전쟁의 신, 전능한 하나님, 왕 중 왕, 입법자, 뇌성벽력의 신이다. 또한 그는 자기 외에 다른 신을 전혀 두려 하지 않는 질투의 하나님이기도 하다. 우리가 종교사에서 접하는 대다수의 남신(男神)들과 달리, 그는 신적인 배우자나 연인, 어머니나 누이, 샤키(shaki : 힌두교 신의 여성 배우자)나 가족을 전혀 두지 않는다.[46]

서구 기독교 세계에서 이 남성적인 신상(神像)은 침략하고 정복하고 파

---

45 John Sanford/엄성옥 옮김, 『하나님과 겨룬 자』(서울 : 은성출판사, 1988), 131.

46 Victor White, *Soul and Psyche : An Inquiry into the Relationship of Psychotherapy and Religion*(New York : Harper & Brothers Publishers, 1960), 115 참조.

괴하는 힘으로 표현되었다. 서양의 제국주의자들은 십자가를 앞세우고서 약소국들을 정복하여 식민지로 삼고, 수많은 사람들을 학살하였다. 그것은 대화와 타협 혹은 화해를 결코 용납하지 않는, 소위 "십자군 정신"(crusade mentality)의 발로였던 것이다. 거기에는 수용성이라든가, 부드러움이라든가, 용서라든가 하는 것이 전혀 없다. 한국에서는 젊은 신학자들과 목회자들 사이에 상극(相剋)의 정신과 상생(相生)의 정신이 활발히 논의된 적이 있다. 상극의 정신이 남성적인 원리에서 비롯된다면, 상생의 정신은 여성적인 원리에서 비롯된다고 볼 수 있다. 남성의 중추적인 경험은 살육, 곧 동물과 사람을 죽이는 경험인 반면, 여성의 중추적인 경험은 출산이다. 여성의 원초적 관심사는 어떻게 하면 이 세상에서 생명을 양육하고 지속시킬 것인가 하는 것이다. 갈등과 고통으로 신음하고 있는 이 세계의 구원은 보살피고 양육하고 보호하고 함께 아파하고 관계맺는 기능을 의미하는 여성적인 원리를 통합함으로써 이루어질 것이다.

누가복음 6장 36절에 보면, "너희 아버지께서 함께 아파하시는(compassionate) 것과 같이 너희도 함께 아파하여"라고 되어 있다. 여기서 "함께 아파하는 것"을 의미하는 "compassion"이란 단어는 여성적인 원리를 잘 표현하고 있다.

> 함께 아파하는 것은 우리에게 아픔이 있는 곳으로 찾아가고, 낙담, 두려움, 혼란, 고뇌를 함께 나누라고 요구한다. 함께 아파하는 것은 우리에게 불행에 빠진 사람들과 함께 외치고, 외로운 사람들과 함께 슬퍼하고, 우는 자들과 함께 울라고 촉구한다. 함께 아파하는 것은 우리에게 약한 사람들과 함께 약해지고, 상처 입기 쉬운 사람들과 함께 상처를 나누고, 힘없는 사람들에게 무력해지라고 요구한

다. 함께 아파하는 것은 인간이 되는 조건에 깊이 침잠하는 것을 의미한다.[47]

예수 그리스도의 여성적(혹은 모성적) 측면을 일본의 가톨릭작가 엔도 슈사쿠는 이렇게 표현했다. "[예수가] 관심을 가진 것은 비참한 현실 속에 울고 있는 이들, 가난한 마을과 부락의 낡은 오두막에 사는 병자와 불구자들이었다. 그들을 보며 예수는 마음 아파했고, 연민과 사랑의 정을 느꼈다. 인간은 아름다운 것과 매력적인 것에 마음이 끌리지만, 추하고 더러운 것은 외면한다. 그러나 예수의 경우는 그 반대였다. 그는 오히려 사람들로부터 멸시받는 창녀나 나환자들에게 사랑을 느꼈던 것이다."[48] 여기서 우리는 "상처 입은 치유자"(wounded healer)로서의 그리스도 상을 발견한다. 상처 입은 치유자는 자신의 상처를 돌봄과 동시에 다른 사람의 상처를 치료할 준비가 되어 있는 사람이다.[49]

융 분석가 준 싱어(June Singer)는 양성론에 대해 이런 말을 한 적이 있다. "양성적인 삶을 사는 사람은 분열된 느낌을 갖지 않으며, 부드러움과 단단함, 유연성과 강함, 모호함과 정확성을 동시에 가질 수 있다. 그는 …… 양육과 안내, 줌과 받음을 병행한다."[50] 그리스도는 (완성된 인격이 그렇듯이) 남성적임과 동시에 여성적, 즉 양성론적인 모습을 지니고 있

---

47 Donald P. McNeil et. al., *Compassion : A Reflection on the Christian Life*(Garden City : Image Books, 1983), 4.

48 엔도 슈샤쿠/이평아 옮김, 『예수의 생애』(서울 : 가톨릭출판사, 2008), 76.

49 Henri J. M. Nouwen, *The Wounded Healer*(Garden City : A Division of Doubleday & Company, Inc.), 36.

50 June Singer, *Androgyny*(New York : Anchor Press/Doublyday, 1976), 277.

다. "그리스도는 남편, 목자, 왕, 주, 그리고 임금이시다.(엡 5:21~29, 요 10:14~18, 요 1:49, 마 19:27~28) 이 모든 것은 남성을 상징하는 것들이다. 하지만 생명의 떡, 문, 물, 포도나무, 희생양, 우리의 평화와 같은 여성적인 그리스도상도 있다."(요 6:41, 10:7, 4:14, 15:1, 1:36 ; 엡 2:14)[51]

1970년대 이래 한국 교회는 계속 산업 사회의 가치관에서 비롯된 '성공 지향적' 또는 '업적 지향적' 목회에 치중해 왔다. 이를 위해, 한국 교회는 대규모 전도 집회, 교회 성장 운동, 그리고 적극적 사고방식을 채택하였다. 이 과정에서, 한국 교회는 서구의 침략적인 남성 원리의 영향을 받게 되었다. 오늘날 그러한 투쟁적 남성 원리로는 심각한 갈등과 고통 속에서 신음하고 있는 이 세상을 구원할 수 없다. 돌보고 중재하고, 함께 아파하는 측면을 지닌 여성적 원리의 통합이 없이는 구원은 이루어질 수 없다. 한반도의 통일, 타종교와의 대화, 생태학적인 문제 등을 해결하는 데에는 융이 말한 여성적인 원리가 중요한 실마리를 제공할 수 있다. 이렇게 볼 때, 그리스도를 본받는 것은 다름 아닌 여성적인 원리를 통합하는 것이라고 볼 수 있다.

나가는 말 : 무의식을 통한 치유 목회

> 하나님의 나라는 너희 안에 있느니라.(The kingdom of God is within you. 눅 17:21, 개역)

---

51 Urban T. Holmes III, *Ministry and Imagination*(New York : The Seabury Press, 1981), 221.

> 인생의 후반기—35세 이후의 시기—에 나를 찾아온 모든 환자들 가운데 최후의 수단으로서 종교적인 인생관을 찾지 않은 사람은 하나도 없었다. 그들은 모두 각 시대의 살아 있는 종교가 신자들에게 제공했던 것을 상실함으로써 병들어 있었다. 그들 가운데 자신의 종교관을 회복하지 못한 채 치료된 사람은 단 한 사람도 없었다.(C. G. Jung, *C. W. 11*, 509)

융은 종교를 심리치료적인 체계(psychotherapeutic systems)로 보았다. 이것은 기독교에도 해당된다. 복음서에는 예수가 병자들을 치유해 주는 내용이 많이 나온다. 예수는 병자들을 고쳐준 후에 "네가 구원받았으니 이제 평안한 마음으로 돌아가라."고 했다. 여기서 "치유"와 "구원"은 같은 것으로 보인다. 기독교신자들은 기도와 묵상 및 성경 읽기, 공동 예배, 죄의 고백, 성례전(특히 성찬식), 찬양, 심령 부흥회, 피정 등을 통해서 치유를 경험한다.

여기서 기독교가 분석심리학으로부터 치유를 위한 자원을 얻을 수 있다고 본다. 그것은 바로 "무의식"을 통해서다.[52] 나는 융 학파의 분석을 받으면서 치유를 경험했고, 영적인 삶에도 큰 도움을 얻은 바 있으며, 이

---

52 분석심리학의 입장에서 기독교와 치유의 관계를 다룬 대표적인 책으로는 Morton Kelsey, *Healing and Christianity*(New York : Harper & Row, 1973). 배상길 옮김, 『치유와 기독교』(서울 : 대한기독교출판사, 1986) ; John Sanford, *Healing and Wholeness*(New York : Paulist Press, 1977) ; Steven Galipeau, *Transforming Body and Soul : Therapeutic Wisdom in the Gospel Healing Stories*(New York : Paulist Press, 1990) 등이 있다. 위 세 사람은 모두 성공회 사제이며 동시에 분석심리학자다. 특히, *Carl Jung and Christian Spirituality*(New York : Paulist Press, 1988)에 들어 있는 Morton Kelsey의 논문, "Rediscovering the Priesthood Through the Unconscious"을 참조하라.

런 경험을 통해, 무의식의 소리를 듣는 것이 곧 치유의 길이요, 온전해지고 영적으로 성숙해 지는 길이는 생각이 들었다.

예수는 겟세마네 동산에서 십자가를 앞두고 처음에는 "이 잔을 내게서 멀리해 주십시오"라고 기도하셨다. 그러나 결국 "내 뜻대로 마옵시고, 아버지의 뜻대로 하옵소서"라고 기도하고 이내 기꺼이 십자가를 지셨다. 이것은 자아(ego)의 뜻이 아닌 자기(Self)의 뜻을 따른 것이다. 어떤 랍비에게 그의 제자가 묻기를, "옛날 구약시대에는 하나님이 직접 말씀해 주셨는데 왜 요즘은 하나님이 말씀을 직접 해 주지 않으시는지" 묻자, 랍비는 "요즘은 사람들이 그분의 목소리를 들을 수 있을 만큼 충분히 숙이지 않기 때문이다"라고 했다. 우리가 무의식의 소리를 들으려면 이런 겸손한 태도가 필요하다. 이것이 바로 "종교적 태도"다. 이것은 다름 아닌 누미노줌(numinosum, 무의식)에 대한 조심스러운 숙고(careful consideration)의 태도를 말한다. 융은 "나의 작업의 주된 관심은 노이로제의 치료에 있다기보다 오히려 누미노제와 만나는 것이다. 그러나 사실 누미노제와의 만남이 진정한 치료이며 당신이 누미노제적인 경험을 하게 되면 병의 고통에서 벗어날 수 있다"[53]라고 말한 바 있다. 이런 의미에서 분석심리학의 목적은 한마디로, '우리의 무의식 속에 존재하는 치유능력이 우리에게 접근할 수 있게 만드는 것'[54]이다.

융에 의하면, 개성화란 본성(nature)과 조화를 이루며 사는 것이다. 이것은 내적인 길이다. 우리의 본성을 따르는 길은 다름 아닌, "내주(內住)하시는 그리스도"(indwelling Christ)를 따르는 것, 곧 우리 안에 있는 그리

53 *C. G, Jung, Letters Vol. 1*, 377.

54 『마음을 해방하기』, 60.

스도를 실현하는 것이 다. 이런 의미에서 꿈이란 자기(Self)가 밤마다 보내는 편지(폰 프란츠)라고 볼 수 있다. 오늘날 그리스도인들이 꿈을 초대 교회 교부들처럼 "하나님의 목소리"(vox Dei)로 생각하고 진지하게 따른다면, 본성과 일치된 삶을 사는 것이요, 내주하시는 그리스도를 따르는 것이 될 것이다. "자기－발견" 뿐 아니라 균형 잡힌 삶을 살기 위해서는 내면세계를 들여다보아야 하고, 복음서에 나오는 마리아로 대변되는 존재와 관상(being and contemplation) 보다 마르다로 대변되는 행위와 행동(action and doing)을 강조하는 경향을 바로 잡아야 한다. 행위를 강조하는 집단적인 태도와는 달리, 그리스도는 내향적인 마리아가 좋은 몫을 택했다고 했다.[55]

여기서 내면세계를 들여다보는 것은 "무의식과의 대면"을 의미한다. 프로이트와 절교한 뒤, 융은 방향을 상실한 상태에서 내적으로 불확실한 시기를 보낼 수밖에 없었다. 프로이트와의 절교는 융이 맞이한 중년의 위기를 미리 알려주는 외적인 사건이었다. 융에게 있어서, 이러한 방향 상실은 "그 자신만의 진정한 자기를 발견하도록 촉발하였다. …… 프로이트와의 의견 불일치로 인해 융은 참된 자기 자신과 만날 수 있었고, 고유한 자기 자신이 될 수 있었다."[56] 1913년에, 38세가 된 융은 자신의 '무의식과 대면'하기 시작했다. 고독한 상태에서 그는 자신의 내면세계와 환자들의 내면세계를 깊이 탐구했다.

오늘날 한국목회자들 중에는 방향 감각의 상실과 에너지의 고갈 혹은

---

55 심상영, 『한국교회의 영적성장을 위한 융의 분석심리학』(서울 : 쿰란출판사, 2001), 254.

56 Janice Brewi and Anne Brennan, *Celebrate Mid-Life : Jungian Archetypes and Mid-Life Spirituality*(New York : Crossroad, 1988), 16 참조.

탈진상태에 빠져있는 사람들이 있다. 탈진은 심리학적으로 '영적 죽음'이다. 어떤 이들은 무의미함과 실존적 공허감을 토로하고 있다. 만연된 경쟁적 상황에서, 한국 교회는 주로 외적인 것을 추구해 왔다. 이런 과정에서 많은 목회자들이 자기 자신을 잃어버렸다고 해도 과언이 아니다. 이런 상황에서, 우리는 "목회자들에게 가장 중요한 것은 무엇인가"라는 물음을 던지지 않을 수 없다. 이런 물음을 던짐으로써 삶을 성찰하고, 목회의 새로운 의미를 발견할 수 있을 것이다. 교회를 더 크게 건축하고, 더 많은 사람들을 교회에 모으고, 교회 성장의 비결을 배우느라 바쁜 목회자들이 우선적으로 해야 할 일은, 마음(무의식)을 들여다보고, 하나님 나라를 구하려고 힘쓰는 것(마 6:33)이 되었으면 한다. 이렇게 함으로써, 온전함과 건강함과 개성화에 이르게 될 것이며, 동시에 외적 성장과 내적 성숙이 조화를 이룬 균형 잡힌 목회를 할 수 있을 것이다.

특히 목회자가 분석심리학 수련을 받으면, "영혼 돌봄"(*cura animarum*)의 목회가 비로소 시작될 수 있을 것이다. 성경에서는 무의식을 "마음"(heart)이란 말과 동의어로 쓰고 있고, 이것을 다른 말로는 "영혼"(soul) 또는 "내면세계"(inner world)라고 볼 수 있다. 예수는 "하나님의 나라는 너희 안에 있다"(눅 17:21)고 말씀하셨다. 이제 한국 교회는 인간의 내면을 돌보아야 할 시점에 와 있다. 예수의 가르침은 내면생활에 어떤 의미가 있는지를 보여준다. 여기서 내면생활이란 예수가 "하나님 나라"라고 불렀던 내적인 현실을 가리킨다. 오늘날 교회는 이러한 예수의 가르침의 내적인 차원을 간과하고, 인간의 영혼을 어루만지지 못하고 있는 것 같다. 목회자는 "영혼을 사랑하는 사람" 또는 "영혼의 의사"로 스스로를 새롭게 인식하고, 우선적인 관심을 "영혼을 돌보는 일"에 두어야 한다. 목회자에겐 교구, 즉 세계 그 자체가 진료소다. 목회자는 마음의 심층으로 내려가야 하며, 심층심리학에 대한 관심을 갖고 먼저 자신의 무의식을 들여다보아야 한다. 물론 목회자의 과제는 의학적인 것이 아니라, 영혼의 목자(pastor of souls)로서 사람들의 영혼을 하나님께로 인도하는 것이다. "인간은 영혼은 가지고 있고, 밭에는 보물이 숨겨져 있다."(칼 융)

3
위기를 당한 사람들을 위한 새로운 목회

1. 위기 상황과 위기상담자로서의 목회자

어둠에 있는 사람은
희망을 가지십시오.
태양도 샛별을 어둡게 하지는 못합니다.

– 토마스 머튼[1]

유대인 작가 중에 독일 나치하의 아우슈비츠 수용소에서 살아남은 엘리 비젤(Elie Wiesel)이 쓴 『흑야(*Night*)』[2]라는 소설이 있다. 이 책에 보면, 어느 날 나치 수용소에서 많은 유대인들이 지켜보는 가운데 두 사람의

1 이것은 가톨릭 저술가요 시인인 토마스 머튼(Thomas Merton)이 한 말이다. 오지영 옮김, 『새 명상의 씨』(서울 : 가톨릭출판사, 2005) 참조.

2 Elie Wiesel/허종열 옮김, 『흑야』(서울 : 가톨릭출판사, 1978) 참조.

유대인이 교수형에 처해지는 장면이 나온다. 한 사람은 나이가 지긋한 어른이었고, 또 한 사람은 어린 소년이었다. 교수대의 밧줄이 내려지자 어른은 곧 운명했는데, 어린 소년은 쉽게 죽지 않고 줄에 매달려 30분 이상을 발버둥치는 것이었다. 이 비참한 광경을 목격해야만 했던 수용소의 유대인들 가운데 한 사람이 "하나님은 어디 있는가? 도대체 하나님은 어디 있단 말인가?" 하고 절규한다. 그리고 또 다시 "하나님은 어디에 있는가?"라는 절규가 들려오는 순간, 엘리 비젤의 마음속에는 "하나님은 지금 바로 저기 있다. 하나님은 저 교수대에 매달려 고통 받고 있다"라는 음성이 들려왔다.[3]

구약 성서 『욥기』에 보면, 욥이 심각하게 고난당하는 이야기가 나온다. 하나님은 욥을 가리켜 이 세상에는 그만큼 흠이 없고 정직한 사람, 그처럼 하나님을 경외하며 악을 멀리하는 사람이 없다고 하셨다. 그 때 사탄은 하나님께서 손을 드셔서 욥을 치셔서 그가 가진 모든 것을 빼앗으시면 그는 하나님 앞에서 하나님을 저주할 것이라 했다. 드디어 야훼 하나님은 욥을 사탄에게 맡긴다. 그 결과 욥은 극심한 고난을 겪는다. 졸지에 모든 자녀와 재산을 잃고, 자신의 몸에는 악성 종기가—발바닥부터 정수리에까지—나서 극심한 고생을 하게 된다.[4] 그 때 그는 한탄한다.

---

3 정태기, 『위기목회상담』(서울 : 대한기독교서회, 1992), 35~36 참조.

4 『욥에의 응답』(*Answer to Job*)이란 책에서 스위스 심리학자 칼 융은 야훼 신(神)이 어찌하여 '사탄'과 짜서 선한 욥의 신심(信心)을 그토록 무자비하게 시험하는가에 초점을 두었다. 그는 거기서 이른바 악의 원리와 야합한 '한편으로는 우러러보며, 한편으로는 공포의 대상'인 신(神)의 양면성(兩面性)－대극결합(對極結合, *complexio oppositorum*)으로서의 신의 상(像)을 본다. 이부영, 『분석심리학－C.G. Jung의 인간심성론』(서울 : 일조각, 1998), 329 참조.

어찌하여 내가 모태에서 죽지 않았던가? 어찌하여 어머니 배에서 나오는 그 순간에 숨이 끊어지지 않았던가? 어찌하여 나를 무릎으로 받았으며, 어찌하여 어머니가 나를 품에 안고 젖을 물렸던가? 그렇게만 하지 않았더라도, 지금쯤은 내가 편히 누워서 잠들어 쉬고 있을 텐데(욥 3:11~13).

어찌하여 하나님은, 고난당하는 자들을 태어나게 하셔서 빛을 보게 하시고, 이렇게 쓰디쓴 인생을 살아가는 자들에게 생명을 주시는가? 이런 사람들은 죽기를 기다려도, 죽음이 찾아와 주지 않는다. …… 내게는 평화도 없고, 안정도 없고, 안식마저 사라지고, 두려움만 끝없이 밀려온다!(욥 3:20~26).

한평생 살면서 우리는 "영혼의 어둔 밤"(십자가의 성 요한)[5]을 겪게 된다. 사람이 위기가운데 처하게 되면 누구나 "전망"(perspective)을 잃기 시작하고 괴로움과 무력감을 느끼며 흔히 억눌리는 듯하고 자신이 무가치하다고 느끼며, 그에게는 희망도 없고 미래는 완전히 차단된 것처럼 보이며, 심지어 그 자신의 과거까지도 망각해버린다." 또 "많은 경우에 있어서 위기를 통해서 사람들은 삶의 허무성과 인간관계의 빈약성에 직면하게 된다." 모든 위기는 그 핵심에 있어서 종교적이라 할 수 있다. 모든 위기는 인간의 삶이 만족스럽기 위해서는 반드시 해결해야 할 궁극적인 문제들을 포함하고 있다.[6]

---

5 십자가의 성 요한/최민순 옮김, 『어둔밤』(서울 : 바오로 딸, 1999) 참조.

6 H. W. Stone & G. Peterson/오성춘 옮김, 『위기상담』(서울 : 대한기독교출판사,

말할 수 없는 고통스러운 위기상황에 직면하게 되었을 때 시편에서 시인은 이렇게 절규한다.

> 주님, 언제까지 나를 잊으시렵니까? 영원히 잊으시렵니까? 언제까지 나를 외면하시렵니까? 언제까지 나의 영혼이 아픔을 견디어야 합니까? 언제까지 나의 영혼이 고통을 받으며 괴로워하여야 합니까? 언제까지 나의 영혼이 내 앞에서 의기양양한 원수의 꼴을 보고만 있어야 합니까?(시 13:1~2)

> 내 하나님이여 내 하나님이여 어찌 나를 버리셨나이까. 어찌 나를 멀리하여 돕지 아니 하옵시며 내 신음하는 소리를 듣지 아니하시나이까(시 22:1)

시인은 위기, 곧 "영혼의 어둔 밤" 한 가운데서 "숨어계신 하나님"(Deus absconditus)[7]을 경험하고 있었던 것이다. 이것은 비단 시편 시인만의 경우는 아닐 것이다. 수년전 어떤 목회자가 30대 초반의 주부의 장례식을 마치고 나서, "정말 하나님이 계신 것일까? 사랑의 하나님이 어찌하여

1986), 20, 21 참조.

7 그런데 루터는 '숨어계신 하나님'(*Deus absconditus*)에 대해 이렇게 말한다. "하나님께서는 그의 선의(善意)와 호의(好意)를 진노와 형벌 밑에 숨겨 놓으셨다. 하나님께서는 그의 영원하신 인자와 긍휼을 영원한 진노 아래에 숨겨 주시고, 의를 불의 아래에 숨겨 두셨다." 그러면서 루터는 "숨어계신 하나님"은 "하나님의 아픔에 기초를 둔 사랑"에 의해서만 성립된다고 본다. 그래서 루터는 '아픔 속에 숨어계신 하나님'(*Deus absconditus in passionibus*)이라는 표현을 한다. 기다모리 가조/박석규 옮김, 『하나님의 아픔의 신학』(서울 : 양서각, 1987), 제 9장 하나님의 아픔과 "숨어계신 하나님" 참조.

이런 일을 허락하신 단 말인가?" 하며 탄식하는 소리를 들은 적이 있다. 그 30대 초반의 주부는 셋방에 사는 데 아기 기저귀를 세탁해서 높은 시멘트 계단위에 있는 건조대에 걸러 나갔다가 바닥으로 굴러 떨어져 의식불명 상태로 며칠 있다가 결국 세상을 떠나서 장례를 치렀다고 했다. 이런 상황에서 목회자는 할 말을 잃을 수밖에 없다. 그 때 그 목회자는 "숨어계신 하나님"을 경험한 것으로 볼 수 있다.

오래 전에 내과의사인 옛 친구에게 이런 말을 들은 적이 있다. "목회자는 한 사람의 일생에 깊이 개입할 수 있는 특권을 가진 사람이 아닌가. 의사는 그렇게 하려고 해도 그럴 수 없는데 말이야." 그 당시 크게 공감이 되었는데, 그 말은 사실이다. 목회자에게는 출생부터, 돌, 결혼, 회갑, 죽음까지 사람들의 생에 깊이 개입할 수 있는 특권이 있고, 또 그와 아울러 막중한 책임도 있다. "목회자는 자기가 좋아하든 싫어하든 관계없이 자기 교인의 생활 가운데 나타나는 갖가지 위기에 직면하게 된다. 그래서 위기사역(crisis ministry)은 여러 세기를 통해서 목회(pastoral care)의 한 분야가 되어왔고 기독교인들은 자신들에게 어려운 일이 있을 때에는 자기네 목사가 그들을 도와주는 것을 자연스럽게 기대하게 되었다.[8] 그러므로 교구 안에 있는 사람이 삶의 위기를 만났을 때 그 위기 상황에 잘 대처하고 적절한 목회적 돌봄(pastoral care)을 제공해야 하는 과제를 목회자는 짊어지고 있는 것이다.

맥스웨인(McSwain)과 트레이드웰(Treadwell)은 위기의 형태를 다섯 가지로 구분한다. 곧 신체적으로 부상·고통·죽음을 당하거나 그런 위험에 처했을 때 느껴지는 신체적 위기, 심리적 자아에 고통을 받고 있거나 앞

---

8 『위기상담』, 14~15.

으로 그런 일이 일어날 가능성을 예감하고 있을 때 오는 자아 위기, 대인관계의 단절이 예상될 때 느끼는 인간관계의 위기, 자연 환경의 파괴나 빈약함에서 오는 환경 위기, 마지막으로 자신의 삶 속에 내재하는 하나님의 임재를 강화시켜주는 활동들이 차단되거나 그 위험을 예상할 때 오는 영적 위기 등이다.[9]

반면에 목회상담학자 정태기는 위기를 상황적 위기, 발달 위기, 사회·문화적 위기 등으로 구분한다. 상황적 위기는 우발적 위기라고도 일컫는데 전혀 예측하지 못했던 충격의 사건이 발생할 때 느낄 수 있는 위기다. 먼저, 불이 난다든가 또는 지진 같은 자연재해로 인해서 오는 물질과 환경의 변화의 차원이다. 다음은 심장마비, 치명적인 병, 큰 사고, 또는 각종 질병으로 인해 오는 신체 기능의 장애 같은 개인의 신체적인 차원이다. 마지막으로는 사랑하는 사람이 죽는다든지, 부부간의 이혼 같은 인간관계의 차원이다.[10]

급작스러운 상황적 위기로 고통을 당하게 되는 것은 누구에게나 발생할 수 있는 일이다. 상황적 위기는 전혀 뜻밖에 발생하므로 위기를 당하는 사람은 이런 위기 상황에 대처하기가 힘들다. 극단적인 경우이긴 해도 2004년 12월 26일 남아시아를 강타한 지진 해일로 인해 수 십 만 명이 목숨을 잃은 일, 2001년 9월 11일 발생한 미국 뉴욕의 110층 세계무역센터(WTC) 쌍둥이 빌딩과 워싱턴의 국방부 건물에 대한 항공기 동시 다발 자살테러 사건, 그리고 이라크에서 자주 일어나는 테러로 인한 인명살생의 비극[11]은 그 나라 그 사건을 당한 가족이나 친지들만의 고통은 아니다.

---

9 『위기목회상담』, 55.

10 위의 책, 55.

지금 우리나라에서도 크고 작은 각종 사건 사고가 계속해서 일어나고 있다. 이런 대형사고 뿐만 아니라 교통사고로 인해 가족이 죽거나 장애자가 되는 일, 힘든 병에 걸리는 일, 갑자기 실직을 당하는 일, 이혼, 그리고 갱년기를 맞아 겪게 되는 여러 위기 상황 등 이 세상에 살면서 누구나 예외 없이 원치 않는 일들을 당하게 되는 것이다.

어떤 사람이 위기에 처하게 되었다는 것은 그가 위기의 사건으로부터 스트레스(stress)를 받고 있음을 뜻한다. 충격이나 스트레스가 크면 클수록 자신의 내부에서는 물론 다른 사람들과의 관계에서도 긍정적이든 부정적이든 심리적인 면에서나 영적인 면에서 파동이 일어난다는 것은 부인할 수 없는 사실이다. 목회자는 위기상담자로서 이런 파동을 진정시켜 영적으로 정신적으로 성장하도록 도울 수 있어야 한다. 목회자는 '위기 충격 평가 척도'에 대해 알 필요가 있다. 생의 사건 별로 스트레스 수치가 높은 것부터 몇 가지를 들어보면, 배우자 사망(100), 이혼(73), 부부 별거(65), 투옥(65), 가족 사망(63), 중대한 부상이나 병(53), 결혼(50), 해고(47), 결혼 파탄 후 다시 화해(45), 은퇴(45), 가족의 건강 및 행동의 중요 변화(44), 임신(40) 순이 된다. 여기서 배우자 사망이 제일 높은 충격 점수로 나와 있지만 모든 사람이 다 그렇지는 않다는 것이다. 어떤 사람의 경우에는 자식 사망이 배우자 사망보다 더 큰 충격을 가져다 줄 수 있다는 것을 염두에 두어야 한다. 은퇴의 경우에도 나이가 50세 정도에 급작스럽게 명예퇴직을 당했는데, 아무런 미래 대책이 없다면 그 충격은 이루 말

---

11 "이라크 수도 바그다드의 시아파 밀집 거주지인 사드르 시티에서 23일 오후 발생한 연쇄 차량폭탄 공격 등으로 인한 사망자가 모두 152명으로 늘었고 부상자도 236명에 이른다고 AFP 통신이 보도했다."(조선일보, 2006년 11월 24일자)

할 수 없이 클 것이다. 어쩌면 조기 퇴직의 충격으로 스트레스를 극심히 받아 사망하는 경우도 있을 수 있다.[12]

"위기"(crisis)라는 말과 "스트레스"(stress)라는 말은 종종 같이 사용된다. 미국 벤자민 긴급 구호센터(Benjamin Rush Center for Problems of Living)에서 내놓은 위기를 다루는 사람들(crisis workers)이 위기를 만난 사람들을 다루는데 유용하다고 판단된 아홉 가지 "느낌"(senses)은 다음과 같은 것들이다.[13]

(1) 당황 : "전에 이런 느낌을 가져본 적이 없다."

(2) 위험 : "난 너무나 떨리고 무섭다 – 어떤 무서운 일이 일어날 것 같다."

(3) 혼동 : "난 명확한 사고(思考)를 할 수 없다. 내 맘을 추스르려 해도 잘 안 된다."

(4) 막다른 골목에 이른 느낌 : "꽉 막혀있다. 아무 것도 도움이 될 만한 게 없다."

(5) 절망 : "나는 "어떻게 할 줄 모르겠다 – 무슨 일을 해야 할지 전혀 모르겠다."

(6) 무감각 : "난 아무런 느낌도 없다. 난 지금 밑바닥 상태에 있다."

(7) 스스로는 어떻게 할 수 없는 무력한 상태 : "난 이것을 내 스스로 감당할 수 없다. 난 정말 도움이 필요하다."

---

12 『위기목회상담』, 100~4 참조.

13 Howard J. Parad and Libbie G. Parad, ed., *Crisis Intervention Book 2 : The Practitioner's Sourcebook for Brief Therapy*(Milwaukee : Family Service America, 1990), 8.

(8) 응급상황 : "난 지금 도움이 필요하다."

(9) 불안 : "난 비참하고 쉴 수 없고 불안정하다고 느낀다."

H. W. 스톤과 G. 피터슨은 위기 상담에 있어서 특별히 의뢰를 받아야 자신들의 역할을 할 수 있는 다른 심리치료 전문가들과는 달리 목회자는 자연스러운 역할을 할 수 있는 위치에 있다고 본다. 예를 들어 목회자는 슬픔을 당한 유족들의 아픔에 당연히 동참하게 된다. 그러므로 목회자는 위기가 발생했을 때 대개 맨 먼저 찾아 도움을 구하고자 하는 사람이며, 따라서 "자연스러운" 위기상담자라 할 수 있는데, 그 이유는 다음과 같은 것들이다.[14]

(1) 목회자는 평소에 교회 회중들과 이미 밀접한 관계를 형성하고 있다. 목사는 그 누구보다 더 그 가족들이 겪는 보편적 위기들과 긴장을 돌보아 오고 있는 것이다.

(2) 목회자는 사람들과 늘 가까이 지내고 목회관계가 시작되어 있기 때문에 그의 도움을 얻으려는 사람은 수 주간 또는 수개월간에 걸친 관련 자료조사, 건강검진, 혹은 긴 신상조사를 거칠 필요가 없다.

(3) 목회자는 많은 상담 전문가들과는 달리, 사람들이 사는 어느 곳이나 방문할 수 있다. 그는 병원에 입원해 있는 사람, 직장에서 일하는 사람, 집 안에 있는 사람들을 방문하기 때문에 일반 정신과 의사나 심리학자에 비해서 그들과 훨씬 더 깊은 유대관계를

---

14 『위기상담』, 19~21.

가질 수 있고 여러 가지 면에서 더 그들을 이해할 수 있다.

(4) 목회자는 많은 심리치료 전문종사자들이 위기를 겪고 있는 개인에게 압도적인 초점을 지니고 있는 것과는 달리 가족들과 심지어 친척들에게까지도 관심을 쏟는다. 목회자는 흔히 위기를 겪고 있는 사람의 가족들과 친척들과도 친분이 있으며 그들을 불러 그 위기를 돕도록 요청할 수 있다.

(5) 목회자는 삶의 허무성에 직면해 있는 사람에 대해서도 의미와 가치에 관한 궁극적인 질문들을 다룰 수 있도록 훈련되어 있기 때문에 그 사람으로 하여금 비록 비극의 심연 가운데서도 삶은 자비롭고 신뢰할 수 있는 하나님과의 관계 안에서 의미를 지니고 있다는 것을 다시 발견하도록 도울 수 있다.

2. 위기를 당한 이들을 위한 새로운 목회

나는 살아남을 수 있을 뿐만 아니라 축복까지 받았다. 아침에 침대에서 나올 수 있는 날은 하루하루가 나에게는 축복이다. 우리가 팔다리를 움직여 세상일을 할 수 있는 날은 그 하루하루가 우리에게 축복이다. 팔다리가 위축되고 말을 못하게 되어도, 여전히 우리는 축복받은 존재다. 이 심장이 뛰는 한 나는 축복받은 존재다.[15]

15 Philip Simmons/김석희 옮김, 『소멸의 아름다움』 (서울 : 나무심는사람, 2002), 56.

분석심리학의 창시자 융은 자신이 정신과 의사였지만 스스로 자신을 "영혼을 사랑하는 사람"(a lover of the soul)이라고 불렀다. 또한 그는 교회의 기본적인 임무를 인간의 "영혼을 돌보는 일"(cura animarum)이라고 보고, 교회가 이 일을 열심히 해 내기를 바랐다. 그런데 오늘날 교회가 이 일을 제대로 감당하고 있는지 우리 모두 새삼 다시 살펴볼 필요가 있다. 위기를 겪고 있는 사람들에게 목회자는 당연히 고통 받는 그들의 영혼을 어루만져주고 치유해 주는 일을 해야 한다. 이런 의미에서 새 시대를 살고 있는 오늘의 목회자는 "영혼의 의사"(physician of soul)로 그 존재 의의가 있다고 본다. 그러므로 성직자들이 상아탑에 갇힌 신학자로 시간을 보내지 않고 영혼의 의사로서 시간을 보낸다면, 그것이야말로 정말 바람직한 일이라 할 것[16]이라고 했던, 존 샌포드(John Sanford)의 말은 타당하다. 목회자는 고통 받는 영혼을 찾기 위해 진료소를 따로 필요로 하지 않는다. 목회자에게는 교구, 곧 세계 그 자체가 진료소다. 우리의 관심은 마음과 마음의 기제와 역동성, 마음의 동기와 억압과 어릴 시절의 기억에 있는 것이 아니라, 인간 영혼과 하나님과의 관계에 있다.[17]

이제부터 위기를 당한 이들을 위해서는 목회자가 과연 어떤 목회에 관심을 갖고 집중해야 할지를 몇 가지로 살펴본다.

---

16 심상영, 『한국교회의 영적성장을 위한 융의 분석심리학』(서울 : 쿰란출판사, 2001), 147~8 참조.

17 James Hillman, *Insearch : Psychology and Religion*(Dallas : Spring Publications, Inc., 1987), 44.

1) 공감하며 함께 아파하는 목회

> 우리는 누구나 우리의 말에 깊이 귀를 기울여줄 사람을 필요로 한다. …… 진정한 심리치료사는 절대로 편견을 갖지 않고 판단을 내리지도 않은 채, 자신의 모든 것을 다 바쳐서 상대방의 말에 귀를 기울이는 능력을 갖고 있어야 한다.
>
> – 틱 낫 한

위기를 겪는 이들을 돕기 위한 목회에서 감정이입(empathy)은 매우 중요하다. 감정이입이란 말은 심리치료나 목회상담 문헌에 자주 등장하는 말로서 유명한 칼 로저스(Carl Rogers)가 소개한 것으로 알려져 있다. 로저스는 감정이입이란 말을 내담자가 보는 대로 세상을 보는 것, 내담자 자신이 그 스스로를 보는 대로 그를 보는 것, 그리고 내담자에 대한 공감적 이해를 가지고 내담자와 교통하는 것이라는 의미로 쓰면서, 동정(sympathy)이란 말과 구분해서 쓰고 있다. 이 때 상담자는 집중하여 내담자를 내담자가 자신을 있는 그대로의 모습으로 보는 것처럼 이해하려고 애쓰게 된다.[18]

무엇보다도 감정이입을 제일 잘 하신 분은 그리스도시다. 그분은 아파

---

18 Donald Capps, *Giving Counsel : A Minister's Guidebook*(St. Louis : Chalice Press, 2001), 28~29 참조. 틱낫한의 다음 언급은 목회자나 심리치료사에게 유익하다. "남의 말에 귀를 기울인다는 것은 그의 말을 듣고 있는 동안에 연민의 정이 나의 마음속에 살아있게 하는 것이다. 그 동안에는 오직 한 가지만을 생각해야 하고, 오직 한 가지만을 소망해야 한다. 가슴을 활짝 열어젖힘으로써 거기에 쌓인 고통을 모두 털어낼 기회를 주는 것이다."Thich Nhat Hanh/최수민 옮김, 『화』(서울 : 명진출판, 2002), 105~6.

하는 자들과 함께 아파하시고, 슬퍼하는 자들과 함께 우신 분이시다. 이런 의미에서 주후 680년에 개최된 콘스탄티노플 공의회에서 그리스도께서 우리의 고통을 …… 외면적으로만이 아니라 그 본질적인 행위에 있어서도 똑같이 당하셨다[19]고 선언한 것은 매우 의미 깊은 일이라 생각한다. 독일 여성신학자 도로테 죌레의 말대로, 몸소 고통을 겪어 본 사람들만이 주변의 고통 받는 사람들의 아픔을 제대로 인식하고 이 아픔에 반응할 수 있을 것[20]이기 때문이다. "너희 아버지께서 함께 아파하시는(compassionate) 것과 같이, 너희도 함께 아파하여"(눅 6:36) "함께 아파는 것"을 의미하는 "compassion"이란 단어는 여성적인 원리를 잘 표현해 주고 있다.

> 함께 아파하는 것은 우리에게 아픔이 있는 곳으로 찾아가고, 낙담, 두려움, 혼란, 고뇌를 함께 나누라고 요구한다. 함께 아파하는 것은 우리에게 불행에 빠진 사람들과 함께 외치고, 외로운 사람들과 함께 슬퍼하고, 우는 자들과 함께 울라고 촉구한다. 함께 아파하는 것은 우리에게 약한 사람들과 함께 약해지고, 상처입기 쉬운 사람들과 함께 상처를 나누고, 힘없는 사람들과 함께 무력해지라고 요구한다. 함께 아파하는 것은 인간이 되는 조건에 깊이 침잠하는 것을 의미한다.[21]

---

19 Thomas E. Oden/이기춘·김성민 옮김, 『목회상담과 기독교신학』(서울 : 다산글방, 1999), 68.

20 Donald Messer/이면주 옮김, 『새 시대 새 목회 : 현대의 목회상 탐구』(서울 : 기독교대한감리회 홍보출판국, 1997), 127.

21 Donald P. McNeil et. al., *Compassion : A Reflection on the Christian Life*(Garden

이것이 바로 "상처 입은 치유자"(wounded healer)로서의 목회자상이다. 상처 입은 치유자는 자신의 상처를 돌봄과 동시에 다른 사람의 상처를 치료할 준비가 된 사람이다.[22] 사실 목회자는 그리스도의 제자로 부름을 받되, 예수 그리스도를 따라 상처 입은 치유자로 부름 받았다 할 수 있다. 그러므로 극심한 위기로 고통당하는 사람에게 다가가 상처 입은 치유자로서 그의 상처를 어루만지면서 공감하고 함께 아파하는 목회가 이루어 질 때 목회자는 그리스도의 제자로 거기 존재하게 되며 거기서 치유가 일어나게 될 것이다.

특히, 목회자는 위기를 당한 사람이 괴로운 감정을 표현할 수 있게 해 주어야 한다. "애통하는 자는 복이 있나니 저희가 위로를 받을 것임이요" (마 5:4)라고 했다. 슬픔을 당한 사람은 자신의 상실에 대해 이야기하며 감정을 쏟아내는 울음을 경험하며, 때로는 아주 깊은 흐느낌을 통해서 그 감정들을 배출시켜 버리게 된다. 잔인한 상실 뒤에 오는 소용돌이치는 감정의 파도를 완전히 배출시키는 것은 보통 오랜 시간이 걸리고, 가끔 1년이나 그 이상 걸릴 수도 있다. 이때는 판단이나 충고를 하지 않으면서 경청하고, 따스한 마음으로 들어주며, 그것이 어떠한 형태로 나타나든 그 사람의 슬픔을 수용하는 사람이 필요하다. "무엇이 일어났는지 이야기해 주시겠습니까?" 하고 말하고 나서 당신의 입을 닫는 예술을 실천하면 그 사람이 쓰디쓴 쓸개즙을 쏟아 버릴 수 있게 된다. 이렇게 볼 때 깊이 있는 경청은 하나의 은사다. 그러나 그것은 쉽게 얻을 수 없는 기술이

City : Image Books, 1983), 4.

22 Henri J. M. Nouwen, *The Wounded Healer*(Garden City : A Division of Doubleday & Company, Inc.,1979), 36.

기도 하다.[23]

눈물을 흘리는 것은 하나의 치료약(remedy)이 될 수 있다. 우리는 대개 우는 것을 약하고 무능하고 기가 꺾인 것으로 보는 경향이 있다. 하지만 슬플 때 충분히 우는 것(crying)은 권고할 만한 일이다. 충분히 표현되지 않은 감정은 속에 폭력적인 것(inner violence)이 풀리지 않고 남아있게 되어 몸과 마음의 병이 될 수도 있기 때문이다.[24] 이렇게 볼 때 목회자는 슬픔을 겪는 사람이 실컷 슬퍼하고 울 수 있는 환경을 만들어 줄 필요가 있다. 목회자는 슬픔을 당한 사람들, 예를 들어 가족을 잃은 사람이 마음껏 슬퍼하고 울 수 있도록 배려해야 한다. 충분히 울어야만, 일정 기간이 지나면 슬픔에서 벗어날 수 있기 때문이다.

2) 삶과 고통의 의미를 발견하도록 돕는 목회

> 진리는 어두운 밤의
> 장막을 통해서만
> 나타나는 별과도 같답니다.
>
> – 칼릴 지브란

목회자가 위기로 인해 엄청난 고통에 빠진 사람들을 위해 할 일은 그들이 삶의 이유와 목적, 의미를 새롭게 발견하도록 돕는 것이다. 삶의 이

23 Howard Clinebell/이종헌·오성춘 옮김, 『전인건강』(서울 : 한국장로교 출판사, 1995), 264~5 참조.

24 Peter van Oosterum, *Tears : A Key to a Remedy*(Bath : Ashgrove Press Ltd, 1995) 참조.

유는 물론 삶의 의욕마저 다 잃은 상태에 머물러 있고, 깊은 한탄과 절망의 늪에서 빠져 나오지 못하는 사람들에게 필요한 것은 어떤 물품이 아니라, 왜 살아야 하는지 그 이유를 발견하도록 도와주는 것이다.

칼 융은 영국 BBC 방송과 한 인터뷰에서 "인간은 무의미한 삶을 견디지 못 한다"고 말한 적이 있다. 또한 융은 사람이 고통의 의미를 찾는다면 고통에 대한 수용력은 더욱 넓어지는 반면에 고통의 의미를 찾지 못하는 사람은 쉽게 낙심한다고 했다. 또 다른 곳에서 그는 정신신경증은 궁극적으로 의미를 발견하지 못한 영혼의 고통으로 이해돼야 한다고 했다. 융 학파에선 신(神)을 "자기"(Self)라는 말로 쓴다. "자기"에 도달하는 길은 단계적인 과정이고 그것에 적합한 태도는 "종교적 태도"(religious attitude), 곧 "주의 깊은 숙고"의 자세다. 그것은 매일의 삶으로부터 의미를 끌어내는 자세다. 패배와 실망은 특별히 교훈적이다. 저명한 융 분석가인 힐더가드 키르쉬는 융에 대한 회고록에서 융이 자신에게 준 가장 큰 선물은 ... 고통을 필연적으로 받아들이는 것이라고 했다.[25]

사실 인간의 모든 정신적 진보 및 정신적 창조성은 정신적 고통의 상태에서 생기는 것이다. 이렇게 볼 때, 고통은 새로운 삶으로 나아가는 첫

---

25 Lawrence Jaffe/심상영 옮김, 『마음을 해방하기 : 융 심리학과 영성』(서울 : 한국심층심리연구소, 2006), 103~108 참조. 상담자는 내담자들이 "이대로 살다가 그냥 죽으면 좋겠다. 참으로 사는 게 너무 힘들다. 재미도 없고 의미도 없다"는 한탄을 하는 것을 자주 듣는다. 이것은 무언가 낡은 것은 죽어야 하고, 이젠 새로운 삶이 시작될 때임을 보여준다. 여기서부터 진정한 치료는 시작된다. 이렇게 볼 때 노이로제의 병고(病苦)는 적어도 그 사람으로 하여금 자기 자신의 마음을 돌이켜 볼 수 있는 좋은 기회를 준다. 노이로제의 고통은 내담자에게 지금까지의 그릇된 생활태도를 바꾸고 더욱 보람 있는 일을 하도록 촉구한다. 그러기에 노이로제는 원인이 아니라 목적을 가지고 있는 현상이며 노이로제의 고통에는 의미가 있다는 말이 맞다. 이부영, 『이부영 박사의 정신건강 이야기』(서울 : 정우사, 1998), 115~116 참조.

걸음이며 우리에게 일어난 일이 아무리 힘들고 비참한 것이라 하더라도 모두 오직 인격을 재구성하는 데 필요한 첫 걸음이라는 것을 알고 나면 그 슬픔이나 고뇌도 헛된 것이 아니다.[26] 아마 고통(어둠, 병)이 우리 영혼이 성장하는 데 꼭 필요하다는 것을 인식하는 데는 오래 걸릴 것이다. 우리가 인생길을 가는 데는 필히 빛이 필요하듯, 어둠(고통, 병)도 필요하다.

성숙을 위해서는 반드시 어둠이 필요하다. 그러므로 어둠을 없애려고 하기보다 어둠과 친구가 될 수 있는 방법을 찾아보는 것이 필요하다. "아마도 인생의 고난과 힘겨운 싸움을 겪은 사람들만이 인생의 진리, 즉 빛의 행로뿐만 아니라 이처럼 어둠의 행로도 거쳐야만 인생이 성숙하게 변화하게 된다는 역설적 진리를 충분히 이해하고 받아들일 수 있을 것이다."[27] 목회상담 분야의 개척자인 안톤 보이슨(Anton T. Boisen)은 종교적

---

26 Rollo May/이봉우 옮김, 『카운셀링의 기술』 (왜관 : 분도출판사, 1979), 156 참조. 일본 융 분석가 히구찌 가츠히꼬는 한국 융 연구원 강연에서 일본의 옛 시인 사이교오(西行, Saigyo)의 다음 시를 분석심리학의 본질—대극합일의 심리학, 혹은 전체성의 심리학—을 꿰뚫는 것으로 본 적이 있다.

봄날 보름달이 휘영청 뜨고
벚꽃이 활짝 핀 나무 아래 누워
죽고 싶구나!

Let me die in spring
under the blossoming trees,
let it be around
that full moon
of Kisaragi month (기사라기 월은 음력 2월을 말함)

rf. Saigyo/Burton Watson(tr.), *Poems of a Mountain Home*(New York : Columbia University Press, 1991), 40.

27 Joyce Rupp/김준우 옮김, 『작은 불꽃』(서울 : 한국기독교연구소, 1997), 13, 25 참조.

관점에서 위기에 관한 책을 쓴 최초의 저자 중의 한 사람인데, 그는 자신의 상담 경험과 여러 정신병원에서 관찰한 것들을 토대로 해서 책을 썼다. "위기란 위험스러운 상태만을 의미하는 것이 아니라 동시에 정신적, 정서적 성숙의 기회도 된다고 본다. 왜냐하면 위기에 대처하는 데에는 고조된 정서적, 지적 과정들이 관련되기 때문이다."[28]

흔히 쓰디쓴 광야체험(bitter wilderness experience)을 한 뒤에는 신성력(神聖力, numonosum)과의 만남이 있게 된다. 모세는 40년간이나 미디안 광야에서 남의 집 머슴(목동)으로 살고 난 후에야 비로소 가시떨기 나무 불꽃 가운데 임재하신 하나님으로부터 이스라엘 백성들을 출애굽 시키라는 소명을 받았으며, 엘리야의 경우에도 그가 자살 충동에 사로잡혀 깊은 우울상태에 빠졌을 때 황량한 호렙 산으로 가게 되었다. 엘리야가 이세벨의 분노에 찬 협박이 있자 도망을 간 곳은 광야였으며 그 광야에 있던 엘리야를 하나님이 찾아가신 후 그에게 다음 과제를 부여해 주셨다(왕상 19~20장).[29]

목회자는 평소에도 사람들에게 어둠(고통, 죽음)이 삶의 한 부분임을 인식하게 도와줄 필요가 있다. 사람들은 흔히 전체를 볼 줄 모른다. 빛과 어둠, 선과 악, 양과 음, 하늘과 땅, 부성적인 것과 모성적인 것을 포괄하는 것이 도(道)의 원리다. 그래야 전체가 된다. 평소 어둠과 죽음을 삶의

---

28 『위기상담』, 15, 16.

29 Edward Edinger, *Mysterium Lectures : A Journey through C.G. Jung's Mysterium Coniunctionis*(Toronto : Inner City Books, 1995), 142, 143 참조. 독일의 영성지도자인 안셀름 그륀(Anselm Grün)은 "자주 실패와 고통의 상황을 겪고 나서야 비로소 생명의 샘을 찾기 위해 아래로 내려가게 된다"는 말을 한다. Amselm Grün · Meinrad Dufner/전현호 옮김,『아래로부터의 영성』(왜관 : 분도출판사, 2002), 72.

부분으로 받아들이지 않으면 갑작스러운 위기를 당할 때 혼돈에 빠질 수 밖에 없다.

목회자는 설교나 성서 교육, 심방이나 목회상담을 통해서 위기를 겪으며 고통을 겪고 있는 사람이 고통에서 벗어나도록 하기 전에, 그로 하여금 고통의 의미를 찾도록 도와주는 노력을 할 필요가 있다. 그러므로 위기상황에 있는 사람을 돕는 목회자에게는 의미를 깨우쳐 주는 역할이 중요하다. 목회자가 할 수 있는 일은 위기에 처한 사람이 하나님과의 관계에서 삶과 고통의 의미를 재발견하도록 도와주는 것이며, 또한 하나님이 변치 않는 사랑으로 지금도 그를—비록 비참한 현실 가운데 있는—돕고 계시다는 것을 알려주는 것이다. 그러므로 목회자는 위기를 겪고 있는 사람의 고통을 제거하려 하기 보다는 그 고통을 건설적인 채널로 방향을 바꾸면 그가 새로운 삶으로 나아갈 수 있으며, 그 때 고통이 오히려 인격을 변환(變換, transformation) 시키고 성장시키는 기회가 될 수도 있음을 잊어선 안 된다.

3) 성스러운 공간(sacred space)을 발견하도록 돕는 목회

> 정주(定住, stabilitas)—자기를 견지하기, 자기에게 머물기—는 모든 인간적 발전과 영적 발전을 위한 전제조건이요 불안과 초조를, 끊임없는 변덕을 치유하는 방법이다.
>
> – 안셀름 그륀

나는 "성스러운 공간"(聖所)에 대한 것을 이야기해 주는 꿈을 오래 전에 꾼 적이 있다. 그 꿈에서 내가 서울 역 어느 다방에 들어가니, 그 내부는 아주 높은 천정이 있는 낡고 오래된 유럽풍의 방이었으며, 거기 사람들이 많이 앉아 있는 데 다방에서 일하는 아가씨가 필자를 조용한 구석으로 안내하는 내용이었다. 이 꿈은 미국 유학을 가서 분석 시간에 처음 가져간 꿈(initial dream)으로서 매우 깊은 의미를 지니고 있는 것임을 깨달았다. 당시 나는 일하며 공부하느라 매우 바쁘게 지내고 있었고, 가족도 새로운 환경에 적응하느라 힘든 상태였다. 이 꿈에 나온 다방 아가씨는 나를 조용한 공간, 다시 말해 성소로 인도하는 영혼 인도자(psychopomp, anima)라고 분석가는 해석했다. 당시 나에겐 그저 바쁘고 정신없이 사는 게 아니라 조용히 앉아 말씀을 묵상하고 독서도 하며, 삶을 관조(觀照)하며 사는 것이 성소를 갖는 것이라는 생각이 들었다.

현대 산업 사회와 기술적 합리주의의 조건 아래서 살아가는 현대인들이 성스러운 공간—재생, 창조성, 변형의 공간—을 경험하기란 여간 어려운 일이 아니다. 이렇게 볼 때 오늘날 한국 목회자들은 스스로를 다만 설교자로서만이 아니라 성스러운 공간을 제공하는 사람으로 인식할 필요가 있다. "성스러운 공간은 장차 태어날 무언가를 위하여 그릇을 준비한다. 그곳은 예배 장소일 뿐만 아니라 안전한 은신처, 성역 그리고 피난처다. 우리는 영적으로 거듭남과 재생을 위해 그러한 장소를 필요로 한다. 현대인들은 이런 불평을 자주한다. "나는 쉴 만한 곳, 정체성을 확인할 만한 곳이 없다. 나는 외롭다." 비록 많은 업적을 이루고, 세계의 여러 곳에서 살아보았다고 해도, 그에게는 진정 고향(故鄕)이라고 부를 만한 곳이 없기에 그런 한탄을 하는 것이다. 보호받고 있고, 안전하다는 느낌을 못 얻었기에 그 영혼이 외로울 수밖에 없는 것이다. 인간은 늘 성스러운 공간을 필요로 한다. 바꾸어 말해, 우리는 관계, 곧 신비스러운 존재와 영적인 관계를 맺는 것이 필요하다.[30]

정신적 충격을 받고 상처를 안고 살아가는 사람들에게 성스러운 공간을 발견하도록 돕는 일은 그들에게 삶의 의미와 방향 그리고 치유를 제공하는 일이다. 2004년 12월 26일에 남아시아에서 일어났던 쓰나미 재해로부터 살아남은 사람들을 위해 요가 수행자들이 도움을 주었다고 한다. 훈련받은 상담자들이 너무나 부족한 상태에서 그들은 명상, 기도, 호흡법 등 간단한 기법을 가르쳐 줌으로써 도움을 주었다. 요가 수행자들은 전에 코소보와 이라크 같은 전쟁 지역에서 고통 받는 이들을 도운 적이 있다. 때때로 간단한 기도를 일정 기간 되풀이하는 것도 효과가 있었다고 보고(報告) 했다. 심지어 요가를 통해서도 효과를 보는데, 목회자는 기도와 예배 또는 성찬식 같은 기독교적인 의례(ritual)를 효과적으로 집행함으로써 깊은 상처를 받았거나 정신적 위기를 겪어서 삶의 의욕과 정체감을 잃고, 멍한 상태에 있는 사람들이 자신을 위한 성스러운 공간을 발견함으로써 마음이 안정되고, 영혼이 치유 받도록 도울 수 있다.

현대의 영성지도자였던 헨리 나웬이 안식년을 시작하는 첫 날(19995. 9. 2) 드린 샤를르 드 푸코의 기도[31]를 우리도 날마다 드린다면 고통 한 가운데서 하나님을 만날 수 있는 성소를 체험할 수 있지 않을까 생각된다.

> 아버지, 아버지의 손에 저를 드립니다.
> 아버지 뜻대로 제게 행하시옵소서.
> 어떻게 하시든 저는 감사합니다.
> 모든 것을 수용할 각오가 돼있습니다.

---

30 『한국교회의 영적성장을 위한 융의 분석심리학』, 115~6 참조.

31 Henri Nouwen/윤종석 옮김, 『안식의 여정』 (서울 : 복 있는 사람, 2001), 19~20.

제 안에서, 아버지의 모든 피조세계에서
아버지의 뜻만이 이루어지기 원합니다.

아버지의 손에 제 영혼을 맡깁니다.
제 마음속에 있는 모든 사람으로 바칩니다.
아버지를 사랑하기에 저를 드리며
아무 조건 없이 무한한 믿음으로
아버지의 손에 저를 내려놓기 원합니다.
주님은 저의 아버지이시기에.

아멘

4) 무의식을 통한 영성지도 목회

> 사실은 하나님이 말씀을 하시고 또 하신다고 하더라도, 사람이 그 말씀에 주의를 기울이지 못할 뿐입니다. 사람이 꿈을 꿀 때에, 밤의 환상을 볼 때에, 또는 깊은 잠에 빠질 때에, 침실에서 잠을 잘 때에, 바로 그 때에, 하나님은 사람들의 귀를 여시고, 말씀을 듣게 하십니다. 사람들은 거기에서 경고를 받고, 두려워합니다.
>
> — 욥 33:14~16

근래 한국 교회에서는 영성지도(spiritual guidance)에 대한 관심이 아주 높아졌다. 그런데 영성 지도는 삶의 방향을 상실하고 고뇌하는, 영적 혼란에 빠져 있는 영혼을 인도하는 것이다. 이렇게 볼 때, 우리가 먼저 우리 자신의 영혼을 명백하게 알기 전까지는 하나님에 대한 완전한 지식을 얻을 수 없다고 했던 노르위치의 줄리안의 말은 옳은 것 같다.[32] 이 말은 우리 자신의 마음을 들여다보는 것이 매우 중요함을 지적해 준다.

영성 지도를 위해서는 무엇보다도 꿈을 보아야 하며, 무의식은 꿈을 통해 위기로 인해 고통당하는 사람의 정신적 상황과 앞으로의 예후(prognosis)와 과제를 가르쳐 준다. 그러므로 꿈을 관찰하는 것이 필요하다. 이 말은 무의식의 의식화 작업이 자기실현에서는 필수적이라는 말이다. 무의식의 의식화 작업은 당연히 꿈의 탐구를 통하여 이루어진다. "융이 대문자로 쓰는 '자기'(Self)는 우리가 전 생애동안 탐구해가야 할 초월적이고 내면적인 미지의 정신의 신성한 중심이다. …… 꿈은 '자기'가 매일 밤 우리에게 쓰는 편지라고 할 수 있다."[33] 물론 목회자가 다른 사람의 꿈을 보고 이해하고 영성지도 및 상담을 해 주려면 상당한 기간 동안 심층심리학 수련을 받아야 한다. 어찌됐든 목회자가 꿈에 귀를 기울이기 시작하면, 그의 영혼 돌봄의 목회가 시작되는 것이다. 사실 영혼을 돌본다고 하는 것은 무의식을 돌보는 것이다. 이렇게 볼 때 우리가 꿈에 대한 지식이 있어야만 영혼을 바른 길로 인도할 수 있는 것이다.

목회자의 업무는 영혼을 돌보는 것이며 무엇보다도 자신의 영혼을 돌보는 일부터 그의 업무가 시작되어야 한다. 심리학자 제임스 힐먼은 이것을 "새로운 신학"이라 불렀다. 새로운 신학이란 한 마디로 영혼을 재발견하는 것이다. 영혼의 재발견은 꿈에 대한 관심을 새롭게 가짐으로써 시작될 수 있다. 이제부터 목회자들이 꿈의 메시지에 관심을 갖고 그 메

---

32 U. T. Holmes III/김외식 옮김, 『목회와 영성』 (서울 : 대한기독교서회, 1988), 196.

33 Marie-Louise von Franz/박현순, 이창인 공역, 『융 학파의 꿈 해석』(서울 : 학지사, 2004), 43.

시지를 조심스럽게 살펴보게 되면, 새로운 목회의 지평이 열릴 수 있을 것이다.[34]

왜 요즘엔 구약 성서 시대처럼 하나님의 목소리를 직접 들을 수 없느냐는 제자의 질문에 어떤 랍비는 "현대인들은 충분히 고개를 숙이지 않기에 들을 수 없다"고 대답했다 한다. 이 말은 우리에게 많은 것을 시사해 준다. 꿈을 통해 말씀하시는 하나님의 목소리를 조심스러운 숙고의 자세를 가지고 조용히 귀 기울여듣는 것이 고통 받는 사람을 돕도록 부름을 받은 목회자에게는 절대적으로 필요하다. 융 심리학자이며 성공회 사제인 모튼 켈시(Morton Kelsey)는 꿈을 하나님이 인간에게 말씀하시는 하나의 길로 보며, 영적인 세계의 실재를 알게 되는 실제적인 방법으로 본다. 그에 의하면 꿈을 해석하는 것은 기독교 역사에 있어왔던 일이고, 자신은 이렇게 삶의 활기를 주는 것을 탐구하고 싶은 현대 기독교인들에게 몇 가지 실제적인 제안을 하려 한다고 했다.[35] 실제로 그의 동료 존 샌포드와 함께 켈시는 기독교 영성과 융 심리학의 관계를 논한 책을 많이 써서 영성지도에 큰 도움을 준 인물이다.

기독교 신비주의자들(십자가의 성 요한, 아빌라의 데레사, 노르위치의 줄리안)은 물론이고 성서에 나오는 엘리야 선지자—깊은 우울상태를 상징하는 동굴 속에 있다가 세미한 하나님의 소리를 듣고 거기서 나올 수 있었

34 『한국교회의 영적성장을 위한 융의 분석심리학』, 282 참조.

35 Morton Kelsey, *God, Dreams and Revelations*(Menneapolis : Augburg Publishing House, 1974), Preface, ix 참조. rf. M. Kelsey, *Dreams : A Way to Listen to God*(New York : Paulist Press, 1978). 이 책 서문에서 월터 홀렌웨거(Walter J. Hollenweger)는 이 책은 자신을 좀 더 잘 이해하고 또한 하나님과의 살아있는 관계를 경험하고자 하는 사람 모두에게 유익한 것으로 소개했다.

던—처럼 목회자들도 자신의 내면을 들여다보는 동시에 고통 받는 사람들의 꿈을 관찰하면서 그 속에 내주(內住)하시는 하나님의 음성을 듣는 일이 무엇보다도 중요하다. 성령께서 우리에게 꿈이라는 형태로 우리 영혼의 양식을 보내신다는 생각이 현대 교회에는 필요하다. "사람이 떡으로만 살 것이 아니요 하나님의 입으로 나오는 말씀으로 살 것이라"(마 4:4)고 예수께서 선포하셨으며 꿈은 하나님의 말씀이 들려지는 가장 흔하고 중요한 길이 될 수 있다.[36]

요셉은 꿈을 통해 들려주신 하나님의 음성을 주의 깊게 듣고, 그 음성을 따라 갔으며, 그렇게 함으로써 그의 삶이 허무한 것으로 끝나지 않았을 뿐만 아니라, 그에게 주어진 가장 어렵고도 중요한 영적 과업을 잘 감당할 수 있었다. 즉 그는 자신의 내면의 중심(the Center)과의 관계를 유지하면서 겸손하게 하나님이 꿈을 통해 말씀하시는 음성을 들었기에 성숙하고 위대한 인격 발달을 이룰 수 있었고, 이런 그를 하나님이 큰 인물로 만들어 주신 것이다. 앞으로 목회자들이 심층심리학 수련을 철저히 받아 목회에 적용할 수만 있다면, 새로운 목회의 지평이 열리게 되고, 한층 한국 교회가 영적으로 성숙할 수 있는 기회가 생길 것이며 이런 것을 통해 영혼 돌봄의 목회가 새롭게 시작될 수 있는 것이다.[37]

---

36 John A. Sanford, *Healing and Wholeness*(New York : Paulist Press, 1977), 156 참조.
37 『한국교회의 영적성장을 위한 융의 분석심리학』, 274 참조.

나가는 말 : 새로운 목회를 위한 목회자의 과제

이상으로 위기를 당한 사람들을 위한 창조적인 목회 대안을 몇 가지 살펴보았다. 정도에 따 라 조금 다르겠지만 모든 사람이 위기를 겪고 있다고 볼 때 목회자의 일은 끝이 있을 수 없다 할 것이다. 여기에서 목회자 자신도 위기 문제에서 결코 예외가 될 수 없다. 다른 사람들을 돕는 직업(helping profession)의 하나인 목사직은 탈진의 위험이 매우 크다고 볼 수 있다. 목회자가 눈에 보이는 업적 지향적, 성공 지향적 목회에 치중하다 보면, 지치고 병을 얻을 수도 있다. 여기서 우리는 "네가 온 천하를 얻고도 네 영혼(soul)을 잃으면 무슨 소용이 있겠는가"(마 16:26) 하신 말씀을 생각해 볼 필요가 있다. 이에 다른 사람들, 특히 위기 상황에 처한 고통받는 영혼을 돌보는 책임을 맡은 목회자들이 관심을 두고 철저히 해야 할 과제 몇 가지가 있다.

먼저, 현대 목회자는 내면세계, 곧 하나님 나라를 추구하는 목회에 관심을 두어야 한다. 사실 목회의 중심은 하나님 나라가 되어야 하며, 목회자는 영성 지도자로서 하나님의 사람들을 혼란의 땅에서 희망의 나라로 인도해야 한다. 그러기 위해서 목회자는 내면세계의 실재를 발견해야 한다. 존재의 심층을 살피고 진정한 자신을 재발견해야 한다. 이것이 예수 그리스도의 종교요 내면적인 기독교(inner Christianity)라 할 수 있다.

둘째, 자신에게 맡겨진 사람들을 잘 인도하고 영적으로 지도하려면, 특히 위기 상황에 직면하여 고통당하는 사람들을 제대로 도우려면, 목회자 자신이 철저한 심층심리학 수련을 받을 필요가 있다. 특히 인생의 후반기에 있는 목회자라면 융이 "개성화에로의 길"(the path of individuation)이라고 불렀던 길을 밟아가야 한다. 이런 발전 과정이 바로 "치유에의 도정"이요 "구원에의 길"이라 볼 수 있는데, 이런 길을 밟아가는 것이 오늘

날 한국 목회자에게 가장 중요한 과제가 아닌가 싶다.[38]

마지막으로, 목회자에게 가장 필요한 일은 하나님의 뜻과 늘 일치된 삶, 즉 심리학적으로 자아의 뜻이 아닌, "자기"(Self)의 뜻에 맞는 삶을 사는 것이다. "내가 지금 하나님의 뜻에 합당한 삶의 태도를 가지고 있는지" 살피며 하나님의 뜻과 조화를 이룰 때, 새로운 삶의 길이 열리게 될 것이다. 중국 선교사를 지낸 리하르트 빌헬름(Richard Wilhelm)이 "비를 오게 하는 사람"(rain-maker)의 이야기를 융에게 들려주었는데, 이 이야기를 융은 자주 제자들에게 들려주었다 한다. 이것은 심리치료 분야에 종사하는 사람들에게만이 아니라 목회자들에게도 유익한 교훈을 준다고 생각한다. 이 이야기는 하나님의 뜻과 일체가 되어 사는 것이 영적으로 충만하고 풍성한 삶으로 가는 길임을 가르쳐 준다. 그 이야기의 내용은 다음과 같다.[39]

> 옛날 중국 어느 지방에 극심한 가뭄이 있었다. 결국 사람들은 별의별 방법을 다 써 본 후에 할 수 없이 "비를 오게 하는 사람"(rain-maker)을 모셔 오게 되었다. 빌헬름은 이것을 아주 흥미 있게 보고 그 비를 오게 하는 사람이 오기를 거기서 조심스럽게 기다렸다. 그는 가마를 타고 왔는데 아주 체구가 작고 깡마른 노인이었다. 그 노인은 가마에서 나오면서 끙끙 냄새를 맡더니 아주 불쾌한 표정을 지었다. 그러면서 요청하기를, 마을 밖 작은 오두막에 혼자 있게

38 W. B. Clift/이기춘·김성민 옮김, 『융의 심리학과 기독교』 (서울 : 대한기독교 출판사, 1984), 31 참조.

39 『한국교회의 영적성장을 위한 융의 분석심리학』, 293 참조.

해달라고 했다. 그래서 밥도 문 밖에 갖다 주었다. 사흘 동안 그로부터 아무런 소식이 없더니, 갑자기 엄청난 비가 쏟아지는 것이 아니겠는가! 비만 오는 것이 아니라 때 아닌 눈까지 펑펑 내렸다. 너무나 감동한 나머지 빌헬름은 그에게 가서 어떻게 비도 오고 누까지 내리게 되었는지 물었다. 그랬더니, "비를 오게 하는 사람"(rain-maker)은 이렇게 대답하는 것이었다. "나는 눈을 만들지 않았습니다. 내가 눈을 내리게 한 것이 아닙니다." 빌헬름에 의하면, 그 비를 오게 하는 사람이 오기 전에 그 지방에는 엄청난 가뭄이 있었는데 그가 온 지 사흘 뒤에 많은 눈이 왔다는 것이다. 그 노인은 다시 말을 이었다. "내가 거기에 대해 설명을 하지요. 나는 사람들이 '질서'(order) 속에 사는 곳에서 왔답니다. 즉 그들은 '도'(道, Tao)와 일체 되어 살고 있지요. 그러니 날씨 또한 질서 속에 있게 되지요. 그런데 여기 와 보니 사람들이 '질서'를 벗어난 걸 알 수 있었습니다. 내가 여기 도착하자마자 난 그들에게 오염되고 말았습니다. 그래서 난 내가 '도'와 다시 한 번 더 일체될 때까지 혼자 머물러 있었고, 그 후 물론 눈이 내렸던 겁니다."